〈ワイド版〉

日本の歴史をよみなおす（全）

網野善彦

筑摩書房

【目次】日本の歴史をよみなおす（全）

――日本の歴史をよみなおす――

第三章　畏怖と賤視

第四章　女性をめぐって

第五章　天皇と「日本」の国号

第三章　荘園・公領の世界

第四章　悪党・海賊と商人・金融業者

第五章　日本の社会を考えなおす

日本の歴史をよみなおす（全）

日本の歴史をよみなおす

はじめに

短大の諸君を教えはじめて十年ちかくになりますが、いろいろとびっくりするような経験をすることがあります。私と約四十年ぐらい年齢の開きがあると思うのですが、基本的な生活様式が、まったく変わってしまっているということにしばしば気がつくのです。たとえばここ二、三年、宮本常一さんの『忘れられた日本人』という岩波文庫を使ってゼミナールをやっていますが、それを読んでいるうちに、私のような世代と二十歳前後の人との知識のちがい、というより、生活自体が異なっているが故にでてくる基本的なもののとらえ方のちがいにしばしば出会います。

具体的な例を申しますと、たとえば「苗代（なわしろ）」ということばが出てきます。苗代については、当然みなわかっているのだろうと思っていましたが、だれも知りません。

また、「五徳」が出てきても、これもまるで彼らは知らない。牛や馬が働いている姿も彼らはまったく見たことがない。せいぜい、牛なら乳をしぼる牛、ホルスタインなどはときどき見たことがあるのでしょうが、馬は競馬の馬をふくむ乗馬の馬しか見たことがない。

宮本さんの本の中には「かったい」とか「かたい」ということばもしばしば出てきます。「レプラ」という文字もあの本の中にははっきり出てくるのですが、彼らはこの病気そのものをまったく知らないのです。癩病といいかえても、いかなる病気かということさえ思いつかない。エイズといえば、もちろんいろんなことを知っているわけですが、癩病という語彙そのものはもちろん、病気そのものを知らない。世界的にはもちろん、日本でもまだこの病気や、それにともなう差別に苦しんでいる人のいることも知らないのです。このようなことにぶつかるにつけて、私は日本の社会と自然とのかかわり方が、いろいろな意味で現在大変大きく変化しつつあるということを、否応なしに思い知らされました。

一般的にいって、現在の人間の持っている技術がいままでとは格段に質が変わってきたといえます。人間が自分自身を滅ぼし得る力を自然の中から開発してしまったということの意味は決定的で、これはいうまでもなく人類史的な問題だと思うのですが、それだけではありません。とくに日本の社会にそくして考えてみると、現在、進行しつつある変化は、江戸時代から明治・大正、それから私どもが若かった戦後のある時期ぐらいまでは、なんの不思議もなく普通の常識であったことが、ほとんど通用しなくなった、という点でかなり決定的な意味を持っています。

たとえばトイレにしても、その臭さにはもう彼らはほとんど無縁になっているのだと思いますし、便所に行くのが怖いという経験を、私たちの子どものころは共通して持っていたのですが、いまや家の中に暗いところがほとんどなくなった結果、われわれの抱いたような暗闇にたいする恐怖感は、もはや彼らには完全に無縁のものになっている。そして、別の形の、さきほどのエイズと同じような性格のものに、強い恐れを抱いているという時代になっている。この変化の意味を、われわれはもっと深く考えてみる必要がある、と私は考えるのです。

いままでの歴史は、ふつう原始、古代、中世、近世、近代と時代区分され、その中で時代の流れをとらえるのが、基本的な枠組みであったわけですが、いまいいましたような、人間と自然とのかかわり方の大きな変化という点から考えますと、これまでのような歴史の時代区分の仕方だけではかりきれない変化があり、そのことを考慮に入れないと歴史をほんとうにとらえることはできないと思います。

私は日本の社会の歴史をとらえる場合にも、さきほどのような原始、古代、中世……という時代区分とはちがう区分を考えてみる必要があると思っており、それをこれまで、社会構成史的次元の区分にたいして、民族史的次元、あるいは文明史的次元の区分などといってきましたが、この表現がよいかどうかは別としても、いまいいましたような、人間の社会と自然との関係の大きな転換にそくして、日本の社会の歴史を区分してみる必要があることは間違いないのではないかと考えています。

それでは、現在の転換期によって、忘れ去られようとしている社会、いまや古くなって、消滅しつつあるわれわれの原体験につながる社会はどこまでさかのぼれるかというと、だいたい室町時代ぐらいまでさかのぼれるというのがこれまでの研究の常識になっています。つまり、ほぼ十四世紀に南北朝の動乱という大きな変動がありますが、それを経たあとと、それ以前の十三世紀以前の段階とでは、非常に大きなちがいがある。十五世紀以降の社会のあり方は、私たちの世代の常識で、ある程度理解が可能ですが、十三世紀以前の問題になると、どうもわれわれの常識ではおよびもつかない、かなり異質な世界がそこにはあるように思われます。

いわば、現在の転換期と同じような大きな転換が南北朝動乱期、十四世紀におこったと考えられるので、この転換期の意味を現在の新しい転換期にあたってもう一度考え直してみることは、これからの人間の進む道を考えるうえでも、また日本の文化・社会の問題を考えるうえでも、なにか意味はあるのではないかと思うのです。そこで、この十四世紀の転換期が具体的にどういう形で現れているのかをお話ししてみようと思います。

第一章　文字について

村・町の成立——遺跡の発掘から

まずわれわれの生活のいちばん根本になる日常生活の営まれる場所、村や町について考えてみたいと思います。

柳田国男さんが、すでに指摘していることですが、日本の村は、その四分の三ぐらいが室町時代に出発点を持っている。この数字どおりかどうかは検討する必要がありますが、最近の考古学による発掘調査の成果を見ておりますと、たしかに、十四、五世紀以降の集落と、それ以前の集落や町のあり方には、非常に大きなちがいがあるようです。

ごく最近発表された、広瀬和夫さんの論文を読んでみますと、現在われわれが見ている普通の集落のあり方、多くの家が集まって集落を形成しているような「集村」ともいうべきタイプの村は、十二世紀あるいは十三世紀のはじめのころの遺跡の発掘では確認できないのだそうです。

そのころの集落を村といってよいかどうかも問題なのですが、あえていえば「散村」とでもいえるような形態で、現在の集落の形態とはだいぶちがうということを指摘しています。たしかに文献によってみてもそういえると思うので、「村」ということばは古くから出てきますが、古代から中世前期の村は、制度の中に位置づけられていない新しく開いた田地あるいは畠地を村といっている場合がふつうで、江戸時代の村とは大分意味がちがいます。

また文書(もんじょ)によって、集落を追究してみますと、小さな谷に二、三の家がある場合や、屋敷が分散している場合などがみられるので、近世の村につながる、いわゆる「惣村」といわれる集村が生まれてくるのは、十四世紀後半から十五世紀と考えられています。

町の場合も同様です。最近、栃木県の東北線ぞいの自治医大のそばの下古館(しもふるだて)遺跡の発掘がすすんでいますが、この場所は、江戸時代には草ぼうぼうの入会地だったところなのだそうです。この遺跡が入会地(いりあいち)に現れたということ自体、大変おもしろいと思うのですが、その入会地を掘ってみると真ん中にそうとう広い道路が通っており、その両側のかなり広い面積を、深い濠でめぐらした一種の集落が現れてきました。

土塁は築かれておらず、武士の館(やかた)などとは明らかに性質がちがう遺跡であることは見る人がみんな感ずるところです。しかも出てくる遺物はあまり量は多くないのですが、鎌倉から出てくる青磁、白磁、あるいは九州の長崎県彼杵（そのき）郡あたりでつくられて、関東に持ち運ばれた石鍋、これもあまりあちこちで出てくるものではないのですが、そういうものが出てくる。それから瀬戸や常滑の焼き物や、曲げ物も出てくる。そして方形竪穴（たてあな）という小さな竪穴が無数にならんでおり、その竪穴群は中にはいった道である程度区画されていたとみられます。

さらにその南西の端の区画に浅い濠でまわりを囲まれた掘立ての建物、多分仏堂と考えられる遺跡もあり、その近辺は明らかにお墓と思われる。遺跡から出てきた板碑（いたび）の年号は弘安八年（一二八五）なので、この遺跡が鎌倉時代の中期から後期にかけての遺跡であることが判明します。発掘される遺物もだいたいその時期に合致するようなので、この遺跡が十三世紀の後半から末にかけてまで営まれていた遺跡であることは、明らかだと考えられます。

この遺跡をどのように考えるかという点については、考古学者には全体を墓地とする見方も強く、いろいろと議論がありますが、私はある種の都市的な場と見て間違いないと思います。これを宿（しゅく）と見るか、あるいは市場の発展した形態と見るかについては断定できませんけれども、ともあれそういう都市的な性格を持つ遺跡であるとみてよいと私は思っております。

ところがこの遺跡は、近世にはいると、まったく外からみたのでは遺跡のあったことなどわからない入会地になって、姿を消してしまっているのです。おそらくこの場所を、人びとはなんらかの理由で放棄したのだと思いますが、こう考えますと、このことから中世前期に営まれた市、あるいは宿が、まだきわめて不安定な状況にあったことを、推論することができるのではないかと思うのです。

もう一カ所、よく似た遺跡を紹介しますと、愛知県の春日井市の、中世には篠木庄（しきのしょう）という有名な荘園があった場所に近いところですが、下市場（しもいちば）という地名のある場所からも、得体のしれない遺跡が発掘されています。

これは河原の遺跡と考えられるのですが、二メートル以上のかなり大きな直径の円形の範囲に、たくさんの石が敷かれた敷石の遺跡があり、そこで火を焚いた形跡がある。そのかたわらに、掘立ての小屋が何棟かあったことが確認されており、そこからも、東海ではまだ一例もない九州の長崎県彼杵郡でつくられた石鍋が出てくる。さらにまた中国製の青磁が出てくる。このように普通の農村部ではまず見られないさまざまな遺物が発掘されています。

しかもおもしろいことに、この場所は瀬戸のすぐ近くなのに、瀬戸の焼物がまったく出てこないし、美濃のものも見られない。むしろかなり遠い、知多や常滑あたりの焼き物が若干はいっているのです。この遺跡もはっきりとは断定はできませんが、やはりある種の都市的な場、あるいは市場の立った場所に残った遺跡ではないかと思うのです。しかし、それも江戸時代にはまったく知られていなかったようです。

このような事実を考えますと、村の場合にしても、町の場合にしても、十三世紀の集落と、十五世紀以降の集落とはかなり異質なものがあるといってよいと思います。町については、日本の社会では主として津、泊(とまり)といわれた港にもっとも目立った発展をとげますが、河原、あるいは川の中洲などに市が立ち、そうした場所に商工民や芸能民などが集住して町ができることも多かったのです。津や泊はもともと遍歴をする商工民の根拠地であり、そこに町ができ上がってくる。このような動きが顕著に見られるのが十四、五世紀以降のことといってよいと思います。

東日本の場合には、文献が少ないのであまりはっきりはいえませんが、日本列島の主要部に、村と町といえる明確な実体を持つ集落が安定的に成立するのは、だいたい十五世紀ぐらいからといってよいと思います。これは柳田さんの、かなり直観的なところのあるさきほどの発言とよく符合します。そこで成立した村と町が、江戸時代を通じて生きつづけ、自治的な機能を一貫して持ちつつ、江戸時代の社会の基本的な単位になっていったのです。最近、勝俣鎮夫さんは、それを「村町制」という表現で特徴づけておられますが、こういう「村町制」が現れてくるのが、だいたい十五、六世紀と考えることができるわけです。そしてそこで生まれた村と町こそ、まさしく最近までの村の大字(おおあざ)や都市の原形となったのです。

それでは、なぜそういう村や町がこの時期に生まれてきたのかという問題がでてきます。これまでそれは、社会的な分業がすすみ、ある程度の生産力が高まった結果、といわれてきました。たしかにその通りなのですが、ここには、たんに生産力の問題のみに帰することができない、さまざまな問題があったと考えられます。いろいろな面での大きな変化の総合的な結果として、村や町が現れてきたと考えたほうがよいのではないかと思うのです。そして、そうした変化の一つ一つの意味を、独自に追究してみることが必要だと思うのです。それによってはじめて、これまで生産力の発達といわれてきたことの本当の意味が明らかになってくるのではないかと考えます。

日本人の識字率

これからそうした問題のいくつかについてのべてみたいと思いますが、まず最初に文字の問題を考えてみたい。日本の社会のなかで文字の果たした機能を考えて、その中で十四世紀の転換の意味を考えてみることにしたいと思います。

私たちはふつう、漢字と平仮名と片仮名という三種類の文字を日常的に使っているわけですが、この三種類の文字を組み合わせると、七種類の文字表現ができます。このように七種類もの文字表現を持ち、そのそれぞれに託してさまざまな心意を表現している民族は、世界でも珍しいのではないでしょうか。それはこの三種類の文字がそれぞれにちがった歴史と機能を持っていたからだと思うのですが、このような片仮名、平仮名、漢字のそれぞれが、日本の文学や歴史のなかでどのような機能を果たし、いかなる意味を持ってきたのかについては、案外突き詰めて考えられていないように思われます。

さらに日本の文字の普及度ですが、これは私たちが予想しているよりずっと高い。いまも農村や漁村の旧家を訪ねてみますと、かならず古文書があり、しかもそうした旧家はいろいろな書物を持っております。その書物は、たとえば『農業全書』であったり、儒学の書物であったりしますが、女性の教養のための書物も意外に多く見出すことができます。女性の識字率も、たしかに男性に比べれば相対的には低いと思いますが、けっして軽視できない高さを持っていたと考えられます。

旅行家として有名な菅江真澄は、あちこちの旅行先で泊った家で、和歌の会などをひらいていますが、その会に真澄を迎えた家の主の夫人が出てきて一緒に歌を詠み合っています。村のなかの主だった家、名主、庄屋、あるいは組頭の人びとは、女性をふくめて確実に文字を知り、用いることができたことは間違いないといってよいと思います。江戸時代後期の識字率は五〇〜六〇%まであったという人もいますが、平均して四〇%ぐらいまでは字を識っていたといわれています。

とくに都会——町の識字率が非常に高かったことは、メーチニコフの『回想の明治維新』（岩波文庫）のなかに記されています。彼は明治七、八年ごろに日本に滞在したロシア人ですが、横浜で、人力車夫、馬の別当、お茶屋さんで使われている娘さんなどが、暇さえあれば、懐から小さな冊子を出して本を読んでいるのを見て、非常にびっくりしています。メーチニコフは、ラテン系の諸国およびわがロシアに比べれば、日本人のほうがはるかに識字率が高いといっております。これは注目すべきことで、日本の前近代社会を考える場合に、あるいは近代以後の社会の問題を考える場合にも、度外視できない重要な事実だとおもいます。

また、これは私自身の経験ですが、私は全国の江戸時代の古文書を仕事の必要から見ており、それを読んで筆写をしたりしていたのですが、ごく最近ふっと、なぜ自分が九州の文書を読めるのだろうかと疑問がおこってきたのです。

つい四、五年前、鹿児島にいったときのことでした。バス停で五分ほど待っているあいだ、隣にいたお年寄り二人が、楽しそうに笑いながらいろいろな話をしているので、何を話しているのかなと思って、なんとなく耳を傾けて理解しようとしたのですが、何を話しているのかまるっきりわからない。もちろん単語ぐらいはわかるのですけれども、なぜこんなに楽しそうに話しているのかという文脈は、まったく理解できなかったのです。

その経験が文書を読んでいるときにふっと重なって、どうして自分は全国の文書を読むことができるのだろうということ自体を不思議に思ったわけです。

また最近、能登の時国家（ときくに）の調査を、神奈川大学の日本常民文化研究所の仕事として行っており、毎年夏と秋に二週間ぐらい調査にいっています。この時国家でたまたま戦国時代の文書を新しく見つけて、そこにいろいろな地名が出てくるものですから、その地名と現在の地名との関係をお年寄りに聞いてみようということになり、七、八十歳ぐらいのお年寄りを紹介していただいて話を伺ったのですが、このときもことばが半分ぐらいしかわからないんですね。

青森県の十三湊（とさみなと）へ行ったときも、民宿に着いたとき、すっかり酔っぱらった民宿の主人が、遠くまでよく来てくれたといって大変機嫌よく話しかけてくるのですけれども、これもまったくわからない。しかしこういうお年寄りや酔った人からの話を聞けなかったら、民俗学者にはなれないと思うのです。鹿児島弁と東北弁、関西弁と関東弁を全部聞きわけて、人の心の底まで理解して、日本の社会の奥底にあるものをとらえようという民俗学の仕事とは大変なことだとつくづく思ったので、私などはとうてい民俗学者にはなれないと思った次第です。

しかし歴史学の場合も、になっている課題は同じことなのですが、古文書はどこの地域の古文書でも、もちろん個性のあることは事実ですが、ともかく私にも読むことはできる。これまでそのことについて、なんの疑問も持っていなかったのですが、こういう経験をしてみて、古文書がなぜどの地域のものでも読めるのかということが非常に大きな問題だということにはじめて気づいたのです。

つまり日本の社会の場合、文字社会、文書の世界は非常に均質度が高い。これにたいして、無文字の社会、口頭の世界は、われわれが考えているよりもはるかに多様だということなのです。ですから均質な文字社会の表皮をはがしてしまうと、じつはきわめて多様な民俗社会が姿を現すということになる。日本の社会はいまも決して均質ではないのです。こうした文字社会と無文字社会の関係、文書の世界と口頭の世界の関係は、世界の諸民族に広く共通した問題だとは思いますが、日本の社会にはかなり特異な問題があるのではないかと考えるのです。

このような日本の文字社会と無文字社会の関係の問題は歴史学と民俗学との関係の問題にもなっていくわけで、そういう問題を考えるための大前提として、日本の文字そのものの機能を十分に考えておく必要があります。そこで、まず平仮名と片仮名とが歴史的にどのように使い分けられてきたのかについて考えてみたいと思います。

片仮名の世界

さしあたり現在残っている文書の世界だけに限定してみますと、平仮名、片仮名まじりの文書が出てくるのは、だいたい十世紀ぐらいからです。それが、だいたい十三世紀後半ごろから、文書全体の二〇%ぐらいが平仮名、片仮名まじりの文書で占められるようになってきます。南北朝期はそう変わりないのですが、室町時代――十五世紀になりますと、このパーセンテージは俄然はね上がり、五〇％から六〇〜七〇％ぐらいまでが仮名まじりの文書で占められるという状態になってきます。

これは現在まで伝わっている文書についての数字で、こういう文書は意識的に保存され伝来した文書ですが、そうでなくて、「紙背文書」といって本来は破棄されてしまうはずの文書が、たまたまその文書の裏を、ほかの用途に使ったために残っている場合がありま す。その場合をみますと、仮名まじりの文書の比率はいまあげた数字よりもはるかに高いのです。ですから、十三世紀後半以降、仮名は非常に広く用いられたといってよいと思います。

ところが、このような仮名まじり文書の数の増加は、主として平仮名まじりの文書の増加であって、片仮名まじりの文書は、一貫して現在残っている文書のなかの一％から二％ぐらいしか見られないのです。室町時代以降になるとその傾向がさらにはっきりしてきて、江戸時代の地方(じかた)文書、たとえば二万点にもおよぶ時国家の文書を見ても一点もありません。片仮名のニ、ハなどの助詞が普通の文書に用いられていますが、漢字と片仮名だけ、あるいは片仮名のみで書かれた、中世にはときどき見られる文書も、まったく見当たらないのです。これによって明らかなように、文字の普及はもっぱら平仮名の普及という形で進行していったことは明らかです。

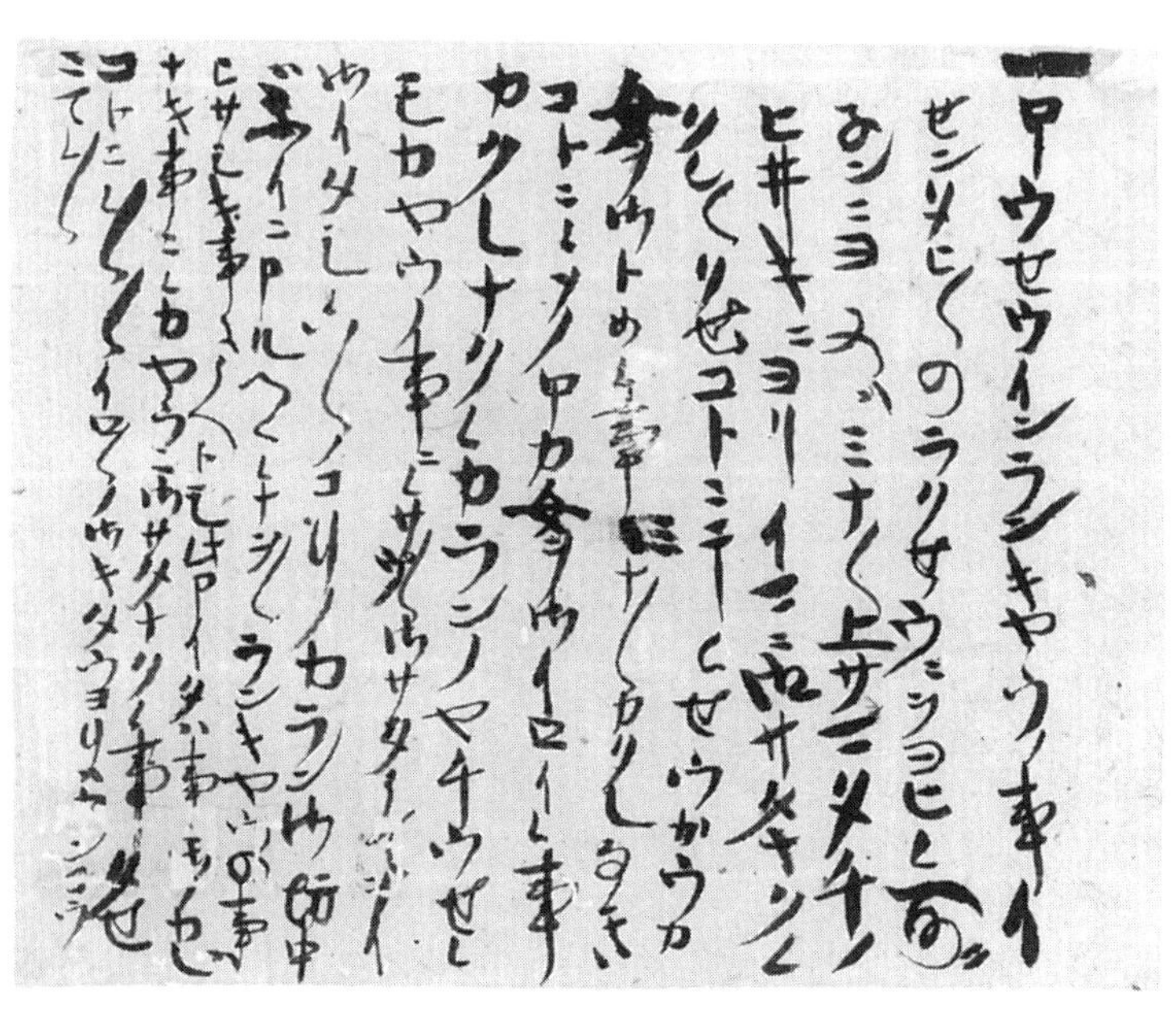

片仮名で書かれた東寺寺内落書（京都府立総合資料館蔵）。

それでは、このような少数派の片仮名は、どういう用途で文書に使われているかということですが、基本的には、口頭で語られることばを表現する場合に使われていたといえます。しかも口頭で語られることばが文書にされる場合は、中世前期ではしばしば神仏とかかわりを持つ場合が多いのです。

たとえば神に何事かを誓う起請文、告文、あるいは神に願いごとをする願文、あるいは逆に神の語る託宣を書いた託宣記、あるいは夢を見たときすぐにそれを書き記す夢記などのように、神仏とかかわりを持ち、しかも口頭で語られたことにかかわる場合に、片仮名が顕著に使われていることがはっきりいえると思います。
また裁判のとき、被告・原告の双方の発言を記録する場合、漢字に片仮名をかなりまじえた文体で書かれることが多い。これを宣命書（せんみょうがき）といいますが、被告の白状を記した白状記にもこうした片仮名まじりの宣命書の文書が使われることが多いのです。それから非常にはっきりしているのは、落書（らくしょ）あるいは落書起請（らくしょきしょう）で、これはほとんどが片仮名で書かれています。

落書は落し書きですが、〝落す〟という行為によって、人の手から落されたものは、勝俣鎮夫さんによれば人のものではなくなる、神仏のものになってしまう。ですから落された文書、落書は、人の力をこえた神仏の声の意味を持っているわけです。

落書起請も同じで、たとえばある集団のなかでだれか盗みをやった人がいたとする。しかしだれも白状しないというときに、神さまに誓って偽りをいわないという起請をして落書を書き、無記名投票で犯人の指名をする。落書自体が神仏の声なのですが、それをさらに制度化したもので、これを落書起請といいます。鎌倉時代中期ごろから見られるこの落書起請は、室町時代にいたるまで、ほとんど片仮名で書かれています。

このように片仮名は、文書の世界では基本的には口頭でいわれた言葉を記す文字です。しかも中世前期には、そのような口頭で語られることを文字にするのは、神仏にかかわりのある場合が多かったので、神仏とかかわりある文書に片仮名が多く見られます。

もちろん神仏関係の文書だけでなく、小字（こあざ）などの地名や、道具などを耳で聞きとりながら書く場合も、平仮名ではなく、片仮名で書かれることが非常に多いのです。人の名前を耳で聞いて書くときも、やはり片仮名がよく使われます。

それから、なにかを訴える申状（もうしじょう）の中にも、ときどき片仮名で書かれたものがあり、「ミミヲキリ、ハナヲソギ」という、地頭の乱妨（らんぼう）で有名な紀伊国阿弖河庄（きいのくにあてがわのしょう）上村百姓言上状はほとんどすべて片仮名で書かれた文書です。建治元年（一二七五）の文書で、片仮名言上状などといわれるぐらい、片仮名で書かれた文書として有名なのですが、以前、高校でこれを教えたとき、私自身、これは百姓たちが地頭の乱妨、圧迫によって受けた苦しみを、稚拙でたどたどしい片仮名で書いて訴えた文書で、それだけここには百姓の気持がこめられているのだと教えていました。

実際、多くの学者もそのようにいっていたのですけれども、よく考えてみると、片仮名だからたどたどしいというのはおかしなことです。片仮名はたしかに読みにくいことは読みにくいのですが、教養ある僧侶が書いても、片仮名はやはり読みにくい。とすると、百姓が平仮名を知らないで、片仮名を書いたのだという、小学校で最初に片仮名をならった戦中派の先入観があって、このような見方がでてきたのだといわざるをえない、と思います。こういう思い込みは、すっぱりと捨ててしまわなければいけないと思います。

この文書は言上状といわれていますから、本来、読み上げられた可能性もあると思うのですが、文書自体に書かれていることが、「ヲレラカコノムギ（麦）マカヌモノナラバ、ミミヲキリ、ハナヲソギ、カミヲキリテ、アマニナシテ、ナワホタシヲウチテ、サエナマント候ウテ」――「ヲレラカ」は「おまえらが」ということだと思います――のように地頭の口頭でいったことをそのまま文字にしています。片仮名の機能がここに鮮かにみられるわけで、この言上状が片仮名で書かれた理由の一つは、ここに求めることができます。

もうひとつ注意すべき点は、当時、「日記」といって、その日に起こったことをその場で、あるいはすぐあとで書き記した文書がかなり見られますが、これにも片仮名まじりの文書が非常に多いのです。この阿弖河庄の百姓言上状も、おそらく正規の手続きで訴状を出したのではない。なぜなら、鎌倉時代の正式の百姓申状の多くは漢字で書かれているので、この場合は非常に異例なのです。多分、この言上状は「日記」のように、ことのおこった直後に書かなくてはならなかった事情を、想定することができるのではないかと思います。

文書の世界の片仮名はこのような機能を持っていますが、文学の世界にそくしてみると、寺院関係に伝わった本に片仮名が多く用いられているようです。もともと片仮名は、寺院で経典を読み下すときの訓点（送り仮名）として使われはじめたといわれており、これはこのこととよく符合すると思います。築島裕さんは「坊主の片仮名好み」というようなことをいっておられますが、本来、平仮名で書かれた和歌も、僧侶が書くと片仮名になってしまうのです。

また『三宝絵詞』は、女性に仏教の教理をやさしく説くために書かれたものですから、かならずや平仮名で書かれていたに相違ないのですが、寺院に伝わった伝本は片仮名まじりになっています。『平家物語』の伝本でも、寺院に伝来した延慶本の『平家物語』は、片仮名まじりになっています。

室町期以後、禅宗の僧侶の古典についての「講義」をそのまま書きうつした「抄物」という本があります。「史記抄」や「論語抄」など、いろいろあるのですが、これは「……スルゾ」「……ジャホドニ……」のように、もっぱら片仮名まじりで書かれています。

このように禅僧や、それと結びついてはいってきた儒学の学者は、江戸時代になっても片仮名を多く使っています。しかし江戸時代、片仮名は庶民のあいだでは、特別な場合にしか使われない文字だったことは間違いないと思います。

女性と平仮名

それではつぎに平仮名について考えてみますと、仮名の世界では明らかに多数派である平仮名は、まず女性の世界に用いられはじめます。これは、あとあとまで一貫していて、平仮名は「女文字」といわれ、のちには「女文」という独特な文体ができてきます。女性の書く書状は基本的に平仮名です。あるいは男性が女性に宛てて書く手紙も、かなりの頻度で平仮名を主として書いていますので、平仮名は女性の文字としての独特な意味を持っていたことは明らかです。

琉球国王が、日本国王である室町将軍家に手紙を内々に送ってきますときには、平仮名を使っています。琉球王国になぜ片仮名でなく平仮名がはいったのか、これはそれ自体大きな問題で、あるいはそこに女性が関与していた可能性もありえますが、それはともかく、この平仮名の書状を、室町将軍が受け取る場合、女房が受け取り、返事もまた、女房に書かせた平仮名の御内書（ごないしょ）を、琉球国王に送っているのです。これによってみても、平仮名と女性とが不可分の関係にあることは間違いないと思います。

このように、女性が早くから独自の文字を用いていたということは、日本文化の問題を考える場合、非常に重要な点でして、女流の文学が『枕草子』『源氏物語』以来、十三世紀後半の『とはずがたり』、十四世紀の『竹向（たけむき）が記』まで、連綿と書かれているのは、もちろんそのことが前提になっています。しかし、前近代に女性がこのようなすぐれた文学を多く生み出した民族が、はたして世界にあるのかどうか。私はおそらくほかにはないと思いますが、なぜ女性がこのような役割をはたしえたのか、その意味はまだ深く考えられていないと思います。

そして最初の問題にもからみますが、こうした女流の文学が生まれたのは十四世紀までなのです。室町時代以降、女性の日記はありますが、江戸時代までふくめて女性の文学といえるものは、おそらくないのではないかと思います。これが最初にお話しした、十四世紀を境とした社会の転換と深いかかわりがあることは確実です。

それはともかく、平仮名はまず女性の文字として用いられ、それを男性が取り込むような形で普及していったわけです。男性は、平安・鎌倉時代はもちろん室町時代、さらに江戸時代まで、公的な世界では漢字を主として使っています。

公家はもちろんですが、武家の場合でも、最初は多少それとはちがう匂いがあって、平仮名まじりの公文書が現れてもよいような状況があったと思いますけれども、基本的にはやはり、公的な文書は漢字で書くということが確定していきます。

ですから、鎌倉幕府の関東下知状（かんとうげじじょう）などの裁判の判決書がありますが、これはすべて漢字で、その中に書状などを証拠書類として引用する場合、書状や譲状（ゆずりじょう）は——あとでふれますが——平仮名が多いのですが、こういう平仮名の文書を、大変に苦労して万葉仮名、漢字に変えています。裁判の判決書には平仮名がはいってはまずいという意識を、鎌倉幕府の当事者が持っていたことは、明らかといわなくてはなりません。男性の世界、公的な世界で用いられる文書に漢字を使うということは、このようにずっとあとまで一貫しているのです。

ですから男性が使いはじめる平仮名は、当然ながら私的な書状からはじまります。そして平安時代の末ごろから、譲状に平仮名が広く使われるようになってくるのです。

譲状は、財産を譲るときに作られる中世独特の文書で、江戸時代になると譲状はほとんど消えてしまいます。まったくないわけではないのですが、ほとんど見られません。なぜ譲状が書かれなくなるのかということも、じつはあまりはっきりとは解明されていないので、きちんと考えなくてはいけないのですが、中世に広く作られた譲状は、平仮名が非常に多いのです。

なぜ譲状が平仮名で書かれたかということも、よくわかっていないのですが、推論をしてみると、譲状は自筆が重んじられるということがひとつあると思います。これは文書の普及度とも関係することですが、譲状を多く書いた侍クラスの人たちは、鎌倉時代には平仮名は確実に書けるようになっていますので、おのずと平仮名で書かれたという考え方がひとつありうると思います。

それから当時、譲状が必要だったのは、ある財産を譲与した際、当事者の関係だけでは譲与は成り立たないわけで、いまのように登記によって公的な機関が認知してくれるのでもありません。当事者周辺の、ある範囲の社会が認知してくれなくては譲与の行為は成立しない。とすると、その範囲の人たちが譲状を読み、理解できなくては、文書を書いた意味がないことになります。

譲状が平仮名で書かれたのは、そのような理由があったのかもしれません。いずれにせよ、譲状には平仮名が多いことは事実で、平仮名はこうした私的な文書群に用いられはじめます。

　さらに中世の文書は、公的な文書が、書状の様式を持つような方向で展開していきます。古代以来の公的な文書は、書状のような形の宛名は書かないのですが、書状と同じように、日付と差し出し者、文書のいちばん終わりに受け取るがわの名前を書く、書札様文書が非常に広く使われるようになっていきます。

　たとえば地位の高い人の意志を、その家臣が奉って、相手の人に仕えている人にあてて文書を書く、奉書といわれる文書が非常に広く用いられたのです。天皇の綸旨、院の院宣、三位以上の人の御教書は、みなそういう形態の文書です。

　そうなると、おのずと公的な文書にも、平仮名が混入してくる場合がでてきます。それは、京都や鎌倉などの政治の中心ではなく各地域ではじまり、身分的なクラスでいうと、現地に密着した地頭や預所などの出す公文書に、平仮名がまじりはじめます。

　それから逆に、荘園の現地の代官などから、京都、鎌倉に送る報告書、注進状、百姓がいろいろ問題について訴えごとをするときの申状などには、平仮名が比較的早くからまじりはじめます。こういう文書が非常にふえてきたことが、平仮名まじりの文書の増加の基調になった動きということができます。

　それが爆発的にふえるのは室町時代になってからで、十三世紀の後半から、その徴候は見えはじめますけれども、十四世紀をこえて十五世紀にはいりますと、平仮名まじりの文

平仮名と漢字がまじった東寺領荘園の百姓文書（京都府立総合資料館蔵）

書が圧倒的になってくる。現在残っている文書で見ましても、備中国新見荘（にいみのしょう）関係の文書のうち七〇～八〇％は平仮名まじりの文書なのです。

文書の量自体がこのころには非常にふえてきますし、そのなかで平仮名まじりの文書が、このようにふえてくるということを考えますと、十四、五世紀が、日本の社会における文字の普及の上で、きわめて重要な画期であったことはまず間違いないと思うのです。

ほぼ鎌倉時代の後期から室町時代にかけて、侍クラスの下層まで平仮名まじりの文書は書けるようになっていることは確実ですが、室町時代の村の大名主だった百姓は、だいたい文字が書けたと考えてよいと思います。

女性も同様なので、御家人、非御家人などのような侍クラスの人の妻や娘は、平仮名の

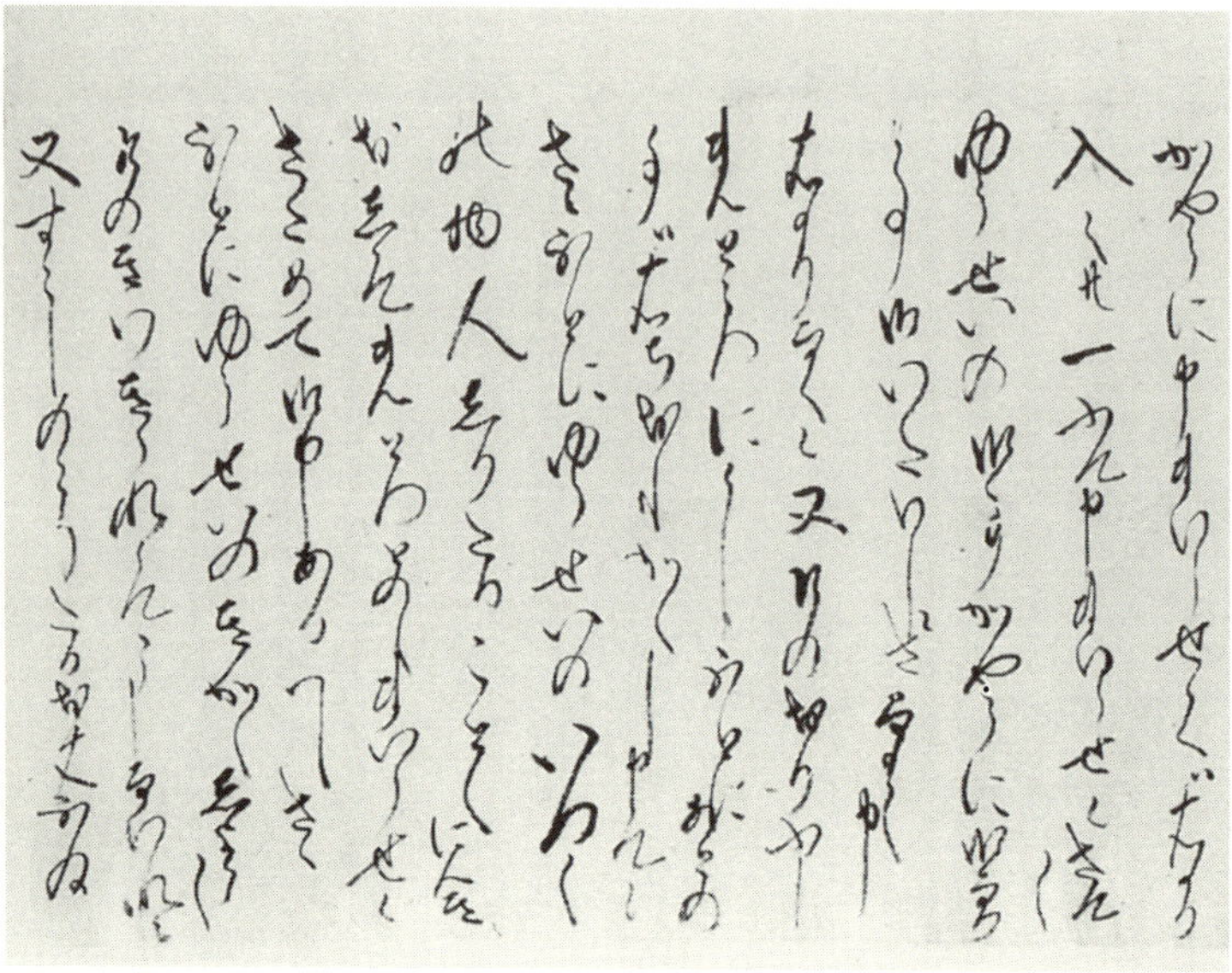

東寺に送られてきた「たまがき」の書状（京都府立総合資料館蔵）

書状を書いています。百姓の上層の女性が文字を書いた事例も、畿内に近い地域では確認できますし、室町時代になると、備中国新見荘の〝たまがき〟という名の女性の見事な書状は非常に有名です。

この荘園の代官をしていた僧侶に仕えていた女性で、もちろん身分の高い女性ではありません。遊女かもしれないという人もいますが、この僧侶が殺されたあとで「たまがき」は綿々たる思いをじつに見事な平仮名の文字で書いて、東寺に送ってきたのです。このように女性への文字の普及度も、男性と並行してすすんでいたといってよいかと思います。

江戸時代は、このような文字の庶民

への普及を前提として、国家体制ができ上がっています。江戸幕府は当初から、町や村の人たちの中に文字がつかえる人がいることを前提にした体制だといってよいと思います。この国家はそのような点で、おそらく世界の中でも非常に特異な国家だと思いますけれども、それはこのような、文字の人民への普及度の高さに応ずる問題だと思うのです。

このような文字の普及の過程で、非常に重要な問題だと思いますのは、鎌倉時代までの文書は、見ていて非常に気持がよいというか、笠松宏至さんのことばをかりると「みやびた」ところがある。これは貴族たちの書いたものだけではなく、侍や百姓の書いた文書でもそうなのです。

ところが南北朝をこえて室町時代になりますと、文書はきわめて数が多くなるのですが、鎌倉時代以前に比べると文字に品がなくなります。しかも、大変に読みづらくなる。そのいちばんよい例は、広島県の福山市にある草戸千軒町（くさどせんげんちょう）遺跡という中世の町の遺跡、川底に町が沈んでしまったという有名な遺跡ですが、そこからたくさんでてきた木簡です。

この木簡は、最近出た長屋王の邸宅跡の木簡のように立派なものではなくて、木を削っ

草戸千軒町遺跡の木簡。

たものに走り書きがしてあるものです。少し前までは魚屋さんで、魚の値段を経木（きょうぎ）などに書いていましたが、あのようなものをお考えいただければよい。ちょっとした取引のときに、そうした木片にサッと書いたと思われるものが多いのですが、これが読めないんです。じつに読みにくい。文字にたいする社会の感覚が、鎌倉時代とは大きく変わってきたのではないかと思います。

鎌倉時代までの人びとは、文字にたいしてある畏敬の感情をもっていたと思うので、それが文字そのものの美しさにつながっていたのだと考えられますが、そうした意識はなお生きていたとしても、文字を使う人にとって、それはきわめて実用的なものになってきた。そこにこうした変化がおこったのだといえると思いますが、村や町ができていくことと、このような文字の普及、その実用化とは深いかかわりがある。

草戸千軒町遺跡の木簡は、帳簿の源流だと石井進さんがいっていますが、まさしくそうで、おそくとも戦国期にはいるころには、村や町の帳簿が独自に作られるようになってきます。そして村や町の人びとは、支配者である領主向けの帳簿と、村や町の内部の帳簿との使い分けをやっていたことが明らかになっており、戦国時代には、支配者の表の帳簿とちがう、裏帳簿を村や町の人たちはつくっていたのです。領主が賦課してきた年貢を、村は独自に村の百姓に分担させているのですが、そのための帳簿を村は作成している。そしてそこまでは領主もふみこんでこないのです。

これは、江戸時代でも同様で、村請制といわれて、村は自治的に年貢を請負っているのですが、こういう体制は、文字と数字を百姓たち自身が使えなくては成立しえないわけです。このような意味で、村の成立と文字の普及は不可分の関係にあると思います。町にしてもまったく同様で、村以上に多くの人びとが数字、文字を駆使し、それなりの自治を保っていたのです。

文字の普及と国家

さて文字の普及について、もうひとつお話ししておかなければいけないのは、その普及の主力が、片仮名ではなくて平仮名だったということで、これは日本の社会における文字の問題を考える場合、大きな問題になると思うのです。

口頭の世界と密着した文字である片仮名は、「書」にはならない文字です。しかし平仮名は最初から、読みかつ書く文字としての用途で使われてきたと思います。読みかつ書く文字としての平仮名が普及して、口頭の世界と密着した文字である片仮名が少数派にとどまったというところに、日本の文字の普及の仕方にかかわる大きな問題があるのではないかと思います。

これは日本列島の社会への文字のはいり方と深くかかわっており、中国大陸、朝鮮半島から漢字がはいってくる。それを万葉仮名として用いるという形で、日本の文字がだんだんにできてくるわけですが、なにより文字の使用、普及に律令国家の成立したことは、きわめて大きな意味を持っていたといわなくてはなりません。

この国家の成立は、日本列島の社会にすべての面で非常に大きな影響をあたえています。たとえば江戸時代の百姓の名前にきわめて多く見られる兵衛、左衛門、右衛門、右馬丞などは、みな律令官職名の変形といってもよく、そういうところまで、さまざまな形の影響を律令国家はおよぼしているわけですが、文字の場合についてみると、律令国家が文書主義を採用したことが、かなり決定的な意味を持っています。

つまりこの国家は、それまで口頭で行われていた場合もあった、すべての行政を、文書で行うことにしたわけで、この国家はこうした文書主義をきわめて厳格に実施します。ですからこの国家で役人として多少ともかかわりを持とうと思えば、かならず文字を勉強しなくてはならない。このように、たんに上から強制されたというだけではなくて、この国家の成立が下からの文字への自発性をよびおこしていくわけです。

こういう新しい国家ができたということは、各地域の人たちにとってみれば、大変大きなことだったと思うのです。ある意味でこの国家は、都という遠いところにできた、「聖なる世界」とうけとられたのではないでしょうか。いずれにせよ、きらきらした文明の窓口だったわけで、そういう世界と自分がなんらかの形でつながりを持つ、それを媒介するものが文字だということになるのです。それは役人になるための試験勉強に、漢字の手習いをした跡が木簡に出てくることからもよくわかります。

東野治之さんが『木簡の語る日本の古代』（岩波新書）で、大変興味深くこのことを書いておられますけれども、こういう木簡が平城宮跡から出てくる。二字、三字の同じ字をなんべんも書いているのです。この二字、三字から東野さんがその書物まで当てておられるので大変感銘をうけましたが、『文選』という、役人になるときの試験問題にもっともよく出る中国の古典を、一生懸命手習いしているのです。

しかもこういう木簡は出羽の秋田城からも出てきたのです。都の近辺でしたら当然ともいえますが、律令国家の北限の拠点である秋田城からそういう木簡が出たということは、かなり注意すべきことだと思います。この国家はその支配下にはいった地域について、戸籍を作りますが、その字を書いた人は、郡司あるいは里長（郷長）だと思います。そうだとすると、この国家の支配下にはいった全域に、ともあれ文字を使える人が広くでてきたことになります。

しかも戸籍の字がじつにきれいなのですね。正倉院にある戸籍の字を見ると、美術品として充分に鑑賞にたえられる字を、当時そうした人びとが書いているということに驚かされるのです。

さきほど、文字にたいする人の姿勢の問題にふれましたけれども、この時代の人が、文字にたいして非常に真摯な姿勢を持っており、文字をきわめて大切にしていたことは、こ

大宝二年御野国味蜂間郡春部里戸籍（正倉院蔵）

の字によって、疑いないことだと思います。最澄の字は、そういう字を土台にした、じつに生真面目できれいな字だと思いますけれども、日本列島の社会の、文字にたいする対し方の出発点がここにあるということができます。

それ以後、王朝国家も、鎌倉幕府、室町幕府も、一貫して文書主義を踏襲しますし、江戸幕府はもっとも徹底した文書主義をとっているといってよい。幕府や大名がこういう様式の文書をつくれと指示すれば、村や町はそれに従って文書を作って提出してくるわけで、前にもふれたような膨大な文書を、日本の社会はつくり出すことになりますが、そこにはやはり国家の文書主義が一貫して作用していたことを考えておかなくてはならないと思います。

もちろん文字が普及したのは国家の力だけではなくて、社会自体の自発性、平仮名を生み出し、片仮名を生み出した社会の内発性に支えられてのことだったことはいうまでもありません。

とくに大事だと思いますのは、平安末、鎌倉期の、新しい宗教の布教と文字との関係です。法然や親鸞、日蓮、一遍、さらにのちの蓮如などの宗教家は、平仮名の書状を非常に多数書いておりますし、ときによっては片仮名を主とした書状も書いています。

鎌倉時代に生まれ、南北朝・室町時代に広く影響力を持った宗教は、本気で庶民に布教しようとしていますから、平仮名、さらには口頭のことばと結びついた片仮名を用いたわけです。和讃のように、口頭で誦唱されたようなものは片仮名で書かれていることが多いのです。なかには、本福寺という近江の堅田(かただ)にある、一向宗の寺の僧の書いたもののように、方言までふくんだ片仮名まじりの文章も見られるようになってきます。

こういう流れは、切支丹の文学までふくめて、中世後期から近世初頭に、日本の社会に大きな意味を持ちはじめていたと思うのですが、そういう宗教の動きは、十七世紀のはじめまでに、全部世俗権力によって弾圧されてしまう。イスラム、あるいはキリスト教のような自立した宗教は、それ以後の日本の社会には独自な力を持ち得なかったのです。

このことと天皇の存続とは深くかかわりのある問題だと思いますけれども、それはともかく、このことが、日本の文字社会のあり方についても、国家の文書主義による強い規制という事態をもたらしたと考えざるを得ないと思います。

私はもう長いあいだ古文書をあつかっておりますが、中世文書と近世文書は、一応見ただけでもわかりますし、近世、江戸時代の文書を年号を隠してならべてあっても、これは江戸初期、これは中期、これは末期と分類できます。本当のベテランでしたら、年号がなくても、もっと細かく、慶長・元和、寛永、寛文・延宝、元禄・享保、明和・天明、天保、幕末などと分類できると思います。私はそこまではできませんけれども、こういうことが九州でも東北でも、日本全国の文書についてできるのです。このことも考えてみれば、非常に不思議な話なのです。

この点について、私の親しい友人の塚本学さんが、国立歴史民俗博物館での展示のために、試みに、同年代の領主から村に来た年貢の割付状と、百姓同士の取り交わした売買証文とをある年代を区切ってならべてみたところ、書体の変化は明らかに領主側から起こっていることが明らかになったと報告しています。

しかもきわめて短時間に、早いスピードでその変化が百姓の世界に伝わっていく。領主側の書体がかわると、百姓の書体——少なくとも領主向けの文書の書体が変わっていくのだそうです。この書体の変化は明治のときは劇的です。それまで御家流（おいえりゅう）だった書体が、明治四年（一八七一）の廃藩置県のころを境にして、がらっと変わってしまいます。

ですから江戸時代の文書をいくらよく読めても、明治の文書になると大変むずかしい。

伊藤博文の手紙などは私には非常に読みにくいのです。そのような書体を全国各地の村々の戸長、区長などがみな使いはじめている。この変化は明らかに上から来たといわざるを得ません。

さきほどふれた近江の堅田は、江戸時代には村としてあつかわれていますけれども、実際は自治的な町で、年寄りが数人いて交替で町日記をつけています。それが江戸時代からずっと残っているのですが、明治三年（一八七〇）ごろの日記は早くも上の人と同じ書体で書く人と、昔ながらの御家流で書く人とが混って出てくるのです。そして明治四、五年になると完全に明治の書体に変わってしまいます。

この変化は、さきほど申しました、国家の文書主義の影響、国家そのものの影響といわざるを得ない。そうだとすると、日本の庶民は上ばかり見ていたということになります。たしかにそれは否定できない一面ですが、ただ、このような書体は公文書の世界でのことで、書状の書体や、もっと私的な日記の書体は、決してこのようにはなっていないと思うので、こうした点を考えてみると、江戸時代にも、表の世界とはまったくちがった裏の動きがあったことは十分考えられると思います。

ただ最初にのべた文書の世界での均質性は、明らかに上からかぶさってくる国家の力があり、それに対応しようとする下の姿勢が一方にある。しかもそうした姿勢が、古代以来きわめて根深く日本の社会にあるということを考えておく必要があると思います。

しかも、そういう表の世界と裏の世界を区別し、表ではこの均質性に対応しようとする姿勢が、室町期以降とくに顕著になってくる。しかも、もともとそれが律令国家から端を発していることについても、われわれはよく考えておく必要があると思います。

このような日本の文字社会のあり方が、これからどのように変わっていくか、どのようにしていったらよいのかということは、じつはまだまだ充分に考えられていないところがあると思います。

たとえば明治になると、とたんに片仮名がふえはじめる。法律と軍隊の用語には、片仮名がもっぱら用いられますし、初等教育にも片仮名が最初に教えられるようになります。しかし一般庶民の、日常の世界では平仮名が支配的で、片仮名まじりで全部を書いた文学もないわけではないでしょうけれども、ほとんどお目にかかったことはない。むしろ学者、といっても漢学者の系統を引いた学者が片仮名まじりの論文を書いていると思いますが、しかしまもなく、それもほとんどなくなって平仮名まじりになっています。

これは江戸時代以来のことで、やはり文学は平仮名まじり文体で、儒学者は片仮名を使っています。そうした状況の中で、なぜ軍隊と法律に片仮名が使われたのか。これはまだ解決されていない問題だと思いますが、多分明治国家の本質にもふれる問題がそこにあると予想されます。さらに戦後になって平仮名を先に初等教育で教えはじめたことにしても、こうした文字の歴史をどこまで充分に考えて行われたのかについては疑問が残るので、教育史の方にぜひうかがってみたいものと思っています。

とくに最近の文字の世界はいろいろな面で大きい変動がはじまっているように思いますが、このような問題を充分にふまえた上で、これからの日本の社会における文字のあり方を考えていく必要があるのではないかと思います。

第二章　貨幣と商業・金融

宋からの銭の流入

前の章では、文字と社会とのかかわりが、ほぼ十四世紀を境にしてかなり変わってくるのではないかということをお話ししましたが、このこととも深いところでかかわりのあることだと思うのですが、十三世紀の後半から十四世紀にかけて、日本の社会に、金属貨幣がはじめて本格的に流通しはじめます。日本で金属貨幣が鋳造されるのは八世紀はじめ、和同開珎といわれる銅銭、銀銭がつくられたのが最初で、それ以来、いわゆる皇朝十二銭という貨幣が、十世紀なかごろまでつくられます。

この貨幣の性格についても、いろいろな意味で考えなくてはならない問題はあるのです。中国の制度の受容にともなって鋳造されたという側面が強くて、調・庸などの貢納に用いられていますが、実質的に社会の中に貨幣が流通したのは、ほぼ畿内にかぎられており、全国的には流通しなかったといわれています。

また支払手段、流通手段としての貨幣というだけではなくて、和同開珎は、一種の呪術的な意味をもった使われ方もしております。たとえば寺院を建てる時の基壇に和同開珎をかならず置く。あるいは美濃の不破の関の発掘によって知られたことですが、和同開珎が何枚か建物の隅に置かれている。そのような呪術的な意味をもって用いられることもありました。

ですから、社会そのものはまだ貨幣を必要とするような状況ではなかったので、政府の力が弱くなってくる十世紀以後には、日本では貨幣が鋳造されなくなるのです。ただ、それにしても、このような未熟な社会であるにもかかわらず、金属貨幣を知ったということは、その後の貨幣と社会との関係に、大きな意味を持ったものと思われます。

しかし、そのころからの社会に貨幣——交換手段として流通しているのは、絹や米になります。たとえば土地の売買が何を代価として行われているかを調べてみますと、米とか絹が用いられる状況が、十二世紀なかばまでは確実に続いています。ところが十二世紀後半から十三世紀にかけて、本格的に中国、宋からの銭が流入してきます。とくに平清盛が日宋貿易に、大変、力を入れましたので、宋の貨幣がどしどしはいってくるようになりました。

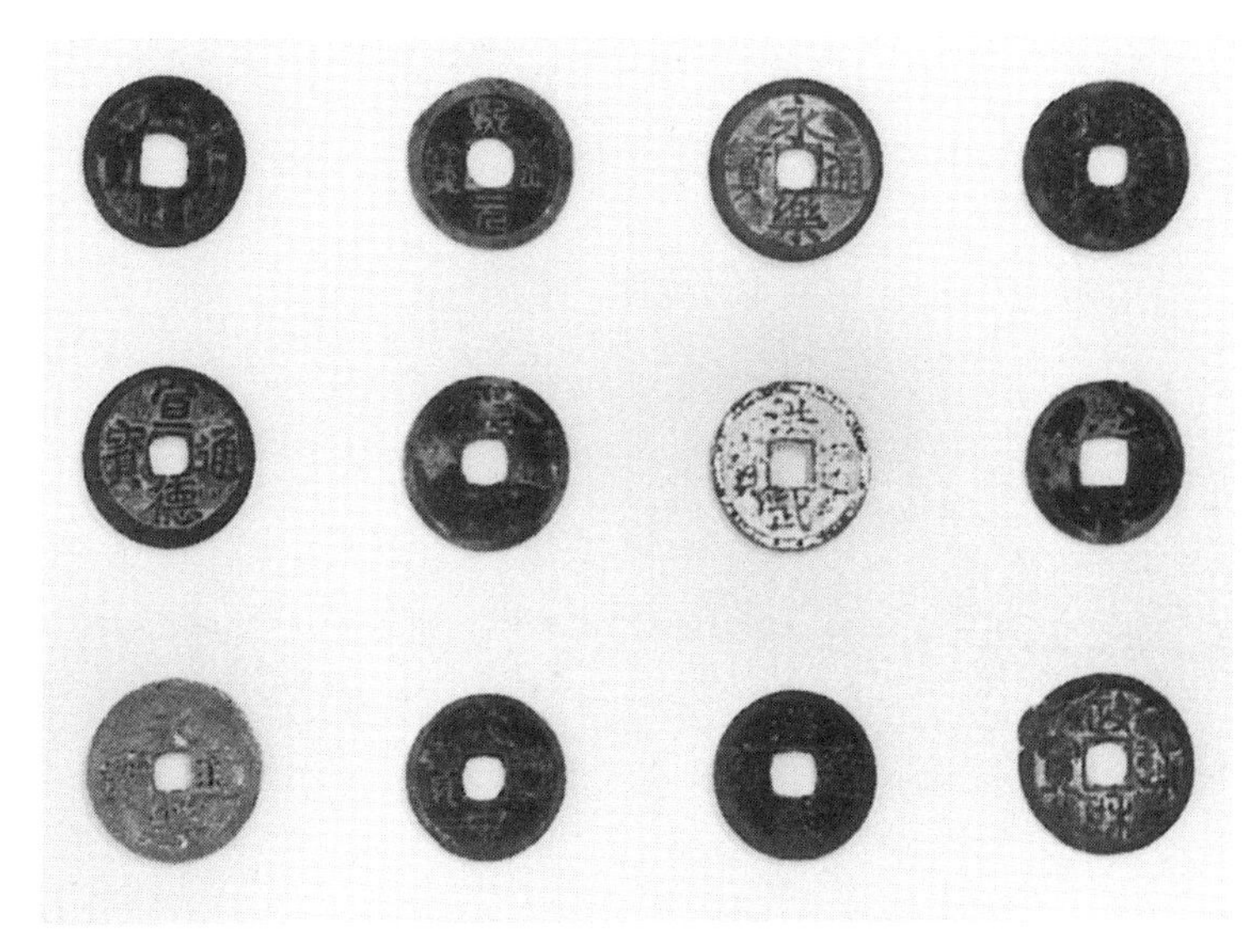

中世に流通した中国の銅銭。

ところがその最初のころ、十二世紀後半の清盛の時代、疫病が流行すると、これは「銭の病」だ、銭を使うようになったために起こった病だ、という噂がひろがるような状況がまだみられたわけで、貨幣の流通はかなり活発になりつつあるのですが、金属貨幣を呪物として見る見方が強く、まだ流通手段として充分社会に浸透しきったとはいえない時期がしばらくは続いていました。

　ところが松延康隆さんの研究（「銭と貨幣の観念」『列島の文化史』6、日本エディタースクール出版部）によると、十三世紀前半には、絹による支払はほとんど銭によって行われ、十三世紀の後半から十四世紀にかけて、土地の売買は米ではなく銭で支払われるようになってくるわけです。

銭の流入も、非常に大量になってきました。

最近、朝鮮半島の南西の海中から、いわゆる「新安沖沈船」という沈没船が引き上げられました。これは稀有なことだと思うのですが、中にはいっていた積荷がほとんどそのまま引き上げられたのです。しかも木簡が大量に見つかり、その木簡によって、東福寺の造営のための日本列島側の勧進聖をはじめ、日本人名の人びとがかなり乗っていたことがわかりました。

船には厖大な青磁、白磁が積まれており、その船底には、船の安定をとるためのバラストとして、銭が大量に積み込まれていました。その重さは約二十八トンにおよぶといわれていますが、これが全部、日本列島に流入するはずだったのかどうかはわかりませんけれども、たぶん相当部分が日本列島にはいってきたことは間違いないと思われます。二十八トンが何十万枚になるかはわかりませんが、ともかく大変な量の銭が積み込まれていたことがわかったわけです。

しかもこの船の沈んだ年が十四世紀の前半、一三二三年であることも、木簡によってはっきりわかりました。実際、文献によってみても、十三世紀後半から十四世紀にかけて、非常に活発な中国大陸との船の往来があったことがわかりますから、それにともなって驚くべき大量な銭がはいってきたことは間違いないわけです。

このような銭の流入は、日本列島の社会自体の変化にともなう、銭に対する強烈な要求があったことを物語っていますが、一方、それだけの銭が社会に流通しはじめたことになる。おのずといろいろなものの取引き、現在残っている文書では、動産の売買はほとんど文書に残りませんが、土地の売買はもちろん、あらゆるものの価値尺度が銭で表わされるようになってきます。金融も銭が主になりますが、あとでもふれるように、米が依然として交換・支払の手段、価値尺度としての機能を失っていない点にも、注意しておく必要があります。

富の象徴

ただ、松延さんの研究によって、非常におもしろい事実がわかってきました。つまり、普通なら銭が大量にはいってくればインフレが起こる、物価が高くなるのが常識だと思うのですが、たしかに動産、米や絹の値段を見ますと、一時、十三世紀の後半には高くなったようですが、十四世紀にはいると、土地の価格をふくめて、むしろ安くなってくるという傾向が見られるのです。

現在残されている史料はそう多くはありませんから、断定的にはいえないのですが、これは銭の価値が上がった、銭そのものに対する需要が大きくて、銭の価値が高くなったのだと松延さんは考えておられます。つまり十三世紀後半から十四世紀にかけて、土中から掘り出される埋蔵銭の事例に、ひとつのピークが現れます。次のピークは戦国期から江戸時代のはじめだといわれています。

これまでこの埋蔵銭については、戦乱の時代だから銭を埋めたのではないかといわれてきました。たしかに第二のピークにはそのことも考えられますが、十三世紀後半から十四世紀にかけての埋蔵銭のピークは、富の蓄蔵手段として、銭が大きな意味をもってきたことのあらわれではないかと松延さんは考えておられます。

私もこれには基本的に賛成です。ただ、埋蔵物は、当時の考え方では、無主物になってしまうのです。つまり、だれのものでもなくなってしまう、あるいは神仏のものになってしまうと考えられており、埋蔵銭についてもこのことを考慮しなくてはなりません。そこにはまだ銭自体の呪術的な意味が残っていたとも考えられますし、戦国期以降の蓄蔵銭とは、やや異なる意味を考える必要があるとは思いますが、ともかく、銭が富の蓄蔵手段になってきたことは、ほぼ確実だと考えていいのではないかと思います。

米や絹とちがい使用価値のなかった銭――金属貨幣が、富の象徴になりはじめてきたということは、富のイメージの大きな変化で、銭に対する社会の対応の仕方がこの時期に大きく変わりつつあることを、これはよく示しているのではないかと思います。

『徒然草』に、大福長者といわれた金持ちが、銭を、「君のごとく神のごとくおそれとうとみて、従え用いることなく」といったという話があります。つまり、銭を奴隷のように勝手に使うのではなくて、「君」か神のように恐れ尊んで使えということですが、いろいろな欲望をおさえて、ひたむきに銭を蓄蔵することを求める。そのようにして銭を蓄積することこそ、「徳」がある――つまり「有徳」であるという考え方がはっきり出てくるようになります。このころ富裕な人のことを有徳人というようになっているのです。

ここに、銭そのものに対する社会のとらえ方の変化がよく現れていると思うのです。中村直勝さんはこれを「拝金主義」といわれましたが、たしかにそういう状況が十三世紀後半から十四世紀にあらわれてきます。そして十五世紀になると、銭は支払、交換手段として、広く流通し機能するようになってくるのです。

このように銭が貨幣として本格的に機能しはじめたことは、いろいろな意味をもっています。前章で、文字の普及によって社会の均質化が進んだと申しましたが、北海道と沖縄をのぞく日本列島に、丸に四角の穴をあけた銭が流通するようになったことが、日本の社会の均質化の進行にひとつの意味をもっていたことは間違いないと思います。こうした社会の変化が、沖縄と北海道をのぞく日本列島の社会に、「民族」が形成されていくうえでの画期になっていることはたしかだと思うのです。

どうしてモノが商品となるか

ただそうはいっても、銭についてはいろんな問題があって、まだわからないことだらけなのですが、いちばん大きな問題のひとつは、このように流通した銭が、基本的に中国大陸の銭――宋銭・元銭・明銭であるということです。当時の日本の社会では銅が大量に、採掘・生産されており、輸出品の最大の品目に銅が数えられるぐらい、銅の産出は活発だったのです。また鋳造の技術も、鋳物師(いもじ)が古くから活動しておりますし、銭を鋳造する能力を日本の社会は間違いなくもっていたはずです。

にもかかわらず平安後期以降の支配者は、銭を鋳造しようという意志を示していない。後醍醐天皇という特異な天皇が、実現しなかったけれども、銭を鋳造し、紙幣を造ろうとしたのを除くと、王朝も幕府もそういう発想を持っていないのです。これはどうしてなのか。このことは中国と日本の社会を考える場合、大きな問題になりましょうし、多分、未熟な社会であるにもかかわらず、貨幣――銭を一度作ったことのある国家を日本の社会が持ったこととも関係があると思いますが、まだ、解決できていない問題です。

松延さんは十四世紀の社会は、「あまりにも早く貨幣化されてしまった社会」といっていますが、そのこととも関係があると思います。それはさておき、このように銭が貨幣として本格的に社会に流通しはじめたことは、これまでの交易や金融の意味、さらには交易や金融にたずさわってきた人びとの社会的な地位に、決定的な大きな変化をおよぼしたのではないかと私は考えております。

商業や交易という行為そのものについて、最近ではいろいろな角度からの議論がおこなわれていますが、モノとモノとを商品として交換するということは、ある時期までの社会では、普通の状態では実現できなかったことだと思うのです。モノとモノとを交換する、人と人とのあいだでモノが交換されることは、いわゆる贈与互酬の関係になります。そのように贈りものをし、相手からお返しをもらうという行為がおこなわれれば、人と人との関係は、より緊密に結びついていかざるを得ないことになってきます。これでは商品の交換にはなりません。ではどうしたらモノは商品として交換されうるか。

この問題について、勝俣鎮夫さんが非常におもしろいことをいっておられます。モノがモノとして相互に交換されるためには、特定の条件をそなえた場が必要なので、その場が市場である。市場においてはじめて、モノとモノとは贈与互酬の関係から切り離されて交易をされることになるのではないか。市場は、その意味で、日常の世界での関係の切れた、私流にいえば「無縁」の場として、古くから設定されてきたのではないか、と勝俣さんはいっておられます。

たとえば虹が立つと、かならずそこに市を立てなくてはならないという慣習が古くからありました。これは平安時代の貴族の記録にも出てきますし、室町時代にもまだその慣習の名残りが残っているのです。たとえば藤原道長の邸宅のなかで虹が立ったので、そこに市を立てて交易を行っています。虹が立った場所など本当はわからないはずですけれども、ともかくそのようにしなければならなかったようです。

『一遍聖絵』に見る市の場（歓喜光寺蔵）

勝俣さんは、虹の立つところに市を立てるのは、日本だけではなくて、ほかの民族にもそういう慣習があり、それは虹が、あの世とこの世、神の世界と俗界とのかけ橋なので、そこでは交易をおこなって神を喜ばさなくてはいけないという観念があったのではないか、といっておられます。そしてこれによってもわかるように市場は、神の世界と人間の世界、聖なる世界と俗界との境に設定される、と指摘しておられます。

これは私もまったく同感で、実際、日本の社会では、河原、川の中洲、あるいは海と陸との境である浜、山と平地の境目である坂などに市が立つのが普通です。このように市の立つ場は独特な意味をもった場なのですが、そうして開かれた市場は、日常の世界とはちがい、聖なる世界、神の世界につながる場であると考えられていました。

そこにはいると、モノも人も世俗の縁から切れてしまう。つまり「無縁」の状態になるのではないかと思うので、そうなった時にはじめて、モノとモノとを、まさにモノそのものとして交換することが、可能になるわけです。いいかえれば、市の場では、モノにせよ人にせよ、いったん、神の世界のものにしてしまう。また別のいい方をすれば、だれのものでもないものにしてしまう。そのうえでモノとモノの交換がおこなわれるのではないかと思うのです。

どこの社会でも、市場の本来的な原理はたぶん同じだろうと思います。ですから、市場では俗界の人と人との関係も切れてしまうので、そこは、「歌垣」の場になります。妻も夫も俗界の縁が切れるので、一人の女、一人の男として自由に交渉が出来る場として、神の祭の場などのあったことがよく知られていますが、市場も同様だったようです。日常の世界、俗界から、モノも人も縁が切れるという状態ができて、はじめて商品の交換が可能だったのではないかと考えられるわけです。

このように世俗の縁から切れた状態が市場と交易においてあらわれるということは、近代の商品交換、市場原理の原点といってもよいので、かなり重要な問題がそこから出てくるのではないかと思いますが、中世のある時期までの交易はそのようなかたちでおこなわれていたのです。

どうやって利息をとったか

金融についても同じような問題があります。モノを貸して利息を取るということがいったいどうしてできたのかということは、考えてみると大変不思議なことです。

世界的に見た場合、どうなのかは知りませんが、日本の社会の場合、金融の起源を古くさかのぼってみますと、出挙(すいこ)に帰着します。

出挙は、稲作と結びついており、最初に穫れた初穂は神に捧げられますが、それは神聖な蔵に貯蔵される。日本列島の社会では、それを管理したのは共同体の首長だと思いますが、この蔵の初穂は、次の年、神聖な種籾として農民に貸し出される。収穫期が来ると、農民は蔵から借りた種籾に、若干の神へのお礼の利稲(りとう)(利息の稲)をつけて蔵に戻す。この循環が出挙の基本的な原理だと思うのです。

それが中国大陸の制度とどのように重なっているのか私にはわかりませんし、これについてはいろいろな議論があるようですが、律令国家はこれを国家の制度に定着させてしまいます。これを公出挙(くすいこ)といいますが、国衙(こくが)の蔵に納められた租稲(そとう)が本来は元本になったのだと考えられており、これを春に農民に貸し付け、秋に利稲をつけて蔵に返させるわけで、これが正税(しょうぜい)といわれて、地方財政、諸国衙の財政の財源になっています。

しかし、出挙は決して国家だけではなくて、一般の社会でもおこなわれており、これを私出挙といいますが、このような貸借関係が、出挙と表現されたことに注意しておく必要があります。また利稲はふつうは五割で、私出挙でも、国家は利息を元本の倍以上取ってはいけないという規制をしきりにしていますが、利息が五割、十割というと大変な高利率のように見えます。しかし農業生産を媒介とすれば、それほど高いわけではありません。

このように金融行為が神のものの貸与、農業生産を媒介とした神への返礼、という形で成立したことを確認しておきたいと思います。神に捧げる初穂（はつほ）は、中世になると、「初尾（はつお）」「初穂」とはっきり表現している場合もありますが、「上分（じょうぶん）」といわれることが多くなります。たとえば日吉（ひえ）神社に捧げられた初穂は日吉上分物（もつ）、日吉上分米、上分銭。熊野神社の神に捧げられた初穂は、熊野御初尾物、あるいは熊野上分物と表現されました。

このような神の物である上分米、上分銭が資本となって、これが貸し付けられます。十二世紀には、こういう形の貸し付けが広く行われたことを確認できますが、この場合もやはり、貸し付けの行為は出挙と呼ばれています。このような神物（しんもつ）、仏物（ぶつもつ）の貸し付けは、室町時代以降もつづいており、そのころには祠堂銭（しどうせん）といわれて、仏のものとして寺に寄付された銭を貸し出すという形で、利息の低い金融がおこなわれています。

ともあれこのように人間の力を超えた神仏に捧げられたものを、人間の世界で使った場合、神仏に対するお礼として、利息をつけて返すという形で金融が行われていたわけです。

さきほど、埋蔵銭、土中に埋められた銭は「無主」のものになってしまうといいましたが、これは神仏のものになったと考えることもできます。もしかすると銭を埋めた人は、銭をいったん神仏のものとして金融に使ったのかもしれません。

このように、交易にせよ金融にせよ、俗界をこえた聖なる世界、神仏の世界とかかわることによってはじめて可能であったのですから、交易、金融にたずさわる商人、金融業者は、俗人にはたやすくできなかったのです。それ故、中世では商人、金融業者は、いずれも神や仏の直属民という立場で姿を現しています。

当時の用語ですと、神の直属民は「神人」(じにん、じんにん)、仏の直属民は「寄人」、当時なお神仏に準ずる立場にあった天皇の直属民になった人々は「供御人」とよばれています。

供御は、もともと天皇・貴人の食べるものですが、天皇の使うものを総称して供御というようになり、天皇の日常に使うさまざまなものを貢納する人のことを供御人といったわけです。これらの人々はみな聖なるものの直属民であり、自ら「神仏の奴婢」といっています。

具体的に見ますと日吉上分物を貸し出して金融を行う人は日吉神人、あるいは延暦寺の下級の僧侶、山僧、熊野上分物を貸し出して金融を営む人は熊野神人、あるいは熊野山伏なのです。伊勢の上分物は御師があつかっています。このように神仏に直属するという資格で、はじめて金融をやることができるわけです。

神仏、天皇の直属民

交易の場合も同様で、鋳物師(いもじ)の場合、十二世紀以降、殿上で使う鉄の燈炉(とうろ)を天皇に差し出し、そのかわりに、全国を自由に遍歴して鉄および鉄器物を販売する特権を認められており、蔵人所燈炉供御人(くろうどどころ)という長い名前で呼ばれています。鋳物師はそのように供御人――天皇の直属民の資格で交易にたずさわっていたのです。

この時代はまだ手工業と交易が分離していませんでしたので、鋳物師のような手工業者は商人でもあったのです。曲物をつくる檜物師(ひものし)も、檜物を自分でつくると同時に、市場で曲物などの製品を売り歩いており、やはり天皇の供御人になるとともに、あちこちの神社の神人になっている人もありました。この時代の商人はみなこのような形で、いずれかの神仏か天皇に直属してその生業を営んでいたのです。せまい意味の芸能民もみな同様であったといってよいと思います。

このように中世の商工業者、金融業者、芸能民が、神仏、天皇の直属民という地位を持っていたのは、さきほどのべたように当時の金融や交易という行為そのもの、さらに芸能の行為そのものの特質と深いかかわりがあることは間違いありませんが、もうひとつこうした人びとの活動した場の性格とも関係があると思います。

『一遍聖絵』より、山伏。

神人や供御人といわれた商工業者は、この時代には全国的に、あるいはある特定の範囲を遍歴して、市場から市場へと歩きまわっていました。もちろん根拠地はもっておりますが、かなり長期間にわたって遍歴をした人びとの多かったことは確実なのです。このような人びとの遍歴する場所そのものが、これも前に少しふれましたように、特異な性格を持つ場所であったわけです。

たとえばさきほどのべたように市場は〃無縁〃の場でありました。また当時市場のなかで起きた事件は、市場のなかだけで処理して、外へ持ち出さないという習慣がありましたが、道もまったく同じで、道でもし殺人事件がおこったとしても、その場だけで処理して、決してそれに関連して、被害者の親族が加害者に復讐をするということはしてはならない場所だったのです。

そういう性格は、道や市場、さらには津・沖・泊・浜、坂などの境界的な場所に共通していますが、神人や供御人の遍歴する場は、まさしくこのような場だったことになります。

それだけにこれらの人びとは、一般の平民とちがった服装をして歩いていたようです。山伏はもちろんですが、神人は黄衣（こうえ）を着けていますし、神や仏に直属する者としての独特な姿をして遍歴していたことがわかっています。

このような神人、供御人、寄人のような神仏、天皇の直属民は、しばしば自分たちを「神奴（しんぬ）」、「菩薩の奴婢」、「寺奴（じぬ）」などと表現することがありましたので、これまでの歴史家は、これらの神人・供御人を奴隷的な、非常に身分の低い人びとと考えがちでした。ところがよく調べてみますと、供御人・神人などとよばれた人たちが、当時の制度の中では、将軍の家臣である御家人と同じクラスの人である場合がしばしば見られるのです。ですから社会的に見ますと、神人、供御人は侍に準ずる立場に立っていたといってよいと思うのです。

これまでの歴史学では、このような人たちは世界史的にみても、まだきちんと位置づけられていないのですが、神仏の直属民、聖なるものの奴隷は、日本だけではなくて、いわゆる「神聖王」ともいうべき存在のあった社会、たとえばインカ帝国のような社会では、神の奴婢、太陽神の奴婢、あるいはインカの直属の奴隷がいて、女性の場合にはアクリャといわれ、男の場合にはヤナコーナとよばれていたのだそうです。

日本の場合も、中世だけではなく、古くさかのぼると采女はまさしくそうした女性ですし、巫女についても同じことがいえると思います。また鹿島神宮には、神の賤民――神賤がいたことがわかっています。この「賤」ということばですが、古代の賤民は、われわれが近代的な感覚から賤しめられているとだけ考えては間違いのようです。

律令国家の制度で、五種類の賤民——「五色の賤」がいますが、そのうち、公奴婢、官戸、私奴婢、家人の四種類は、国家あるいは私人の奴隷といってもさしつかえないのですが、のこりの一種である陵戸、天皇の墓の墓守は、賤民にされていますけれども奴隷ではありません。しかも、少し時代を下って中世の墓守を調べてみますと、墓守はまさしく神人と同じ立場に立っており、聖なるものの奴婢なのです。そしてやはり特権をあたえられて商売などをやっています。

ですから、神に直属する「賤民」、あるいは貴人の墓のような聖なる場所、聖地の守護をする役割をもった人は、近代的な感覚でとらえた賤民とはだいぶ性格のちがうものとして、考えなければならないと思います。陵戸も同じだったと思いますが、その流れをくんでいるのが、中世では神人、寄人、供御人という集団で、神の奴婢といっても、実態は侍の身分に相当する人びとで、官位も持っている人びとなのです。

ですから神人や供御人は、一般の平民・百姓とは、身分的にはっきりと区別をされています。神人の在家、その本拠地の家には、平民に賦課される課役、在家役は免除されます。また、免田畠——年貢のかからない田畠を給与としてあたえられている場合もあります。さらに関・渡、津・泊などでの交通税を免除され、全国どこでも自由に歩きまわってよいという、自由通行の特権を保証されています。ですからさきほどもふれたとおり、道を歩く時、あるいは神人・供御人として活動する時、この人びとは黄衣という黄色い衣を着るなど、一般の平民とちがった姿をしていますし、山伏なども、普通の人びととちがう髪形をして、柿色の衣を着ていたようです。

またその持ち物などについても、特異な形をした棒を持ち、杖をついて歩いていたり、あるいは魚売りの神人は、神様に捧げる供菜（くさい）である魚を入れた桶を頭にいただいているのですが、この桶自体が神聖な桶でした。このような神人や供御人の持ち物や、その人そのものに手をかけたり、あるいは万一、神人、供御人にきずを負わせたり、殺害したりなどすると、加害者は大変厳しい神罰を受けなくてはならないと考えられていました。また、神人や供御人の死骸のある場所は、それ自体、聖なる場所となり、神仏の所領とされたのです。

ですから寺院や神社は、百姓が年貢を出さなかったりすると、神人を動員して、一般の平民たちから年貢を取り立てる執達吏（しったつり）の役割をはたさせています。時によると、神人が鬼の面をつけたり、仏像をかついだりして平民たちを脅かし、年貢の取り立てを行ったという事例もあります。

いずれにせよ神人、供御人は一般の平民から、はっきり区別された存在として、国家的な制度のなかに組み込まれているわけです。まだ、学界で認められているわけではありませんが、私はこの制度を神人・供御人制というのがよいと思っています。

聖なるものから世俗のものへ

このように、中世の前期、十二、三世紀までの商業あるいは金融は、こうした人たちが行っていたわけで、これは商業、交易そのものが、まだ神仏とのかかわりにおいてはじめて行いうるという、マジカルな要素をもっていたことと深いかかわりがあるのです。

のちの被差別民とかかわりのある問題もここに出てくるので、「非人」といわれた人びとも、神人身分を保証されており、「犬神人（いぬじにん）」とよばれています。また遊女や白拍子のような女性芸能民も、神仏、天皇の直属民と同様の社会的な地位を、少なくとも中世の前期までは保っていたと私は考えています。このことは次の章でくわしくふれたいと思います。

このような交易や商業、金融の行為、あるいはそれにたずさわる人びとの特質が、十三世紀後半以降の銭、金属貨幣の活発な流通という新しい事態のなかで、十四、五世紀から明らかに大きく変わってきます。

金融についてみると、さきほどのような神仏の物の貸し付け、上分米の出挙に対して、ただ利息を取るための銭、利銭（りぜに）の貸し付けが十三世紀後半ぐらいからしだいに広く行われはじめます。これは世俗的な銭の貸し付けといってよいと思うので、金融の行為がこのように世俗化してくる。

ただもちろん、直ちにすべてが、そういう世俗的な金融になってしまうわけではありません。室町時代の金融業者の中心が土蔵（倉）であることはよく知られていますが、土蔵も、もともとは延暦寺の山僧、あるいは日吉神人が経営している場合が多く、鎌倉時代から見られるのですが、本来はやはり神物、仏物の貸し出しを行っていたのです。

とくに土蔵は、もともと聖なる倉庫としての性格をもっており、一種の「無縁」の場ですから、たとえば戦争の時など、大切なものは土蔵に預けておけば安全だとされていました。のちになっても、土蔵はそういう性格を決して失っておりませんが、室町時代になると土蔵を管理する人びとは、私的な利銭の貸し出しを、さかんに行うようになっています。室町時代の徳政令で廃棄されるのは、こういう私的な利銭です。当時の金融のなかには、依然として神物の上分米、仏物の祠堂銭の貸し出しも行われていますが、これには徳政令は適用されません。

このように金融の行為がしだいに、近代の常識でも理解できるような世俗的な性格を、強くもちはじめているのですが、それにしてもこのような利銭に対する反発はなお強くて、それが徳政一揆となり、そうした利銭——借銭を破棄して質物を取り返す動きがでてくるのです。このような意味で十五世紀から十六世紀は聖なるものと結びついていた金融が、しだいに世俗的な金融に変わり、それが定着していく、過渡期にあたると考えられます。

商人や職人の場合も、同じように交易はしだいに、世俗的な行為に転換していきます。

商人と職人とはしだいに分化していき、まだ神人、供御人の身分は残っていますが、商業それ自体は世俗的な行為になっていったものと思われます。

職人にそくして一例をあげますと、十三世紀の後半以降に成立したと考えられる「職人歌合」という絵巻があります。何種類かの職人が左右に分れた番いになって歌を詠みあい、それを判者が判定をするという歌合の形式をとりながら、いろいろな職人の職能を歌と絵で示しているもので、江戸時代には「職人尽（づくし）」として、広く世に流布することになっていくのですが、おそくとも十三世紀後半から十四世紀にかけて成立した「職人歌合」は、神仏との関係をもつものになっています。

その一つの「東北院歌合」は、東北院でおこなわれた法会に職人たちが集まってきて、そこで歌を詠みあったことになっていますし、「鶴岡放生会職人歌合（つるがおかほうじょうえしょくにんうたあわせ）」は、鶴岡八幡宮でおこなわれた放生会の時に集まった職人たちが歌を詠むというかたちになっており、神仏とのかかわりで、職人歌合が行われたという形式になっています。

この歌合では、二種類の職人が左右にわかれて一番（ひとつがい）をなしているのですけれども、この二種類の職人が番いにされるに当っては、なにかの理由がかならずあるようです。

たとえば、しばしば鍛冶と番匠（ばんじょう）が番いになっています。番匠は木工、現在の「大工」にあたりますが、なぜそれが鍛冶と番いをくんでいるかというと、当時の鍛冶は刀鍛冶よりも釘鍛冶が一般的で、釘や鎹（かすがい）をつくっていたのです。ですから鍛冶は建築工として、神社や寺院に所属して寄人などの地位をあたえられています。鍛冶が、建築の工人（こうじん）だったから、建築の中心的な職人である番匠と番いをなして現れるわけです。

　このように、番いに組み合わせられた二種類の職人は、みなそれなりに関係があるのですが、興味深いのは、「東北院歌合」で巫女と博奕打が番いにされている点です。そもそも博奕打が職人歌合に登場するということ自体、十三世紀以前の社会の特徴が非常によくあらわれていて、おもしろい問題がそこにあるのですが、おそらくこれは博奕打も巫女も、一方はさいころで、一方は神がかりによって、神の意志を伝える。そういう職人として番いにされているのではないかと私は思うのです。

『餓鬼草紙』より、双六盤と巫女（個人蔵）。

　博奕は、一面では社会のなかで禁圧されていますけれども、他方で、籤と同じような意味もあったのだと思うので、博奕は芸能であり、博奕打にもそれなりの「道」――博奕道があったことは、当時の史料の中でもはっきりいわれています。平安時代の末、「双六別当」「巫女別当」という役職が、加賀国の国衙にあったことがわかっており、京都の朝廷の官庁にも、双六打、博奕打や巫女を統括する役所があったことは確実です。じっさい、上皇の妃である女院がお産をするとき、祈禱師（験者）のうしろに、悪い「物の気」をつける「物付」になった巫女がいるのですが、そのそばに双六の盤がおいてあるのです。そして巫女は「博を打つ」、多分さいころをふっています。これは民間でも行われており、博奕打と巫女は宮廷でも密接な関係にあったのです。

このような意味で博奕打も巫女も職人の一種と考えてよいので、両者が番いにされているのも、こう考えれば当然のことです。そして十三世紀につくられた初期の職人歌合が、手工業者、商人、あるいは芸能民などの「職人」を神仏とのつながりのなかでとらえるという見方に立っていたことは、この事実を通してはっきりうかがうことができると思います。

ところが、十五世紀につくられた「三十二番歌合」「七十一番歌合」は、非常にたくさんの種類の手工業者、商人あるいは芸能民を描いておりますが、歌合の行われる契機は神仏とかかわりをもっていません。とくに「三十二番歌合」は、職人たち自身が自らを賤しきものといっており、当時、社会的に賤視されるようになってきた職人たちの歌合になっています。これは次章でお話しする差別の問題と深くからんでいることで、十五世紀、職人——商工業者や芸能民の一部がすでに賤視されるようになっていたことが、ここからもよくわかるわけです。

「七十一番歌合」の場合にも、やはり賤視された商工民・芸能民は、そのスタイルではっきり区別をされています。たとえば覆面をしている人たち、あるいは烏帽子をかぶっていない人たちなどがそうした人たちで、女性の職人もやはり被物（かぶりもの）や髪形、眉のつけ方などによって、その職種に応じたスタイルがきまっているのです。こういう点が、十三世紀の職人歌合と非常にちがうところだと思います。

「七十一番歌合」より、覆面をした人（東京国立博物館蔵）。

また十五世紀につくられた職人歌合は、職人の仕事そのもの、手工業者の場合は道具や仕事ぶり、商人の場合も、持ち物や売買の時のスタイルをリアルにとらえようとする志向が、絵のなかからはっきり読みとれます。その点から見ても、商業や手工業、さらには芸能が、神仏との結びつきから離れ、世俗的な行為ととらえられるようになったことを、知ることができるのではないかと思います。

このように、十四世紀の南北朝の動乱

の中で、日本の社会における権威の構造が非常に大きく変わってきたと考えられます。それにともない、これまで、神仏と直接つながりをもっていることを根拠に、一般の平民とは異なる聖別された身分という意識をもっていた職人たちも、もはや古い神や仏に頼っていたのでは、とうてい自分たちの特権を保持していくことができなくなってきます。

ですから十五世紀になると、商人や手工業者たちは守護大名のような、世俗的な権力に特権の保証を求めていくようになります。

こうして十四世紀を境にして、商業、交易、金融のあり方、あるいはそれにたずさわる人——商人、手工業者、金融業者のあり方そのものが大きく変化をしてくる。そして金属貨幣の本格的な流通が、このような変化に深いかかわりをもっていることは、間違いないと思うのです。

鎌倉新仏教の役割

しかし、ここでひとつの重要な問題が出てきます。それはこの転換の時期に、「鎌倉新仏教」といわれる新しい仏教の諸宗派が、大きな社会的役割を果たしているという点です。たとえば鎌倉時代、西大寺流の律宗が叡尊(えいそん)、忍性(にんしょう)によってさかんになり、鎌倉中期、この流派の律僧が活発な活動をしています。その非常に顕著な活動のひとつは、次章でふれる「非人」の救済ですが、もうひとつ、律僧は勧進、現代流にいえば寺社の修造のための寄付金集めに大きな役割を果たしています。当時寺院や神社を建てたり、修理するためには、神のもの仏のものとして集められた銭や米などを、その費用とするという形をとりました。

その費用を広く世の人から寄付金として集めるのが勧進上人、勧進聖です。こういう上人、聖たちの動きは、十二世紀のころには見られますが、鎌倉中期以降、律僧がもっとも活発に、しかも大規模な勧進を行っているのです。しかも律僧はただ勧進をするというだけではなくて、手工業者、職人を組織していたと考えられます。

たとえば、叡尊の場合、中国から渡ってきた宋人の石工に、般若寺を建てる時の石塔をつくらせていますし、忍性も、石工と深いかかわりを持っています。鋳物師との関係もあったようで、律僧はこうした職人を動員して、寺社の修造を推進していたと見られるのです。いわば、そうした工事の請負人だったともいえます。

また当時、中国大陸とのあいだにはさかんに「唐船（とうせん）」が往来し、貿易が行われていました。おそらく日本列島でつくられた中国風の船、「唐船（からふね）」も中国に遣わされています。新安沈没船の場合も、日本列島でつくられた中国風の船である可能性もありうると私は考えていますが、こうした「唐船」に乗って、貿易商人として出かけた人も、律僧が非常に多かったと思うのです。十三世紀の後半から十四世紀にかけてこのような貿易船が中国に行く場合、かならず勧進聖が乗っており、その利益で寺社の修造をやることになっていました。ですから律僧は勧進によって集められたものを資本として運用する企業家であり、ま

『天狗草紙』より、放下（個人蔵）。

た貿易商人としての役割もはたしていたということになります。

禅宗の場合も同様で、これまで禅宗については、その宗教者としての思想がもっぱら注目されていましたが、じつは世俗的な分野で、禅僧はさまざまな役割をはたしておりました。勧進聖として「唐船」に乗って中国との貿易に出かけた人びとのなかにも、律僧と同じく禅僧のいたことが知られておりますし、これまでよく知られている水墨画のような絵画や茶道、築庭（庭園づくり）などだけでなく、能楽にもつながるような新たな芸能を中国から持ち帰り、伝えた禅僧もいたようであります。「放下（ほうか）」といわれた芸能民として、禅僧が活動していることも注意しなくてはなりませんが、さらに室町時代になりますと、「荘主（しょうす）」といわれる荘園の請負人として、禅僧が非常に広く活動しています。これは荘園の経営に関する正確な計算、決算に、禅僧がすぐれた力を持っていたこととかかわりがあるのではないかと思います。

さらにまた、室町時代になりますと、さきほどあげた神物、上分物を運用する神人や山伏にかわって、このような禅僧や律僧をはじめ、鎌倉新仏教系の寺院が、祠堂銭を中心とした金融を活発に行い、それで寺院を経営するようになってきます。土地、所領によって寺を維持するのではなく、このような金融、勧進等などによる寺院の経営が、十五、六世紀にはじまってきます。

このころ、「無縁所（むえんじょ）」といわれる寺院が広くあらわれてきますが、こうした寺院には鎌倉新仏教の系統の寺院が多いのです。禅宗、日蓮宗、おそらくもとは律宗寺院だったのではないかと思われる寺、浄土宗、時宗系の寺が無縁所になっています。このように「無縁所」といわれる寺は土地の所領はあまり持っていないのです。こういう寺は、特定の檀家、有力な外護者（げごしゃ）から土地の寄進をうけて、その力で寺を維持している寺、氏寺などとはちがっています。

そうした世俗の縁からはなれているから無縁所といわれるので、土地、所領に中心を置いて考えますと、財政的な基盤のきわめて弱い寺のようにみえます。ですから、そのように貧しい寺と見る学者も多いのですけれども、じつは「無縁所」は金融と勧進で寺を経営しているわけです。祠堂銭の貸し付けによる金融、事実上、商業的な行為となっている勧進のように、土地、所領の経営ではなく、むしろ「資本主義」的な商業や金融によって寺を支えたのが、「無縁所」といわれる寺の特徴だと思うのです。

それが鎌倉新仏教系に多いという事実も、非常に大きい問題だと思いますが、とくに真宗の場合には、寺内町といって、寺、道場の周辺を区画してこれを「聖地」とし、そこに商工業者を集めるというかたちで町をつくっています。これも「無縁所」と同じ原理による寺の維持で、真宗の寺は「志」という寄付金と、このような町によって支えられていたことになります。

こうして十四世紀の社会の大きな転換のなかで、かつてマジカルな古い神仏の権威に支えられていた商業、交易あるいは金融の性格が変化してきたわけで、鎌倉新仏教は、かつての神仏と異なり、新しい考え方によって商業、金融などに聖なる意味を付与する方向で動きはじめていたのではないかと考えることができると思います。

ヨーロッパの場合、阿部謹也さんが強調されるようなキリスト教がはたした役割を、日本の場合、鎌倉新仏教がはたそうとしていたのではないかと考えることができるかもしれません。つまり、贈与互酬を基本とする社会の中で、神仏との特異なつながりをもった場、あるいは手段によって行われていた商品交換や金融が、一神教的な宗派の祖師とのかかわりで、行われるようになってきたと考えられます。

実際、江戸時代以降の職人の世界や商人の世界の信仰の状況について考えてみますと、鎌倉新仏教とのつながりが全体として非常に強いと思われます。このような観点から日本の社会における宗教のあり方についてもう一度考え直し、再検討してみる必要があるのではないかと私は考えております。マックス・ウェーバーの『プロテスタンティズムと資本主義の精神』のようにはいかないとしても、日本の社会の場合にも、これと共通した問題を、鎌倉新仏教と商業、金融あるいは手工業とのかかわりのなかに探っていくことができるのではないかということです。

しかし日本の社会の場合、十六世紀にはいってきたキリスト教をふくむ、こうした新しい宗教は、結局、十六世紀から十七世紀にかけての織田信長、豊臣秀吉、さらに江戸幕府による血みどろの大弾圧によって、独自な力をもつことができないようになってしまいます。どうしてそうなってしまうのか。じつはこれが日本の社会の問題を考える場合に、いちばん大きな問題のひとつなのだと思います。

天皇が十四世紀の動乱後、まったく権力を失い、権威もおおいに低下しながら、なぜ生き延びられたのかという問題と、日本の社会に、このような一神教的な宗教がなぜ根づかなかったのかという問題とは、たぶんその根は同じなのではないかと思うのです。そしてこのように宗教が弾圧され、社会的に独自な教団としての力を持ち得なくなったということは、その後の日本の社会における商業、金融、職人の技術のあり方とも深いかかわりを持っていると思います。

江戸時代の社会では、「士農工商」といわれたように、手工業者、商人や金融業者は、社会的に高い地位をあたえられていません。商人は実質的には非常に大きな実力をもっていながら、最低の身分におかれています。両替商のような金融業者に対しては、社会的な賤視も、江戸時代の社会にはあったようであります。

このように商業、交易、金融という行為そのもの、あるいはそれにたずさわる人びとの社会的な地位の低下と、宗教が弾圧されてしまったということとは、不可分なかかわりをもっていると考えられますが、それが近代以降の日本の資本主義のあり方にどのようにかかわってくるかというところまで見通す必要がある。それは私の力のおよぶところではありませんが、日本の社会の特質をくまなく明らかにするためには、そうした努力をする必要があると思うのです。

第三章　畏怖と賤視

古代の差別

最近、被差別部落に関する研究が非常に発展してきました。とくに中世の非人、河原者等の研究はめざましい成果をあげ、新しい史料がつぎつぎに発掘されただけでなく、丹生谷哲一さんの『検非違使』（平凡社刊）は非人や河原者に対する国家の支配、寺院、神社の支配を具体的に明らかにしており、中世の被差別民についても広い意味の「非人」として祇園社の宮籠(みやごもり)、あるいは猿楽までも視野に入れて考えるべきではないかという問題を提起されています。

また、絵画史料を使って非人のあり方を具体的に明らかにしようという仕事も、黒田日出男さん、河田光夫さん、保立道久さんなどによって推進されています。さらに中世における差別の最大の原因になっているケガレについても、民俗学の宮田登さん、歴史学の横井清さん、山本幸司さんなどのすぐれた研究が現れています。

さらに非人の救済、非人集団に対するさまざまな宗教者のかかわりについて、律宗、禅宗、時宗をはじめ、新しい研究がさかんに行われています。こうした研究の発展のなかで、非人の社会的地位をどのように考えるかについて、意見もいろいろに分かれてきました。その中でもっとも代表的な説は、非人を「身分外の身分」とする黒田俊雄さんの説で、非人は本来的に社会から完全に疎外された存在であるという考え方です。

大山喬平さんは、百姓と基本的には同じ身分だと考えておられますが、私は、非人は一般の平民百姓や不自由民である下人とも異なる、前章でもお話しした、神仏直属の神人(じにん)、寄人(よりうど)と同じ身分と考えることができるので、ある種の職能民の一面ももっていると思っておりますが、これは学界のなかではまだ市民権を得ていない考え方であることを、最初に御承知おきいただいたほうがよいかと思います。

階級的な差別とは異なる、身体障害者や人に嫌われる病に罹った人に対する差別の実態を、原始社会にさかのぼってみてみると、縄文時代においては、そうした差別はなかったようです。

縄文時代の零歳の平均余命は十七歳といわれており、大変に酷烈な状態に人びとは置かれていました。ネアンデルタール人にもそうしたことがあるようですが、縄文人の骨のなかに、明瞭に身体障害者と見られる人の骨、たとえば兎唇（みつくち）とか、足に障害を受けた人の骨が残っているとのことで、ある考古学者はこの時期には、人間が生きるということ自体非常に大変な時期であり、人間そのものが非常に大切だったので、そうした差別はなかったのではないかと考えています。

弥生時代以降の日本の社会では、天津罪（あまつつみ）、国津罪などといわれて、母子相姦や獣姦、ある種の病気、さらには農業を妨げる行為が罪とされ、罪をケガレと考えた形跡は十分にあります。しかし、七世紀後半に律令国家が成立しますと、この国家はすべての人を戸籍に記載する原則を、少くともその当初は熱心にまもろうとしていますので、たとえば廃人といってもよいような重い病気、身体障害を持つ人は廃疾、非常に重い病気の人は篤疾として、戸籍に他の人びとと一緒に記載しています。

そして、そういう人たちには課役は賦課しないことになっておりますし、介護者を決めて、そういう人については介護せよという原則になっているのです。実態はどうだったかはよくわかりませんが、建前で見るかぎり、後のように、ハンセン病に罹った人、身体障害者を共同体から排除するような動向は、考えられません。

また、浮浪人、逃亡して浮浪してしまう人たちに対しても、この時期の国家は熱心にこれを追及して、つかまえた上で戸籍にもれなく載せようとしています。ですからそうした共同体から離脱した人の存在を、この国家は制度として認めない立場にあったということになります。このように、少くとも制度上、さきほどのような差別はありえないことになっており、文献でも確認できないのです。

ただ、律令国家は前章でもふれましたように、五色の賤といわれる賤民を、制度上身分として定めて、平民――公民（良民）と区別しています。官庁、国家に属する奴婢が官戸と公奴婢。私人に属している奴婢が家人と私奴婢で、官戸、家人は家族を形成しています。しかしこの四種類の賤民は、まさしく奴隷で、犯罪奴隷、債務奴隷など、それぞれ理由はあれ、奴隷ということができます。ギリシア・ローマのような労働奴隷でないにしても、特定の主に所有されている不自由民であります。

中世にはいっても、「下人」といわれた不自由民、奴隷がかなりおりますが、下人と非人とがまったく異なる存在であることは、多くの研究者が認めていることです。とすると、古代の賤民の中で、さきほどの四種類については、たしかに平民からは明確に区別された存在であるとはいえ、中世の非人のような賤視はされていないと考えられます。

もう一種類の賤民、陵戸については学者のあいだで議論があって、よくわからないのですが、天皇の陵を守る使命をもった集団であるこの陵戸は、いちばん良民に近いとされています。にもかかわらず、なぜ陵戸が賤民のなかに入れられたのかという事情がよくわからない。

これまでの考え方のひとつとして、これを死のケガレと結びつけ、お墓というケガレた場所にかかわりのある人びとなので賤視されたとする理解がありました。実際、現在の被差別部落にも、陵戸の流れをくむという伝承をもっているところがあるのですが、当時の墓、陵のあり方を見ますと、これはむしろ、一種の聖地であって、けっして死のケガレによって忌避される場所ではありません。聖地として厳重に守護しなければならない場所だったのです。

前の章でもふれましたが、中世にはいっても、墓守といわれる人びとのなかで、藤原鎌足の廟のある多武峰(とうのみね)の墓守は、非常に権威を持って威張っており、やはり神仏の隷属民である神人、寄人として特権をあたえられて、商売もやっております。これはけっして賤民ではなく、聖地である鎌足の廟を守る聖別された存在と見なくてはなりません。陵戸も同様に考えることができると思いますが、それではなぜこれらの人びとが賤という身分にされているのかが大きな問題です。

古代には鹿島神宮に結びついている神賤が唯一史料に出てくるだけで、この人びとが神の直属民であることは明らかですが、平民よりもむしろ強い武力を持っているため、当時「蝦夷」といわれた東北人との戦争に、律令国家によって動員されています。ですからこれも近世以後の「賤民」とはだいぶ異なるものがあり、これらの人びと、陵戸や神賤は、聖なるものに直属しているという点で一般平民と区別されており、そうした存在を律令国家は、ともあれ唐の制度をまねて「賤」というかたちに位置づけたのではないかと思います。

これは前の章でお話ししたように供御人、神人、寄人と同じで、これらの人びとは神の奴隷なので「神奴」、仏の奴隷なので「寺奴」といわれており、一見、賤民――奴隷のように見えるのですが、むしろ特権を持つ人びとでした。おそらく古代の陵戸、神賤もそれと同じなのではないかと考えられます。

ですから、古代における差別の問題を身分の上で考えると、二種類あって、ひとつはいまの奴隷と良民との区別、もうひとつは、のちに中世に出てくるような、人間の力を超えた聖なるものに属する人びとに対する区別があったことになります。

悲田院の人びと

しかし、このように建前上、すべての人民を戸籍に載せるという制度であった律令国家は、八世紀には動揺しはじめます。国家の規制力が弱まって、浮浪、逃亡する人がたくさん出てきます。そのなかで、重病を負った人、あるいは身寄りがまったくなくて、捨て子同然のような、不幸な状態になった人びとが、政治の上でも大きな問題になってくるわけです。

こうした人びとの救済のために、この国家は悲田院、施薬院（せやくいん）という施設をつくります。これは光明皇后の仏教への帰依と結びつけられていますが、律令国家はこうした人びとを悲田院に救い上げて、国家の力で救済しようとしています。こういう施設は都だけではなく、各地域の国々の国衙の近辺にもつくられたらしい形跡があります。とくに国分寺が建立されますと、これと結びついた救済施設が、国家の力によってつくられたのではないかと思います。

このようにみると律令国家は、よいことばかりやっているように見えますけれども、戸籍にすべての人びとを記載したのは重い課役を賦課するためで、そのために人民の浮浪、逃亡のような動揺がおこっているのですから、当然の努力ともいえますが、ともあれ奈良時代には国家がそのような意思をもって動いていたことは間違いないことです。

このような悲田院にはいった捨て子、身寄りのない子どもが成長して大きくなると、奈良時代にはふつうの人の家の戸籍に養子としてつけられています。とすると、悲田院にはいっていたからといって差別されることは、奈良時代にはなかったのではないかと考えられるのです。

平安京に都が移りますと、悲田院も、京都の東と西の九条のいちばん端に建てられました。そして少なくとも、九世紀のころはその機能を維持していたことは確かです。この時期、悲田院にいた一群の人びとが新たに都の戸籍にのせられて、新生連(むらじ)という姓(かばね)をあたえられ、一戸――一軒の家となったことが知られています。

身寄りのない人びとが、新しく生まれ変わって、一戸をなしたということになるわけで、この場合も、一般の良民、平民としてあつかわれています。ただ、もしもそういう人びとがかならず新生連といわれたとすれば、一見して悲田院出身ということがわかることになるので、あるいは後の差別の源流をそこに見ることができるのかもしれません。

しかし、九世紀の終わりごろになると、律令国家の組織がすっかり弛緩したため、全般的な財政難になり、悲田院も予算が不足してきます。これはどこの官庁でも同じような状況で、官庁に属していた手工業者をふくむさまざまな職能民は、みなそれぞれ独自に集団をつくって動き出さざるを得なくなってきています。逆の見方をすれば、職能民たちが国家の規制から離れて、自由で独自な集団をつくりはじめたということができるかもしれません。

遊女の場合もおそらく同じで、律令国家の官庁のひとつである雅楽寮、内教坊に属する歌女や伎女、後宮に属していた下級の女官たちが、やはり、独自の女性職能集団になっていったのだと思います。都の官庁だけでなく、諸国の国衙にも、手工業者や巫女などの職能民が属しており、九州の大宰府に遊女（うかれめ）が組織されていた形跡を奈良時代に確認することができますので、各地域でも遊女（ゆうじょ）をふくむ職能集団が独自に現れてくることになります。

そのような職能集団がはっきり姿を現してくるのは、十世紀から十一世紀にかけてですが、同じように、悲田院に属している人びとも、まったくの動けない重病人は別として、やはりそれなりに独自に自分の生活を支えていかなければならないという状況になってきます。

そこで注目すべきことは、九世紀の後半に大変な飢饉があって、多くの餓死者、病人が出たために、鴨の河原が髑髏や死体でいっぱいになってしまったことがあります。こういうことは古代から中世にかけてはしばしばあるのですが、それを取り片づける仕事を、国家が悲田院の人びとに命令してやらせている事実を、確認することができるのです。ただこのときには、国家が給与をあたえて、悲田院の人びとに死体処理の仕事をやらせています。

またこのころ、このような仕事は、都の平民にわりあてられたこともありますし、兵衛(ひょうえ)府(ふ)、衛門府(えもんふ)などの下級の役人がやっていることもあり、悲田院の人たちだけにはかぎりませんが、のちに平民の共同体から離脱せざるを得なかったこうした人びとが、死体の処理、葬送の仕事にたずさわるという慣習の源流を、そのあたりにうかがうことは可能です。

しかし、これと同じ時期に、さきほどいいましたように、悲田院出身の人が平民の戸籍に付けられていますから、ここでただちに、のちの「非人」の集団を悲田院と結びつけて考えることはできないと思います。

ケガレの問題

その後、十世紀から十一世紀になりますと、地域の国衙をふくめ、国家の手で重病人、捨て子、身寄りのない人を支えることは、まったく不可能な状態になってきます。それと同時に、一方では京都の町が、それ以前の貴族・官人が主として集住し、若干の市場にかかわる人もいるという程度の古代の都市ではなくて、貴族だけでなく多種多様な人が住み、出入する本格的な町になってきますが、それとともにケガレの問題が京都の町における大きな問題になってきます。

ケガレとはなにかは大問題ですが、私は山本幸司さんが「貴族社会における穢と秩序」(『日本史研究』二八七〇号)という論文でいっておられるように、ケガレとは、人間と自然のそれなりに均衡のとれた状態に欠損が生じたり、均衡が崩れたりしたとき、それによって人間社会の内部におこる畏れ、不安と結びついている、と考えることができるのではないかと思います。

たとえば人の死は欠損で、死穢(しえ)が生じますし、人の誕生は逆にまた、それまでの均衡を崩すことになり、産穢(さんえ)が発生する。人間にとってどうにもならない力をもった火によっておこる火事は、社会のある部分の消滅によって焼亡穢を生み出します。平安期の貴族の世界では、このような穢れが大問題になってきたのです。

さらに人間の生活に密着し、人間に準ずる存在とみられていた牛や馬や犬についても同様のケガレが発生すると考えられていました。罪に関しても罪穢がおこるとされていました。殺人はもちろん死穢につながりますし、ものを盗むことも、当時はものそのものが、人間と切り離しがたく結びついていると考えられていましたから、その人為的な移動は、それ自体一種のケガレをおこすと考えられていたのではないかと思います。

またのちにのべますが、巨木や巨石を動かし、自然に大きな人為的変更を加えることも、ケガレと同様にとらえられております。こうした穢れがおこると、ある期間、それにかかわった人は忌み籠りをし、それをキヨメなくてはならなくなるのです。ですから、神や、このころの天皇のように、自然の運行ともかかわりがあるとされた存在が穢れてしまいますと、大変なことになります。

具体的には天皇が穢れると、いっさいの行事は行えず、世の中の政治は動かなくなってしまいます。このような「天下触穢(じょくえ)」という事態は、平安後期からたびたびおこっています。もちろんこのようなケガレに対する畏怖は、日本列島の社会にはかなり古くからあったと思います。しかし天皇のいる京都が人口の特異に集中する町となったという条件の中で、このようなケガレに対する神経質な忌避感が肥大し、それが制度化されてくることになるのです。

それはケガレが伝染すると考えられていたことによるといえます。たとえば、垣根や門などで囲われた閉ざされた空間で、死穢や産穢のようなケガレが発生しますと、その空間のすべてが穢れた状態になり、そこは甲穢となります。ところが甲穢がおこっていることを知らないで、ある人がその空間にはいり、そのまま自分の家に戻りますと、その人の家はまた穢れてしまう。

これが乙穢ということになりますが、乙穢の場所に来た人が、また知らないで自分の家に戻りますと、そこは丙穢になる。丁穢はもはやケガレになりませんが、甲から丙まですべてケガレとして、甲乙丙としだいに軽くはなりますが、それをキヨメるための手続が必要とされることになります。

このようにケガレは伝染すると考えられており、それが国家的な制度とされたわけです。ただおもしろいことに、河原や道のような開かれた場所では、ケガレは伝染しないのです。たとえば死体が道や河原に転がっているのを見ても、穢れることにはならないのです。河原が葬送の場所となったのはそのためだともいえます。

「非人」の出現とその仕事

このように伝染するケガレに対する畏怖が、京都の貴族たちの間にひろがってくるのとほぼ時期を同じくして、非人といわれる集団が史料の上にはっきりと出てきます。十一世紀の後半ごろには、「非人の長吏」ということばが出てきますので、そのころには独自な組織をもった集団であったと考えられます。

この中に、かつて悲田院に属していながら、自ら生活しなくてはならなくなった身寄りのない人や重病人のいたことは確実で、これらの人びとが、さきほどのべたようなケガレを清めることを職能にする——私は職能といいたいのですが——人びとの集団として、非人とよばれるようになっていったと考えられます。

史料に現れてくるかぎりでは、京都、奈良周辺の非人が目立ちますが、各国の国衙周辺なども、十一、二世紀には町の様相を示すようになっていますから、少なくとも西日本についてはかなり広い範囲に、このような人びとの集団が現れてくると思います。また、こうしたキヨメの仕事にたずさわる人びとのあり方は、かなり多様なものがあり、ひとしなみにはあつかえないので、これについて順を追ってお話ししてみたいと思います。

まずいちばん目立つ集団で、史料も豊富なのは、そのことばそのまま「非人」と呼ばれている人びとです。「非人」の実態は十二世紀から十三世紀になると、かなりはっきりわかってきますが、京都の場合には、清水坂（きよみずざか）が非人のひとつの大きな拠点になっています。その拠点になっている場所を「宿（しゅく）」とよびます。

当時は「宿」という字を書いており、宿駅の「宿」と字の上では区別されていませんが、戦国時代ころになると、非人宿だけを区別して、「夙（しゅく）」という面倒な字で書くようになります。清水坂の宿は「本宿」であり、非人の長吏がいて、京都の町の非人だけでなく、畿内とその周辺に広く散在する非人の宿を、「末宿」として統轄していました。

それに対抗する形で、大和の奈良坂に北山宿というもうひとつの「本宿」があります。これは興福寺、春日神社と関係を結んでいる、大きな権威をもつ非人の宿で、清水坂とは別に、畿内の各地域に散在する非人宿を「末宿」として管理しています。

このような「本宿」の長吏だけでなく、末宿にもそれぞれに長吏がいます。長吏ということばは、「夙」と同じように、のちになると差別語になりますが、この時代には三井寺の長吏などのように、ある人的集団の長の意味で、遊女にも長者がおりますが、これも東寺長者のように長吏と同じ意味をもつことばです。

こうした非人の組織を全体として見ると、一臈、二臈のような一種の年功序列の組織である臈次を持っていることがわかります。寺院の僧侶の組織にも、商工業者の座の組織にも、こうした年功序列の臈次はふつうに見られますので、非人は商工業者の座と同じような組織をもっていたと考えることができます。これは広く研究者の間で認められた事実といってよいと思います。

北山宿が興福寺と結びついているのに対し、清水坂の非人は、延暦寺、祇園社と非常に深いかかわりをもっています。この人びとのうち、のちに弓の弦を売ったので「弦売僧」とよばれた人びとがおりますが、この時代には「弦売僧」という呼び方はなく、史料には、犬神人として姿を現す人びとがおります。

これは「いぬひじにん」と呼んだようで、「犬」ということばがついてはいますけれども、祇園社の神人になっており、延暦寺西塔の釈迦堂の寄人になっていることも明らかな人びとです。このように清水坂の非人は、比叡山とかかわりをもつと同時に、祇園社にも結びついていたわけです。

しかし犬神人は、けっして祇園社だけにいたのではないのです。祇園の犬神人があまりにも有名なので、他の地域の犬神人についてはあまり注意されていませんが、石清水八幡宮や北野社にも犬神人がおり、越前の気比神社にも、美濃の一宮の南宮大社にも犬神人がいたことがわかっています。

のちにあらためてふれますが、東国のなかで鎌倉だけがやや特異な位置にあり、鎌倉の鶴岡八幡宮に犬神人が属していたことも知られています。ですから、畿内近国の犬神人などともいわれるように、犬神人はかなり広い範囲で分布していたことは、明らかな事実といわなくてはなりません。

このような犬神人、非人の仕事について、これまで明らかになっていることのひとつは葬送で、少し時代が下る史料ですが、室町時代、京都の町の中での葬送のさいの死体を乗せる輿を、清水坂の非人が管理していたことを知ることができます。犬神人、非人は葬送にあたって、死者に対して贈られるもの、死者とともに葬られるさまざまな物品を、収入として取るという権利をもっていたのですが、これは前にのべた悲田院に属する人びとのあり方から考えて、平安時代にまでさかのぼる非人の仕事で、死穢をキヨメる機能ということができます。

それから、処刑、罪のケガレをキヨメることもこの人びとの仕事でした。平安末期か

『拾遺古徳伝絵』より、法然の墓所を破却しようとしている犬神人（常福寺蔵）。

ら死刑がまた復活しはじめますが、死刑はのちにお話しする放免という人びとがやっていたようで、犬神人や北山の非人もふくめて、非人たちは罪を犯した人の住宅の破却をやっています。

罪によって穢れた場所になった家を壊してしまう、燃やしてしまうという処刑が当時広く行われていたのですが、これを犬神人がやっています。たとえば法然、親鸞に対する山門の弾圧がおこなわれたとき、法然の墓所を犬神人が破却しているところを描いた絵巻物がありますし、犬神人、非人は罪穢のキヨメをやっていたわけです。

また産穢のキヨメについては、室町時代の史料なのでどこまで時代をさかのぼることができるのかはわかりませんが、胞衣の処理を河原者、非人がやっていた事実があります。いまの若い人たちは胞衣を知らないんですね。みな産院で生まれているし、もはや現在は胞衣をどこに捨てたらいいかを本気で考える時代ではなくなってしまったのだということがよくわかりますけれども、家でお産をしていたころは、胞衣をどこに捨てるかは、大変大事な問題だったのです。

京都をふくむ西日本では、胞衣のケガレについては非常に神経質だったのですが、室町時代、京都の町で将軍家のお産があったとき、胞衣を遠くの山に非人が持っていって埋めているという事例があります。このように、さまざまな形のケガレを清めるのが、この集団の職能だったと考えられます。

特異な力への畏れ

こうした非人の集団の中にはさまざまな人びとがいたのですが、基本的にはなんらかの理由で平民の共同体の中に住めなくなった人たちです。前にもお話ししたように、まったく身寄りのない人、捨子や身体障害者で通常の生活ができなくなった人、さらに癩の病に罹った人がいたことがわかっています。

ただ、癩の病に罹った人が、すべてこの集団にはいらなければならなかったというわけではないようです。鎌倉後期、非人の長吏が癩の病に罹った人を、家から無理やりに、自分の集団に引きこんでしまうことがあったようで、律宗の僧侶で、非人の救済につとめた

『一遍聖絵』より、乞食。

叡尊は、そのようなやり方をおさえて、当人の意思に任せなくてはいけないということを、長吏たちに誓わせています。

しかし、実際には病や障害が重くて、あまり動けない人たちが非人の中にいたことは間違いないのです。こういう人たちが乞食をしていたことは、『一遍聖絵』などによってよくわかります。ただこの時代の乞食は仏教的な考えと結びついた乞食なので、乞食そのものが、世を捨てた人の修行のひとつの方法であり、乞食に対してものを施すのは、仏に対する功徳であるという考え方が、この時代にはまだ非常に強かったと思います。

このような意味での乞食を非人は行ったのですが、それが収入のひとつになりますので、乞庭という乞食の縄張りもはっきり決まっていました。非人の長吏が癩病に罹った人を非人の集団に引き込もうとしたのは、乞食をする人数を増やして、収入をふやそうとしたのではないかと考えられます。

もうひとつの非人、犬神人の職能として芸能をあげることができます。犬神人は、祇園祭のときに鉾をもって先頭に立っています。祇園祭の鉾は、いまは山鉾といわれて、高い山車になっていますが、古くさかのぼると、神の依代としての長い棒だったようです。蔓が巻きついたような大変形の変わった長い棒を、放免がかついでいる絵がありますが、これが鉾だったのだと思います。

また、室町時代には正月元日から三日にかけて、天皇の近くまで行って世のケガレを清める芸能、千秋万歳を祈る芸能を犬神人はやっており、こういう風習は江戸時代までつづいていたようです。このように芸能によって世の中をキヨメ、千秋万歳を祈るということもこの集団はやっていたのです。

これまでの考え方の主流は、「犬」という字がついており、非人――人に非ずといわれ、平民の共同体から排除され、離脱した人びとであるということから、非人、犬神人を社会外の社会、身分外の身分と想定しています。しかし私は、これまでお話ししてきたような実態を考えると、どうもそう簡単にはいえない、もう少しちがうとらえ方が必要なのではないかと思います。非人たちのなかの少なくとも主だった人びとは、商工業者や芸能民、前の章でお話しした、一般の職能民と同様、神人・寄人という地位を、明確に社会のなかであたえられているという事実が重要な点だと思います。

なぜこのような非人が神人・寄人になったのかについては、さきほどいいましたように、ケガレがこの時代の社会ではまだ、畏怖感をもってとらえられていたこと、非人たちはそれをキヨメることのできる特異な力を持っていたとみられていたことと、深い関係があると思います。

ケガレに対して、当時の人びとが畏れの感情を抱いていたのは、いったんケガレてしまうと、長い間家にこもって外に出られなくなるという実利的な問題もありますが、なにより、自然の力が人間の力をはるかにこえる恐るべき力を持っており、ケガレはそれにつながっていたからだと思うのです。

ですからケガレに対して人びとは、たんにそれを忌避し嫌悪するだけではなくて、畏怖の感覚をもっていたのです。ケガレを清める力をもち、それを職能にしている非人に対するとらえ方にも、やはりそれに通ずるものがあったと見られるので、そのように特異な、一般の人間にはできない職能をもっているがゆえに、非人は神人・寄人、神仏の直属民という社会的な位置づけをあたえられたのだと思います。

実際、乞食をしている人も、この時代は文殊菩薩の化身、仏の化身であるという仏教上の考え方があり、乞食に邪けんなあつかいをすると仏罰が下るとされていました。これは仏教者の教えをひろめるための話ですが、しかしこのように乞食もケガレを清める特異な能力をもっていたとされており、しかもそれが畏れと結びついていたということは重要なことだと思うのです。ともあれ、非人、犬神人は、他の職能民と同じく神人・寄人であったということをここで、はっきり確認しておく必要があると思います。

神仏に直属する「非人」

それだけに、非人自身もその職能に誇りをもっておりました。たとえば奈良坂の非人が鎌倉時代の前期、十三世紀に書いた訴状には、自らのことを「本寺最初、社家方々の清目、重役の非人」といっています。この重役とはけっして苦しい重い役というのではなく、非常に重要な役目ということで、非人たちは、清めの仕事を古くから行ってきた神仏のための大切な職能だと堂々と主張していたのです。

また、神人がなにかの事件で殺害されますと、その死骸のある場所を神人の墓所として、その属している神社が所領にしてしまうという慣習があります。笠松宏至さんはこれを「墓所の法理」といわれており、聖なるものに属する神人の死んだ場所は、それ自体、聖地として神の所領となるということなのだと思いますが、犬神人の場合もまったく同じ論理を主張しているのです。

しかもそのことを主張した申状のなかで、犬神人は自分たちが、対立する相手である神人とまったく同じ、比叡山の職掌人であり、重色人(じゅうしきにん)であると主張をしています。これもさきほどと同じく、自分たちが大事な職能をもっているので、神人と同じなのだということをいっているわけです。

ただ、犬神人になぜ「犬」という字がつけられたかということが問題で、これは「犬畜生」などというときの犬とは別の意味だと私は考えておりますが、たしかにこの「犬」の字に、犬神人が他の神人と異なる点があるということが示されているのは事実だと思います。しかし非人、犬神人自身がこのように、他の神人と同じだという意識をもっており、それを自ら主張していることは、非常に重要な意味をもっていると思うのです。

この意味で、犬神人や非人も、平安時代末から鎌倉時代にかけて機能していた、神人・供御人制という制度のなかに組織されていたといってよいと思います。非人、犬神人はこのように寺社に属していますが、一方で、天皇直属の官庁である検非違使庁にもかかわりをもっていました。

たとえば京都の町において、天皇の外出や賀茂祭などの祭のとき、天皇と神はケガレを極度に嫌いますので、道の掃除が行われます。これは、京都の町の人も動員されることもありますが、検非違使に統括される非人が京都の町の掃除をするのがふつうになっています。この検非違使庁は蔵人所と同じく天皇直属の官庁で、京都市中警察といっていいかもしれません。京都の遊女も室町時代になりますと検非違使の統括を受けていますが、丹生谷哲一さんが明らかにされたように、非人はかなり早くから検非違使庁に管理、統括されていたことは間違いありません（『検非違使』）。

このように考えてきますと、十四世紀までの非人を、江戸時代の被差別部落と同じようにとらえてしまうことは、かなりの誤りを生むのではないかと私は思っています。非人は神人・寄人と同じように、一般の平民百姓とははっきり区別されており、不自由民である下人、つまり世俗の奴婢ともまったくちがう存在で、神仏の「奴婢」として聖別された、つまり聖なる方向に区別された存在であり、ときに畏怖、畏敬される一面ももった人びとであったといわなくてはなりません。

たしかにケガレという特異な問題にかかわっている点で、他の神人・寄人とちがう点はありますが、非人は当時、畏れられていたケガレを清める力をもつ聖別された職能民として、社会の中に位置づけられていたのではないかと私は考えます。

河原者

さて、広い意味で非人とよばれることもありますが、これまでのべてきたせまい意味での非人と異なり、河原細工丸などというかたちで史料に出てくる、いわゆる河原者という集団がおります。狭義の非人、とくに、犬神人の場合は、独特な形の白い覆面をして、赤系統の柿色の衣をつけており、僧形——僧侶の姿をしています。実際、史料上でも、非人は越前法師、若狭法師などのように法師といわれているのです。

ところが河原者、河原細工丸などとして史料に出てくる人びとは、こうした僧形の非人とはちがって、六郎、小法師太郎など俗人の名前を名乗っていますし、「丸」といわれているのでこの人びとは俗人と考えたほうがよいと思うのです。このように狭義の非人の集団と河原者とは、はっきり区別をする必要があるのではないかということが、最近の研究でわかってきました。

こういう人びとの集団が、いつごろからどのような経緯で現れてくるのか、またどういう仕事をしていたのかについては、非人ほどはよくわかっていません。ただ、平安時代の末の『左経記』という記録に、「河原人」が牛の内臓から牛黄という貴重な薬を取り出したという記事がでてきますので、河原人が牛の葬送にかかわりをもっていたことはわかります。

おそらく、律令制の主鷹司という役所に属していた鷹飼の下にあって、鷹の餌を取っていた餌取が、そのひとつの源流ではないかと推測されていますが、「河原者」としての史料は少なく、南北朝前期に、「河原細工丸」といわれる人びとが長者に率いられて祇園社に属し、「裏無」といわれる履物をつくって祇園社に貢納していたことは確認できます。

このように「裏無」を寺社に貢納する人びとが、一方で清目と早くから呼ばれていたことは、醍醐寺や北野社について確認できますので、河原細工丸は一方では「清目」とよばれ、狭義の非人とは別の集団をつくっていたのではないかと推定できます。そして少なくともそのひとつの仕事が、斃牛馬（へいぎゅうば）の葬送、解体、皮の処理で、それを河原でおこなっていたものと思われます。つまり牛や馬の死に伴うケガレの清めが、この人びとの職能のひとつであったことは間違いないと思います。

しかし河原者の仕事は、それだけではありませんでした。南北朝期以降の史料なので、それを鎌倉期以前にまで引き上げてよいかどうかはやや不安がありますが、河原者は井戸を掘ったり、大きな石や樹木を動かすなどの、一種の土木にたずさわっています。

これもさきほどからのべてきたケガレの問題と大いにかかわりがあることで、当時の人びとは自然に大きな変更を加えることにきわめて慎重であり、しかもこれに対しては、ある種の畏怖感を抱いていたと思われます。ですから例えば井戸を掘るについてはさまざまなマジカルな儀礼があったようで、陰陽師などがかかわりをもっていたと見られますし、大木や大きな石を動かすことについても同様だったと思われます。

河原者もおそらくかなり早くから、そうした仕事にかかわりをもっていたと推定されます。室町時代、造園——庭園をつくるのが河原者の仕事であったことはよく知られており、その中からすばらしい庭園をつくり出した善阿弥のような、造園のすぐれた芸能民が生まれてくるのですが、それとともに、井戸の修理や井戸掘りはかならず河原者が行っています。おそらくこれは鎌倉期以前にさかのぼることができるのではないかと思います。

古い時期の史料が少ないのでよくはわかりませんが、河原者も、さきほどいいましたように、長者に率いられる集団で、醍醐寺、祇園社、北野社に所属していますから、身分的には他の職能民と同じく、神仏の直属民であったと見てよいと思います。事実、鎌倉時代の中期、北野社に属している清目、河原者は自らを犬神人といっていたようです。

またやはり河原者と考えられる北野社の清目で、六郎男という人の徳治二年（一三〇七）の訴状が残っています。これは北野社に提出されたものだと思いますが、注意すべきことは、のちには河原者、散所者(さんじょ)になっていったと見られるこの人が、自分のことを「御清目」といっている。この敬語は北野社に対する敬語ですが、ともあれ自らを「御清目」と名乗っているのはかなり重要なことだと思います。

これは非人が自分たちの職能を非常に重要な仕事だ、と意識していることを意味していると思うのです。しかも、非人の場合も、河原者・清目の場合も、訴訟の当事者として、寺社の裁判機関に訴状を提出して、相論の当事者になっていることは間違いないところで、非人や河原者を社会外の社会、身分外の身分ととらえることはできないと私は考えます。特定の職能をもち、自分自身の職能についての誇りをもつ職能民と見てよいのではないかと思います。

放免

それから非人や河原者とはまたちがうのですが、広い意味の非人のなかに、「放免」という集団がおります。放免は獄舎につながれたあと、獄から放免された人びとのことで「着鈦（ちゃくだ）」――足枷をつけている人とも呼ばれています。つまり、いったん罪を犯した人なのですが、放免されたのちに、さきほどの天皇直属の官庁の検非違使庁の下部（しもべ）になって活動しているのです。

この人びとについては、十一世紀ごろから確認できるので、罪人の逮捕、処刑、ときには葬送にたずさわっていたことが、『今昔物語集』の記事や記録によって明らかにできます。ところがこの人びとは、みな役職名をもっているのです。左囚守（さしゅうしゅ）、右囚守という職名を検非違使の官職体系の中で与えられており、やはり座的な組織を鎌倉後期にははっきりもっています。

囚守の上の役職で、やはり検非違使庁の下部である看督長（かどのおさ）という役職がありますが、この左右看督長と左右囚守が「四座（しざ）の下部」と、南北朝のころによばれた組織をつくり、宿老、中老という人びとに率いられていたことが確認できます。ですから、放免は天皇直属で、やはり座を持っていたことになるのです。

放免の実態がいちばんはっきりわかるのは、『法然上人絵伝（ほうねんしょうにんえでん）』のなかに描かれている、安楽房が六条河原で首を切られたときの場面です。これは検非違使たちの一行ですが、そのなかに長大な鉾をもった、髭面の放免が描かれています。頭髪の様子はわからないのですが、私はたぶん髻（もとどり）は結っていないと思います。だから折烏帽子をかぶらないで、立烏帽子という頭にすっぽりかぶれる烏帽子をかぶっているのですが、放免は、さらに摺衣（すりごろも）という非常に派手な衣装をつけて、処刑の場に現れています。そして、実際に手を下して首を切ったのは、この放免たちであることは間違いありません。

さらに放免は犬神人と同じように、住宅の破却にもたずさわっておりますし、罪人の逮捕にもあたっています。つまり、江戸時代でいえば目明しのような活動をやっていたのだろうと思います。またそれだけでなく賀茂祭のときに、放免は鉾をもって、「綾羅錦繡（りょうらきんしゅう）」といわれるような派手な姿で行列に加わっています。あまり派手すぎるということが公家の法令の中でも問題になっていますけれども、放免はこのような役割も果たしている。つまり犬神人と非常によく似た職能をもっていたことになります。

興味深いのは、この放免たちが、南北朝のころに「紺年預得分（こんねんよとくぶん）」をその給分として与えられていることです。多分これは鎌倉時代にさかのぼると思いますが、染物に使う紺を扱

『法然上人絵伝』より、髭面の放免と検非違使。（知恩院蔵）。

う紺屋から収取されるものを、その収入にしていたことがわかるのです。

江戸時代、京都では青屋が、差別をされています。東日本ではどうもそうではないようですが、西日本では、青屋は差別をされているのです。おそらくこれは、このことと関係があるのではないかと考えられます。このように放免も広い意味での非人なのですが、これを「身分外の身分」といってしまったのでは、非人の実態はとらえられなくなるとやはり私は思うのです。

童名を名乗る人たち

丹生谷哲一さんの研究によりますと、猿楽や茶摘をする下級の神子である宮籠もまた、広い意味の「非人」と考えられ、とくに宮籠はのちに一服一銭の茶屋になっていきますし、南北朝期以降、馬借が犬神人と同じ役割を果たしていることも知られています。差別の問題はこのように広い視野から考えなくてはならないのですが、そこまでいくといささか話が広がりすぎますので、一応、中世前期の非人の実態についてはこのくらいにしておきます。ただ、ここで一、二の付随して出てくる問題に触れてみたいと思います。

僧形の「非人」――狭義の非人の場合は別として、河原者の場合、河原細工丸といわれているように俗体なのですが、個人の名前がわからないとはいえ、「丸」といわれていますが。また、放免の名前をわかるかぎりで追いかけてみますと、例外なしに「丸」を付けて

『石山寺縁起絵巻』より、馬借（石山寺蔵）。

おり、鎌倉時代、放免のなかでの重要な地位である執行の地位にあった人が、国末丸といわれているのをはじめ、平安後期、放免が「着鈦」（足枷をつけた人のこと）といわれていたころの黒雄丸から、南北朝期の貞末丸、吉光丸、彦里丸など、すべて「丸」という名前でよばれているのです。

　これはかなり重要な問題で、つまりこの名前は童名ということができます。幼名に「丸」を付けることはよく知られていますが、放免の場合、実名と童名とを重ね合わせたような形で、もちろん成年にたっしたおとなでありながら、「丸」を名乗っている。これが社会的な慣習だったのだと思います。

　このように童名を名乗る成人は中世にはほかにもいたのですが、こうした人たちはたんに名前だけでなく、髪形などの姿形も童姿をしていたと見られるのです。そのことのもっともよくわかるのは牛飼です。

牛飼も長元八年（一〇三五）の文書によると、着鈦、放免と同じく、子犬丸、滝雄丸のように、やはり「丸」を付けた童名をかならず名乗っており、「牛飼童」といわれていますが、絵巻物でその実際の姿を見ますと、ポニーテールとでもいったらよいのでしょうか、「本鳥（もとどり）」を結ばないで髪を長く流して途中を結んだ髪形をしており、ときには顎髭などを生やしているのです。

『伴大納言絵詞』より、牛飼童（出光美術館蔵）。

つまり当時は髻（もとどり）（本鳥）を結んで折烏帽子（おりえぼし）をかぶるのが、平民の成年男子の髪型で、髻を切られてざんばら髪、蓬髪にされることは、平民の成人としての資格を剝奪されるほどの重要な意味をもっており、「本鳥切り」は処罰の形でもありましたし、人の本鳥を切るのは相手に大きな侮辱をあたえることでもあったのです。ところが、これが童姿であったことを示しています。放免も多分、蓬髪だったと思います。

また八瀬童子という、貴人の輿や柩をかつぐ人たちが京都の北に住んでいました。かつて大正天皇の柩はだれがかつぐかが大問題になったことがあります。海軍がかつぐか、陸軍がかつぐかで大騒ぎになった結果、結局、京都から八瀬童子が来てやったのですが、みな年を取っているし、天皇の柩はとても重いので、あわや落としそうになってひやひやしたなどという話が伝えられていますし、最近の昭和天皇の葬式のときもその葬列に加わっています。

この人びとの歴史は非常に古くて、平安時代、十一世紀後半には史料に姿を現します。それによりますと、この人びとは青蓮院に属している炭焼きであったことがわかります。ところが、その史料に出てくる人びとはみな、やはり「丸」をつけているのです。その姿はわかりませんが、南北朝期には八瀬童子といわれていますので、やはり童姿をしていたのだと思います。この人びとは「鬼の子孫」だという伝承をもっておりますが、やはり広い意味で中世社会の中では非人の範囲にはいる集団だといってよいと思います。

このように八瀬童子の童姿は、放免や河原者の延長で説明できますが、牛飼がなぜ童名を付けているのかについては、かなり問題が残ります。私は中世前期までの牛や馬は、のちに「畜生」とか「四つ足」などといわれて、人間のために労働をする卑しい動物というとらえ方とは、かなりちがったとらえ方をされていたのではないかと考えております。

実際、絵巻物に描かれている牛は、共通して怖い顔をしているのです。らんらんたる目玉を持ち、角をふり立て、ときによると牛飼を引っ張って疾走している。絵巻を見るかぎり牛は、おとなしい動物とはとうてい思えません。もちろんすべての牛がそうだったわけではなかろうと思いますが、社会的には野獣にちかく、たやすく人の統御しがたい動物と考えられていたのではないかと思います。

馬の場合にも、同じことがいえると思うのですが、馬飼については、牛飼ほどにはよくわからないのです。馬借は、平安時代から史料にでてきますし、室町時代になればかなりよくわかってきますが、鎌倉時代の馬借の存在形態については、手がかりになる史料がありません。しかし車借が牛飼であったことはわかっていますので、私は馬借も一方では天皇家や摂関家などの厩に属している、舎人（とねり）や居飼（いかい）、あるいは御厩寄人（みうまやよりうど）といわれた人びとであったことは確実だと考えています。

ただ絵巻物で見るかぎり、馬を扱っている人のスタイルもかなり特異なところがあるようで、ポニーテールをなびかせた、男の子どもが馬に乗って疾走している絵などが出てきますし、さきほどふれたように、馬借も犬神人と同じような役割をしていることはわかっていますから、やはり姿、髪形も一般の平民とはちがっていたのではないかと思います。

鵜飼（うがい）も蓬髪ですし、猿曳（さるひき）も童姿をしていたようですから、野獣、あるいは野獣にちかい動物は人の力をこえたものを持っており、それを扱う人びとも、ふつうの人と異なる特異

『融通念仏縁起絵巻』より、猿曳（清凉寺蔵）。

な力をもっているという考え方がこの時期の社会にはあったのではないかと思います。

ですから、死んだ牛や馬を扱う清目、河原者についても同じで、このころの牛馬は「四つ足」のようなとらえ方をされるようになったのちの時代とは大きくちがい、「聖獣」とまではいえないにしても、人の世界をこえた存在、虐待すると仏罰をうけるような動物だったのです。そういう動物の死体を扱う人たちとして、さきほどの非人と同様、河原者はむしろ聖なる方向に区別される、聖別される側面をもっていたといえるのではないかと思うのです。

聖別から卑賤視へ

さて、また「童名（わらわな）」の問題にもどりますが、「丸」をつけた名前は、いろいろなものに付けられています。鷹や犬のような動物にも「丸」が付けられているし、鎧や兜、武器にも、「胴丸(どうまる)」などということばもありますけれども、よく「丸」をつけた名前が見られます。また笛、笙、篳篥(ひちりき)のような楽器も、何々丸という名前を持っているし、船にも「丸」が付けられます。

これはなぜなのだろうかという問題について、いままでも議論が行われています。愛玩物だから「丸」をつけたという見方もありますし、「丸」のような童名を付ける人は、「下人」――奴婢であるという説がありますが、私はそれでは説明しきれないのではないかと思っています。

むしろいまあげた「丸」をつけるものは、みないわば聖俗の境界にあるものであることに注意する必要がある。鷹や犬などはまさしくそういってよい動物だと思いますし、楽器も同様です。当時の音の世界は、神仏との関係でとらえられており、神仏を呼び出し、また神仏を喜ばせるために用いられているわけで、楽器はまさしく神仏の世界と俗界を媒介するものだと思います。

船にしても同様で、大海に乗り出したときに人間がいのちを託すものなので、そこになんらかの呪的な力を与えたいという気持がおこるのは当然だと思いますし、戦場で命を託する刀や鎧にしても同じ意味があると思います。こうしたものになぜ童名がつけられたのかということは、童――子どもそのものに対するこの時期の社会の見方と深いかかわりがあり、童自身が、聖俗の境界にある特異な存在と考えられていたのです。

実際、平安時代末に、ある童が「悪人」を指名すると、上皇が本気で検非違使庁に命じて、指名された人を捕まえさせるなどということをやっている。こういうことが記録に残っているところからみて、のちに「七歳までは神のうち」などといわれるのも、その流れをくんでいると思いますが、子どものいうことは神の意思を体現していると考えられていた時期があったのではないかと思います。

聖俗の境界的な人や物、動物に童名を付けるという習慣は、このことにつながると私は考えております。ですから、童名をつけている人についても、中世の前期までは、聖別された一面があったといってよいと思うのです。

ところが、「穢多」ということばが十三世紀の後半の『天狗草紙』にはじめて登場します。その「穢多」は「童」といわれており、絵巻には蓬髪で描かれています。この絵では「穢多童」が河原で鳥を殺しています。この鳥は鳶の姿をした天狗なのですが、動物の肉を餌にしてこれを捕まえて殺そうとしているのです。

この絵巻の詞書には、天狗にとっての「おそろしきもの」として、尊勝陀羅尼などの密教の呪文などとならべて、「穢多のきもきり」をあげています。河原者が牛の肝臓をとり出した話があるのでこれも肝を切るということなのかもしれませんが、このように河原者――「穢多」は天狗を調伏する力を持っていたのです。

これは「非人」の持つ力としてきわめて注目すべきなのですが、しかしそれを「穢多

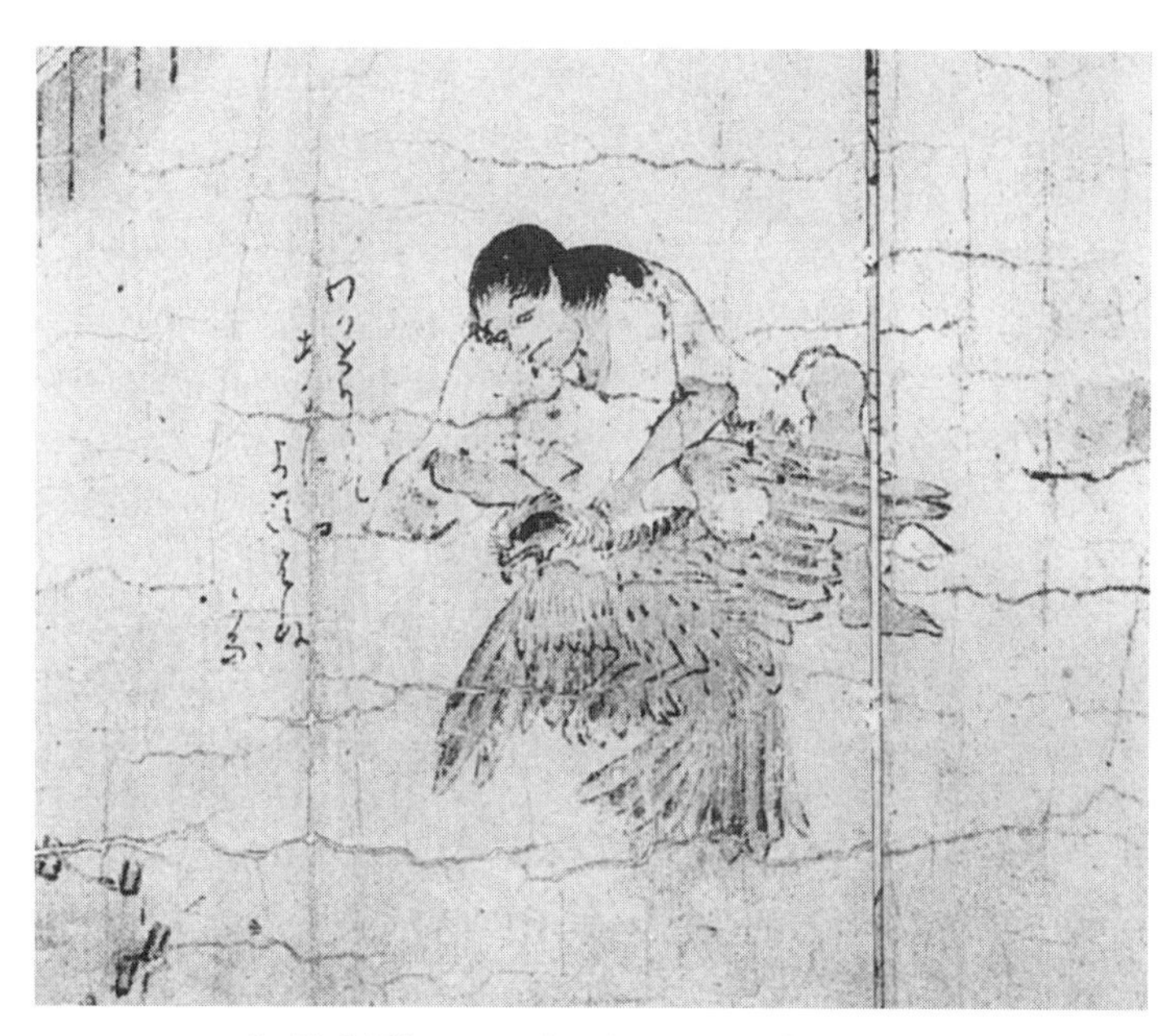

『天狗草紙』より、鳥を殺している「穢多童」。

童」という、差別的なことばと文字でこの絵巻は表現しており、これが「穢多」の語の文献上の初見です。この草紙の成立は永仁ころ、十三世紀のごく末ですが、はじめて、非人・河原者に対し、「穢れ多し」という明らかな差別語を用いる動きが現れてきたことになります。

『塵袋（ちりぶくろ）』という鎌倉後期の古辞書のなかに、「キヨメヲエタト云フ」のはなぜかという問に対して、「エタ」は「餌取」のなまったものだとのべていますが、その最後に、「イキ物ヲ殺テウルエタ躰ノ悪人也」と書かれています。非人や河原者を「穢れ多い」悪人であるとする差別意識、これを卑賤視する方向での差別が、このころから社会の中に現れてきたことを、これはよく物語っています。

どうしてこのような意識がでてきたかについてはいろいろな議論がありますが、私はこのころケガレに対する観念が変化してきたことに理由があると考えています。それ以前のようにケガレを恐れる、畏怖する意識がしだいに消えて、これを忌避する、汚穢として嫌悪するような意識が、しだいに強くなってきたことによるのだと思います。

このような社会的なものの見方の変化は、文字や貨幣などの問題と同じように、日本の社会において、人間と自然のかかわり方が大きく変化してきたこととかかわりがあると思うので、自然がより明らかに人びとの目に見えてきたが故に、このようなケガレに対する畏れが消えていったのですが、それにともなって、ケガレを清める仕事に携わる人びとに対する忌避、差別観、賤視の方向が表に現れてくるようになったのだと思います。

しかし、事はそう簡単ではありません。この時期、十三世紀後半ごろを頂点とするその前後の時期は、日本の社会において「悪」とは何か、あるいは非人、女性の賤視の問題にもかかわるケガレを、いかに考えるべきかについて、かなりきびしい思想的な緊張のあった時期だったように思うのです。

「穢れ多き」人びとを賤しめ、賤視し、「悪人」として排除しようとする動向が、一方から強烈に主張されるのに対し、むしろ、「ケガレ」にたずさわる人びとも、仏の力によって救われる、非人も女性も救済される、という主張、さらには親鸞のように、善人すら往生できるのだから、いわんや悪人が往生できないはずはないという「悪人正機」の主張、いわば「悪人」といわれる人びと、あるいはケガレにたずさわる人びとのなかにこそ人間らしい魂があるということを主張する動きが他方にはっきり出てきます。

そして、その両者の間のきびしい緊張関係と対立が、十三世紀後半を中心としてその前後に展開したと思われます。それをよく示しているのが、鎌倉時代の後期のほぼ同じころに描かれた、『一遍聖絵』とさきほどの差別的な『天狗草紙』との関係であります。

『一遍聖絵』のテーマ

『一遍聖絵』はよく知られているように、他の絵巻物と比べて、特異といってもよいほどたくさんの非人や乞食を登場させ、描いています。少しおくれて南北朝期にも、同じく一遍の伝記を描いた『一遍上人絵詞伝』があり、これにも多くの乞食・非人が描かれていますが、そこでは乞食・非人の姿は類型化されており、それ自体が躍動的に描かれていません。

これに対して『聖絵』の乞食・非人は、ひとりひとりがみなちがった姿をしており、このようにリアルに描かれた非人はほかにはあまり見られません。たとえば、割合、最近まで大阪で見られたそうですが、車のついた小屋に乗って移動する人、下駄を手に履いて歩いている人など、じつにさまざまな乞食・非人の姿態が生き生きと描かれています。

『一遍聖絵』より、車のついた小屋に乗って移動する人。

それだけでなく、いままではこのような乞食・非人や、覆面をしている犬神人などにもっぱら目が向けられていたのですが、もうすこしよく絵巻を見てみますと、『一遍聖絵』には、さきほどいいましたように、乞食・非人と非常に密接なかかわりをもっていると考えられる童形の人、烏帽子をかぶらず、下げ髪にし、束髪にしている、童姿の人びとが相当の数、描かれています。こうした童姿の人びとにまで視野をひろげて『一遍聖絵』をもう一度点検してみますと、これまであまり気づかれていなかったいろいろなことがわかってきます。

まず注意してみる必要のあるのは、この絵巻の最後にちかい場面です。いちばん最後の絵には一遍のお堂が出てきますが、その一つ前の場面が図1－Bと図2です。図1－Aは、歓喜光寺本というふつう流布されている絵巻ではなくて、御影(みえ)堂本(どうぼん)という、白描(はくびょう)の異本の同じ場面で、きわめてよく似た図柄なのですが、ちがうところもある。それで、この絵をあげておいたのですが、これを見てはっきりわかることは、特

▲図１-A。入水往生をしようとする犬神人と、それを見送る二人の犬神人。
◀図２。歓喜光寺本の『一遍聖絵』の図１-Aと同じ場面。

▼図１-B。入水往生をする時宗の僧侶。

徴ある覆面をした犬神人が、一遍の死後、一遍とともにあの世に往生したいという意思で、入水（じゅすい）往生をしようとしているということです。

図1－Aでは、それを見送るふたりの犬神人の姿が見られます。左のほうにいるのは、時宗の僧侶たちですが、右のほうにいる二人が犬神人で、海岸から入水する犬神人を見送っているわけです。

このように『一遍聖絵』がその最後にちかい場面に、非人——犬神人の入水往生の絵を描いていることが、私は非常に重要な意味をもっているのではないかと思うのです。つまり、この場面は、この絵巻がなぜ乞食・非人をたくさん描いてきたかということの結論の意味を持つともいえるのです。

もう少し詳しくみますと、この絵の少し前に、一遍の臨終の場面があります。それが図3で、この絵の左側に一遍が身を横たえて、まさに死のうとしています。それを見送ろうとして集まったたくさんの人びとのなかに、三人の犬神人の姿がはっきり見えます。御影堂本の白描の絵ですと犬神人は五人いて、ひとりは泣いているようにみえます。

さらにもうひとつ注意する必要のあるのは、三人の犬神人のそばにポニーテールの髪形で、髭を生やした男がみえます。これは何者かまったくわからないのですが、多分、犬神人とかかわりのある人だと私は思います。

さきほどあげました「エタ躰ノ悪人」といった『塵袋』は、こういう人びとは人のなかにはまじらうことができないのだといっておりますが、このときの犬神人、のちに一方の立場からはまさしく「穢多」といわれた人びとが、多くの人びとの中に交わって、一遍の死を見送っているわけです。

図4は、一遍の臨終を見送ろうとして、駆けつけている、あるいはとにかくその場にいこうとしている人びとでありますが、これらの人びとは、おそらくそのすべてが非人にちかい集団だと考えられます。傘に何かの巻物をつけているのは、たぶん絵解きではないかといわれています。またいちばん先頭の人は、髻を結っていますから非人ではないと思いますが、籠を背負っている人や、はち巻をしている人は、たぶん非人集団にちかい人だと思います。さきほどの犬神人三人とともに、これらの人びとも一遍の死を見送ろうとしているわけです。

図3。一遍の臨終に集まった三人の犬神人。

図5は、この場面のひとつ前の場面です。それは一遍が最後の説教をしている絵で、この図の横で一遍が

説教をしているのですが、その絵のいちばん隅にこの図の人びとが描かれています。そのうち、図の下にいる三人の犬神人は、さきほどの図3に現れる犬神人ではないか、と私は考えます。物語の連続を考えてみると、この推定はまず間違いないと思います。

またこの犬神人たちの上のほうに描かれた、たむろしている集団はふつう非人・乞食と考えられていますが、このなかのひとりは鼻が非常に大きくて、団扇をもち、なにやら妙なよくわからないものを腰にぶら下げています。そしてここにもまた、束髪にしている人や、はち巻をしている人がおり、いちばん左側に、小屋掛けした乞食とみられる人びとがいます。細かく見ると、この絵はいろいろとおもしろいことがあるのですが、注目すべきは、このときの三人の犬神人たちは、まことに心配そうなそぶりで、一遍の説教のほうを見ていますけれども、一遍の説教を聞く人びとのなかに、この人たちは立ち交ってはいないのです。

図4。一遍の臨終を見送ろうと駆けつけた集団。

このように図1から図5を考えた上で、図5からはじめて、図1の結末までこの絵巻の

図5。三人の犬神人と非人・乞食の集団。

連続した話をたどってみますと、ここで『一遍聖絵』を描いた絵師は、少し大袈裟にいえば、まことに感動的なドラマを描いているということがいえると思うのです。

つまり臨終のちかくなった一遍につき従ってきていた犬神人たちは、最後の説教のときにはまだ門外に身を置くという遠慮がちな姿勢を保っていたのですが、一遍の臨終にあたってその姿勢を捨て去り、門内にはいって多くの人びととたちまじって一遍の死を見送り、ついにそのなかのひとりは入水往生を遂げる。いわば非人が一遍に結縁（けちえん）し、一遍のあとを追ってともに往生するという、感動的といっても決して過言でない場面を、絵師はこのいくつかのコマで描いたと見ることができると私は思います。

図6。時衆が非人に布教しているところ。

絵巻をさかのぼる

もちろんそれだけが『一遍聖絵』の主題ではないとは思いますけれども、それがこの絵巻のもっとも重要なテーマのひとつであったと見ることは十分にできる、と私は考えます。つまり、一遍による非人の救済を絵を通して描くことが、この絵巻の作者のひとつのねらいではなかったかと考えられるわけです。それだからこそ『一遍聖絵』の絵師は、はじめから執拗なまでに、非人たちのさまざまな姿を描きつづけたのだと思うのです。

この見方に立って、最終のクライマックスを前提として絵巻をさかのぼっていきますと、これまであまり気がつかれなかった、いろいろな場面が目にはいってきます。

図6は、淡路国の志筑（しずき）の天神社で一遍が供養しているところです。一遍が死に向かって旅をしているところの一場面なのですが、おそらく間違いなく非人と見られる人に、時衆（じしゅ）が語りかけていることがわかります。これは時衆が非人に布教をしている場面と考えるのがよいのではないかと思うのです。

図7は、同じ場面の門の外ですが、鳥居のなかに犬神人二人が座り、乞食（こつじき）が仮小屋を建

てている状況が見られます。鳥居のなかに駆け込んでこようとしている人物が何ものかはよくはわかりませんが、これまでこういう非人たちは、一遍や時衆の集団とは離れた、傍観者的な存在だととらえられていました。

しかし図6のように、時衆が非人に語りかけていることを考えに入れた上で、図7の非人たちのあり方と、さきほどの一遍の最後の説教のときの門外にいた非人たちの姿とを重ね合わせてみますと、この非人の集団が、鳥居のなかにいる一遍たちとまったく無関係の存在と考えてよいかどうかは問題だと思うので、やはりこの非人や乞食たちも一遍に従ってきた人びとと見るべきではないか、と私は考えております。

図7。鳥居のなかにいる犬神人二人と乞食。

さらに絵巻をさかのぼってみると、図8の美作国の一宮の場面がでてきます。これは、この神社に一遍たちが参詣したときの絵ですが、この絵に関する詞書には、ここに詣でた一遍が、「けがれたるものも侍るらんとて、楼門の外におとり屋をつくりておきたてまつりけり」とのべた上で、さらに「このたびは非人をば門外におき、聖・時衆等をば拝殿にいれたてまつる」と書いています。「おとり屋」は念仏踊りをするときの踊り屋だと思いますが、これは絵に描かれておりません。

また「このたびは非人をば門外におき」とありますが、これは図8の一宮の楼門の外に、小屋掛けをしている非人、乞食をさすと見て間違いないと思います。

図8。美作国の一宮の楼門の横に座る人。

ただ注目すべきはこの楼門の横に座っている総髪の傘を持った人と、はち巻をした人物です。このうち前者を女性と見る見方もありますが、傘を持っているようすからみて、私はこれは男だと思っています。前にもでてきましたが、この二人はたぶん、非人ないし非人に深い関係がある人だと考えられます。この人びとも楼門の外にいるわけで、高足駄を履いた総髪の人は、童姿の人と同種の人でしょう。

この絵の場合も、一見すると拝殿の殿舎のなかにいる一遍や時衆たちと、この非人たちとは無関係のように見えるのですが、詞書を考慮に入れるならば、これらの人びとは、「このたびは」とわざわざ書いてあるように、一遍の配慮であえて門外にとどまった非人ということになります。とするとこういう配慮は例外的な処置で、通常、一遍と時衆の集団は、非人たちと一緒に遍歴をしていたといってよいと思うのです。

さらにさかのぼると、尾張国の甚目寺における施行の場面がありますが、図9、10、11はその絵の一部です。尾張の甚目寺は、有名なお寺で、現在もこの当時の面影を残していますが、この絵の詞書によると、一遍はここで七日の行法をはじめた。ところが、「供養、力尽きて時衆うれへの色みえければ」——食べ物がなくなり、時衆たちがすっかり疲れきってしまって、どうしたらよいかという状況になった。そのとき、たまたま甚目寺のすぐそばの萱津宿にいた「徳人」（富裕な人）ふたりが、同じときに一遍に供養せよと命令する毘沙門天の夢を見た。そこで、二人の徳人たちは、さっそく一遍たちに対する施しをおこなったところ、毘沙

図9。垣根に沿って立つ犬神人と非人。

門天が動き出すという奇蹟がおこったと詞書には書かれているのです。

この詞書に対応する絵が、図9、10、11で、図10は図11の一部を拡大したものです。まず絵全体の右側に寺を囲む生垣があり、この垣根に沿って、六尺棒をもつ犬神人を先頭に非人が何人か、垣根を警護するかのごとく立っております。これが図9です。

さらにこの図にははいっていませんが、その左に施行のための食物を入れた唐櫃を担う人たちがいて、左の方の楼門に向かって歩いています。食物を入れた桶や箱を頭上にいただく女性の姿も描かれています。そして楼門と鐘楼、本堂とのあいだの境内の庭に、図10の人物が歩いているわけです。髪を束髪にした童形で、高足駄を履いて、団扇を持ち、やはり高足駄をはいた女性二人——そのうちのひとりは子どもを抱いていますが——、さらに傘をかつぎ、何かの笈のようなものを負っている蓬髪の男をつれて威ばって歩いている。

図10。一遍のほうに歩いてゆく異形の集団。

これはまことに異様な人物ですが、女性のひとりは腰の辺になにかよくわからないもの

図11。一遍や時衆たちに何事か知らせている童形の男。

を持っています。うしろのほうの傘をかついでいる人は、たぶん広義の非人ではないかと思いますが、いずれにせよ、異形の集団がこの男を先頭に一遍の方に向かって歩いています。

さらに図11のほうを見ますと、この高足駄の男の前にはまさしくポニーテール、束髪をしたもうひとりの童形の男が本堂の縁に手をかけ、膝をついて、さらに左側にいる一遍や時衆たちに何事かを知らせようとしている。

このように、この絵を全体としてながめてみますと、この童形の二人と、生垣のところにいる非人たちは、みなかかわりのある集団とみてよいと思うのです。この二人の童形の人物を通して絵師がなにを描きこもうとしたのかについて、これまであまり考えられてこなかったと思いますが、私はこれこそが詞書にある二人の「徳人」なのではないかと考えます。

実際、施行の食物を運ぶ人びとの先頭に立つ高足駄の男は、威風堂々と歩いており、これを「徳人」と見てもなんらおかしくないし、縁の下に跪いている人は、威儀を正して、これからはじまる施行のことを一遍に告げているのだと思います。

このような異形の童姿の人を富裕な「徳人」と考えることについて疑うむきもあるかと思いますが、牛飼童などをふくむ「京童」といわれた、中世前期までの童姿をした人びとは、「非人」にかかわりを持つとともに、金持ちになっていても少しもおかしくないと思うのです。たとえば牛飼童は、一方で車借をやっておりますから、交通にたずさわる職能民として、当然、富を蓄積していたとみても不自然ではありません。もしかしたら、この人たちは博奕もやっていたのかもしれません。「京童」と博奕打はよく一緒になって文学に登場しますから。

もちろん、この絵だけでは「徳人」が実際に何をやっていたのか、またこの同行の人びとが何を職能としていたのか、確実なことはわかりませんけれども、このようなことをあり得ないように考えることこそ、「非人」や童姿の人びとを最初から「賤民」であるときめこむ先入観にわずらわされているのではないかと私は考えるので、この二人こそ、まさしく萱津（かやつ）の宿にいた二人の「徳人」と見るべきではないかと思います。

このように考えてきますと、これまでは『一遍聖絵』にえがかれた乞食・非人と、一遍・時衆たちとは関係がないとして、非人は非人として、また一遍は一遍として、別々に研究されていたのですが、両者は無関係どころか、非常に深く結ばれていたことになります。とくに童姿の人びとを媒介として、非人たちは一遍と強く結びついており、絵巻はこの施行の場面を通じて、童姿の人びとや非人たちが、しだいに一遍に帰依していく経緯を語り描いていると考えたほうが、理解しやすいと思います。

しかも詞書は、この甚目寺の場面に続けて、「美濃・尾張をとおり給に、処々の悪党ふだをたてていわく。『聖人供養のこころざしには彼道場へ往詣の人々にわずらひをなすべからず。もし同心せざらむものにおきては、いましめをくわうべし』と云々、よりて三年があいだ、海道をすすめ給うに、昼夜に白波のおそれなく、首尾緑林(りょくりん)の難なし」と書いている。

つまり所々の悪党たちが高札(こうさつ)を立てて、一遍の布教にいっさい妨害をしてはならないと定めたので、なんの妨げもなく三年間、一遍は活動できたというのです。世の中からはむしろ山賊・海賊と扱われた悪党たち自身が一遍を擁護し、その布教を積極的に支持したというわけですが、当時「悪党」といわれた集団は、童形の人びとや非人、さらには博奕打ときわめて近接しており、この詞書と絵とはきわめて自然に結びついているといってよいと思うので、一遍の布教はまさしく、悪党・童姿の人びとや非人に支えられながらおこなわれていったことを、この絵は全体として描いているといってよいと思います。

こう考えてきますと、さらにいろいろなことに気づくので、もうひとつあげてみますと、

図12。信濃国の伴野市の犬神人と乞食の集団。

最後の図12があらためて目にはいってきます。

これは信濃国の伴野市の場面で、この絵の左側で一種の奇瑞がおこっているのです。『一遍聖絵』は描いておりませんけれども、詞書によると紫の雲が立つという奇瑞がおこり、一遍を先頭に時衆たちが座っている左側に、その紫雲を拝んでいる人びとが見られるのですが、時衆たちの真後ろに覆面をした犬神人に率いられた乞食の集団がいます。

この乞食・非人についても、一遍に対する施行のおあまりをあてにした乞食だというとらえ方がこれまでされてきたのですが、私は、先頭に立っている犬神人がきわめて謹直な姿勢をして一遍のほうを見ていること、いちばんうしろの僧侶が、彼らのほうを向いてよびかけているらしいことを素直に見るならば、絵師はここではじめて、一遍に結縁する犬神人や乞食・非人の姿を描いたと考えることもできる。もちろんいろいろな解釈がはいりうると思いますけれども、さきほどからのべてきたような文脈でさかのぼっていくと、そう考えたほうがよいのではないかと、私は思うわけです。

そしてこのような視点とテーマをもった絵師であったからこそ、意識的にきわめて多くの非人・乞食を絵巻に最初から描いたのであり、そのさまざまな生きざまを生き生き描くことができたのではないか。さらにいえば『一遍聖絵』は、一遍の教えによる、悪党・非人等々の人びとの救済を、ひとつの重要なテーマとして語ろうとしたことは間違いない、と思うのであります。

差別の進行

しかしこれは、さきほど申しました、『天狗草紙』のまさしく対極に位置づけることができます。『天狗草紙』はその詞書で、一遍の行動を天狗のしわざとして、悪罵を投げかけているだけでなく、絵の中でも一遍の尿をもらおうとして、尿筒を一遍にあてている尼の姿を描き、天狗が花を降らしているところを描いている。また施行の場面では、だらしない姿をした時宗の僧侶が、施行の食物をむさぼり食っており、そのそばでだらしなくすわって、施行のおあまりをもらっている乞食・非人を描いているのです。

その『天狗草紙』の詞書に「穢多童」という差別的な言葉がはじめて飛び出してくる。

これはまことに象徴的な事実といわなくてはなりません。乞食・非人も悪党もすくわれるとし、そうした人びとに支えられた一遍の姿を描いた『一遍聖絵』に対し、こうした人びとを「穢多」とののしり、その動きを天狗のしわざとした『天狗草紙』。ここに十三世紀末の「穢れ」「悪」をめぐる、きびしく鋭い思想的な対立と葛藤がはっきりと姿を現しているといってよいと私は思います。

そしてそれがやがては、悪党、童形・非人の社会的な地位の大きな変動をよびおこすことになりますが、これはさらに問題を広げてみますと、商人や手工業者、芸能民の問題、さらに遊女の問題とも切り離しがたく結びついた問題をふくんでおります。

遊女はこのころ、非人と同じようにしだいに賤視される方向に向かっていくのですが、『法然上人絵伝』に描かれているように、遊女は法然に救いを求め、法然はそれに応えているわけで、ここにも同じような問題がある。やはりセックスの問題をめぐる、非常に鋭い思想的な対立があったのだと思うのです。

このように浄土宗や一向宗、時宗にせよ、日蓮宗にせよ、また禅宗や律宗にせよ、いわゆる「鎌倉新仏教」は、悪人、非人、女性にかかわる悪、穢れの問題に、それぞれ、それなりに正面から取り組もうとした宗教だったといってよいと思います。それが結果的には十六、七世紀までに、世俗の権力によって徹底的に弾圧されたり、骨抜きにされていく経緯のなかで、日本の社会のなかに、被差別部落や遊廓、さらには「やくざ」つまり非人や遊女、博奕打に対する差別が定着していくことになっていくのです。

その背後には、非人、遊女、博奕打だけの問題にとどまらぬ、社会と自然との関係の大きな転換があったので、その転換のなかでおこってくるさまざまな新たな変動に対する、いろいろな立場からの対処の仕方があり、それが政治的にも大きな動乱をよびおこしていったのだと思います。

ここでとりあげたのは、そのほんの一部の問題のみにとどまるのですが、江戸時代に固定化される「穢多・非人」や「遊女」、博奕打に対する差別が、決してその人びとのみの問題でなく、日本の社会、思想、文化の全体にかかわる、きわめて重大な問題であったことを知っておいていただきたいと思います。

東日本と西日本の相違

このように、鎌倉時代の末、十三世紀後半から十四世紀にかけて、とくに、「穢れ」「悪」さらに具体的には、悪党・非人などの問題をめぐって、仏教の諸宗派のあいだで緊張した思想的な対立があったのですが、しかし十五世紀にはいるころには非人、河原者などの人びとを「穢多」とよぶことがより広く行われるようになり、「清目」ということばも、賤視された存在をさす差別語になっています。

そういうあり方がしだいに固まってきて、十六、七世紀の宗教に対する弾圧を経て、いまのべたように江戸時代にはいると、しだいに被差別身分が社会的にきびしく固定されるようになると思うのです。しかしそこにいたる過程、またどうしてそのようにならざるをえなかったかという点については、いろいろ議論があり、簡単に解決できない問題がまだたくさん残っています。ただ、ほぼ十四世紀を境として、「穢れ」の観念についてのかなり大きな社会的変化があったとみられることに注意しておく必要があります。

十四世紀以前の「穢れ」は、前にもふれてきましたが、ある種の畏怖、畏れをともなっていたと思いますが、十四世紀のころ、人間と自然とのかかわり方に大きな変化があり、社会がいわばより「文明化」してくる、それとともに「穢れ」に対する畏怖感はうしろに退いて、むしろ「汚穢」、きたなく、よごれたもの、忌避すべきものとする、現在の常識的な穢れにちかい感覚に変わってくると思います。

動物に対しても同様で、人の力でたやすく統御できない力をもった生き物という感覚がうすれて、「畜生」「四つ足」といういい方すら、江戸時代には定着してくるようになります。そのことがさきほどふれたような生業にたずさわる人びとに対する賤視を社会的にも定着させ、それを背景に、江戸幕府による賤民身分の固定化という事態がつくられていったのではないかと私は考えております。

ただ、こうした問題に神社や仏教がどうかかわりをもってくるか、宗教の問題がそこにどうからんでくるのかなどをふくめて、これから解明しなくてはならないことがたくさんあると思いますが、ひとつ補足しておきたいのは、この問題が日本列島の諸地域でかなり異っているという点です。

これまでお話ししてきたのは、じつは、本州の西部、四国、九州、つまり西日本を中心とした話で、北海道をのぞく本州東部、東日本は、文献史料が全体として西日本よりもはるかに少ないのですが、残っている史料を見るかぎり、「非人」ということばは東日本の史料にはほとんど出てきません。

ただ、鎌倉は例外で、鶴岡八幡宮に属した犬神人もいますし、乞食・非人のいたこともわかっていますが、それをのぞくと、越後国奥山荘に「非人所」ということばが一例でてくるだけなのです。現在でも西日本に比べると、東日本の被差別部落は非常に少ないのですが、このようなちがいはどこからでてくるのかが、大きな問題として残っています。

これは、動物に対する感覚、あるいは穢れに対する感覚のちがいと関連するのかもしれません。穢れに関する問題として、胞衣（えな）の扱い方が、東と西ではかなりちがうようなのです。もちろん、きちんと東西に分けられるわけではないようですが、東日本は、胞衣をなるべく人が踏んでいけるようなところ、たとえば戸口とか辻などに埋める。ところが西のほうは、できるだけ胞衣を遠ざけ、床下に穴を深く掘るとか、遠くの山に埋める。こういうはっきり異なる民俗があったようです。このことを明らかにした木下忠さんは、東のほうは縄文的で西のほうは弥生的だといっておられます（『埋甕』雄山閣）。

たしかに、このような穢れに対する感覚のちがいが東と西の間にはあったらしい。たとえば罪人を死刑に処するさい、西日本、京都では放免あるいは非人に行わせていますが、東日本、鎌倉幕府に属した武士は、罪人の首を自分で斬ってしまう。非人という職能集団は、東日本では明確に形成されなかった理由の一つは、そこにあるのではないかと思います。

それから馬のような動物に対する感覚も、東と西ではかなりちがっているのではないかと思うのです。東日本には牧が非常に発達していますので、野獣にちかい馬に接している。中部九州もよく似ていると思いますので、これを単純に東と西とはいえないと思いますけれども、そういうところでは馬肉、馬さしを食べる習慣が現在でもあります。

これは江戸時代の江戸はもちろん、もっと古くさかのぼれるのではないかと思いますが、馬を家の中で飼っているところでは、こういうことはおそらく考えられないと思います。そういう動物に対する感覚のちがいが、地域によって異っていたことは明らかで、こういう感覚のちがいと、非人、河原者のような社会集団が顕著に現れないということとも、どこかで関連しているかもしれないと思います。

実際、明治以後の統計で見ても、東日本の被差別部落は西日本に比べると数も少ないし、人口も少ない。体験的にいっても、私自身は山梨の出身ですが、この問題についての経験は、中学生になって『破戒』を読んだときがはじめてで、最初はなんのことかわからなかったのです。祖母に聞いてはじめて、一応知ったという程度から出発しています。

これに対して、西日本の場合、友人に聞いてみますと子どものころから、いろいろな深刻な経験をみなもっています。さらに地域によって被差別部落の名称もちがっています。北陸——加賀、能登、越中では「藤内（とうない）」といい、出羽では「らく」といいますし、茶せんとか鉢屋といっている地域もありますが、そうした点をふくめてわかっていないことがたくさんあります。

いずれにせよ、この問題は日本列島の地域によってかなりちがうということを考えておく必要があるので、対処の仕方もそれに応じて考えなくてはならないと思うのです。

沖縄には、本州、四国、九州でみられるような被差別部落はないといわれています。「アンニヤ」といわれて、差別される芸能民の集団があったといわれていますし、職能民に対する扱いにも、差別といわれるようなことがなかったわけではないようですが、被差別部落とはっきりいえるような集落は、今後さらに精密に考える必要はあると思いますけれども、一応沖縄にはなかったといわれております。もちろんアイヌの社会にもそうした部落はありません。

このように、この問題については日本列島のなかで、かなり地域性があるということを十分考えておく必要があるだろうと思います。こうした地域性を考えないで、自分の体験だけで無分別に動くと、意識しないでも、非常に人を傷つけるようなことがおこりうることを考慮しなくてはならないので、差別を克服しようとする側もこのことを十分頭に入れておく必要がありましょう。

第四章　女性をめぐって

ルイス・フロイスの書物から

　さてこの章では女性の地位の問題についてお話をしてみようかと思います。といいますのは、あとでものべますが、前の章でふれましたように、鎌倉新仏教は、ほぼ共通して非人の救済を大きな課題としているわけですが、それとあわせて、これらの仏教の諸宗派が、女性の救済をもうひとつの重要な課題にしているという問題があります。女性の問題が非人の問題と非常に深いつながりを持っていたのではないかということを、この事実から知ることができるのです。

　最近、女性史が非常に活発になってきまして、女性のあり方についても、これまでとはだいぶちがった角度からの研究がたくさん出てくるようになってきましたし、フェミニズムの運動ともからんで、女性の問題がいろいろ議論されておりますが、このような点を考慮しますと、日本の社会における女性のあり方については、まだ検討をする余地が非常に広くあると思います。

ポルトガルの宣教師ルイス・フロイスの書いた、『日欧文化比較』という小さい書物があります。『日欧文化比較』は岩波書店で出した大航海時代叢書にはいっておりますが、それとまったく同じものを、松田毅一さんが中公新書として『フロイスの日本覚書』という題名で、最近出版していらっしゃいます。フロイスは十六世紀の中ごろ、一五六二年に日本に来て、一五九七年に世を去るまで、三十五年間、日本で生活をしました。その生活のなかで、日本の習俗とヨーロッパの習俗との間に非常なちがいがあることをつぶさに見て、そのちがいを項目別に書き上げたものが、この『日欧文化比較』――『日本覚書』という本なのです。

その第二章に「女性とその風貌、風習について」という一節があります。フロイス自身もびっくりしたのでしょうが、われわれ自身もこれを読むと、ちょっとドキっとするようなことが、そこにいくつかあげられております。

たとえば、「日本の女性は、処女の純潔を少しも重んじない。それを欠いても名誉も失わなければ結婚もできる」。「ヨーロッパでは財産は夫婦のあいだで共有である。ところが日本では各人が自分の分を所有している。ときには妻が夫に高利で貸し付ける」。

さらにまた、「ヨーロッパでは妻を離別することは最大の不名誉である。日本では意のままにいつでも離別する。妻はそのことによって名誉を失わないし、また結婚もできる。日本ではしばしば妻が夫を離別する」というように、これまでの常識から考えると、これは本当かな、と思うようなことをのべているわけです。

さらに、「日本では娘たちは、両親に断りもしないで、一日でも数日でもひとりで好きなところへ出掛ける。日本の女性は夫に知らせず、好きなところに行く自由を持っている」。「日本では、堕胎はきわめてふつうのことで、二十回も堕した女性がある。日本の女性は、赤子を育てていくことができないと、みんなのどの上に足を乗せて殺してしまう」。「日本では比丘尼の僧院はほとんど淫売婦の町になる」。

これを一読したとき、これはフロイスの偏見ではないかという印象を私自身も持ちました。これは相当に史料批判がいるのではないかと思いましたし、全体として、日本の女性のあり方に批判的な角度を、たしかにフロイス自身持っていると思います。しかし一方、前にも文字のところでふれましたけれども、「ヨーロッパでは女性は文字を書かないけれども、日本の高貴な女性はそれを知らなければ価値が下がると考えている」ということもあげていますので、すべてが偏見であるとは決していえないのです。

そこで少し詳しくフロイスの指摘を検討しているうちに、私は、どうもこれはみな本当のことなのではないか、と思うようになってきました。たとえば妻が夫を離別するとか、離婚がしばしばあって、離婚された妻が名誉も失わない、つまり女性にとって離婚は再婚になんらの妨げにもならないということは、これまでの通説とはずいぶんかけ離れています。

これまでの通説では、江戸時代は女性には離婚する権利がない、嫁に行っても夫やその親の気に入らなければ簡単に離縁される、嫁のほうから離縁を求めることなどとてもできなかったと、考えられてきました。ですから江戸時代の女性の立場は男性によって非常に抑圧されていた、まったく自分の主張ができなかったとされてきました。ところが最近、実際はだいぶちがっていたことがわかってきたのです。

平凡社から高木侃さんの『三くだり半――江戸の離婚と女性たち――』という本が出ておりますが、この著者の高木さんは、法制史の専門家で、江戸時代の離縁状を大量に集めて、離婚の実態をこの本で非常に詳しく解明されました。いろいろまだ議論はあると思いますが、この著書によって、これまでの通説が、不正確であり、一面的であったということは、非常にはっきり証明されたと私は思います。

高木さんによると、明治になっても早いころの離婚率は非常に高いのだそうです。その後だんだん減ってくるのですが、このことから逆に、江戸時代の離婚率が相当高かったのではないかということが推定できる。江戸時代にはそうした統計がありませんから、厳密にはわからないわけですが、明治前期は江戸時代に連続している面がありますので、かなり離婚率が高かったと推定して間違いないと思います。

離縁状の実例を具体的に見ても、江戸時代に夫だけが離婚権を持っている、つまり夫の専権離婚とふつういわれてきたのとはおおいにちがって、妻の飛び出し離婚もかなりあったと思われるのです。高木さんはいろいろな事例をあげておられますが、たとえば妻が実家に帰ってしまって戻ってこない。夫のほうはなんとか帰ってもらいたいのだけれども、仕方がない、泣く泣く離縁状を書くという事例もずいぶんあったようで、決して、いつでも縁切り寺に飛び込まなければ離婚ができないという状況ではなかったようです。

ただ幕府の法制のなかでは、離縁状＝三くだり半——実際に三行半で書かれたものもみられますが——は、夫が妻に与えるかたちのものが法的に認められるので、妻の書いた離縁状はまず絶対にでてこないわけです。ですから文書だけを見ていると、夫が離婚の専権を握っているかのごとく見えるのですが、実際は、むしろ夫は離縁状を書く義務があるといったほうがよい。それを書く権利があったというより、義務があったといったほうがよいようです。それがないと夫も妻も再婚ができないわけです。

もちろん夫だけが離縁状を書くという形、建前が行われているところに、日本の社会の大きな問題があることは間違いないと思うのですが、日本の社会の実態は、法的な制度が示している形とは、だいぶちがうということを、われわれは十分に考えておく必要があると思います。

とすると、「日本では意のままにいつでも離別できるし、離別された妻はそのことによって名誉も失わないし、結婚もできる。しばしば妻が夫を離別する」という、さきほどのフロイスの指摘にみられる十六世紀の状況は、江戸時代になってもごく自然につづいていたということになります。

もちろん、江戸時代、建前の上で、また法制的に夫が離婚の専権を持っていたということが、「縁切り寺」のような制度を生み出しているわけですから、妻の側の権利が非常に強かったということだけを強調してしまうと、問題があろうかとは思いますが、しかしいままでの通説と実態とが非常にちがうことだけは、高木さんの研究によってはっきり確認されたのではないかと私は考えるわけです。

男女の性のあり方

また日本の女性は、処女の純潔をまったく重んじないとか、娘が親に、あるいは妻がその夫に全然断らないで、何日でも好きに自由なところに行けるというのも、本当かなと思いますが、フロイスより多少遅れてまとめられたスペイン人の神父コリャードの『懺悔録』（岩波文庫）などを見ておりますと、そのなかに出てくる女性は、懺悔のなかでずいぶん露骨に多くの男と関係したことを詳しくのべています。

それから宮本常一さんの、『忘れられた日本人』や『家郷（かきょう）の訓（おしえ）』（いずれも岩波文庫）、あるいは赤松啓介さんの『非常民の民俗文化』（明石書店）などに描かれている第二次大戦前までの各地の民俗の実態を見ますと、少なくとも、西日本ではいわゆる「夜這い」の習俗が、各地に生きていたことは間違いない。

私が実際に岡山の北のほうのある町の方にうかがったところですと、昭和三十年代まで、私自身もやっておりましたとおっしゃってました。備中の山のほうのことですから、すぐに出雲に行けるわけですが、出雲の男たちが備中から夜這いに来させてなろうものかというので、国境で待っている。それを追い払い、追い払い行ってきたという武勇伝なども私に話してくださったのです。

それから歌垣の習俗がかなり最近まで残っています。お祭りのときや仏教の大衆的な法会のとき、あるいは神社・仏閣にお籠りをしたときなどに、いわゆる「歌垣」と同じように、男女のフリーなセックスが行われるという習俗のあったことは、宮本常一さんが『忘れられた日本人』で書いておられます。対馬の観音堂の祭りや、河内の太子堂の縁日のときは男女の自由な交渉が公然と行われたというのです。

これについても、さきほどの岡山の方も同じことをいっておられました。昭和の三十年代になってそれに関連して殺人事件がおこったため、警察が出てきてそういう習俗がなくなったと、その方はいっていらっしゃいました。これは、十分にあり得ることだと思うのです。

『石山寺縁起絵巻』より、参籠の人びと。

寺社への参籠の場所も同じだったのです。寺院や神社にお籠りをしている状況は、絵巻物にときどき描かれていますが、仏前や神前で男女が入り混じって寝ているわけです。絵巻物は絵ですから、明るく見えるように描かれていますけれども、実際は真っ暗だったにちがいありません。大きな木を置いて、それを枕にして男女がごろ寝をしているという場面も、絵巻物のなかに見つけることができます。

また鎌倉時代中期の弘長元年（一二六一）、奈良の春日社の神主たちが、今後、神官や春日社の氏人たちが「社参の女人に対し、あるいは大宮、若宮のあいだ、もしくは拝殿、着到殿のあたりにて密通慇懃、あまつさえ妄執を発する」ようなことがあってはならないと、誓っています。ということは、春日社参詣してきた女人たちに対して、拝殿、着到殿あたりで、実際にそういうことがたびたびおこったことを示しています。

さらに興味深いことは、弘安八年（一二八五）、後宇多天皇が石清水八幡宮に対して宣旨を出し、「宝殿参拝ならびに通夜のとき、男女雑居すべからざること」と規定しています。これはお籠りの場所での男女の雑居がふつうに行われていたことをよく示しており、おそらくはこの禁令が発せられたあとでも、そういう事態が続いていたとみてよいと思います。

さきほどのお祭りのときや法会のときも同じだと思いますが、神前や仏前は神仏の力のおよぶ場所であり、そこでは世俗の縁が切れる。万葉集、風土記などに出てくる歌垣の場のように、そこには世俗の妻や夫の関係は持ち込まれない場所であり、それゆえに、男女が自由に交渉することができたと考えても、決しておかしくないのではないかと思います。実際、神社、寺院に参籠して子どもを授けられた話、その子どもが神仏の霊力を身につけていると考えられた話がよくありますが、これは現実にありえたことだと思います。

旅の場合にも同じようなことがあったのではないかと思います。さきほどあげた宮本さんの本を読んでおりますと、若い女性が二、三人で物詣（ものもうで）の長旅に出掛ける。しかもほとんどお金を持たないで、何カ月も三人だけで旅をする話がでてきます。おもしろいことに、そういう旅する女性を泊めてくれる宿があるので、気軽に旅行に出掛けたという話を、実

『石山寺縁起絵巻』より、女性の旅姿。

際にそうした旅行をした女性から宮本さんが聞いて、それを記録しておられます。

そのほか若い女性が綿摘みや稲刈りに、かなり遠くまで働きにいく話も出てきますが、江戸時代でももちろん同じ様なことがあったはずです。いわゆる「おかげまいり」のようなかたちで、かなり長途にわたる女性の旅が行われたことは十分推測できますし、絵巻物を見ましても、市女笠をかぶって顔を隠し、「壺装束（つぼそうぞく）」といわれた姿で、草鞋を履いて旅をしている女性の姿をかなり見つけることができます。

旅をしている間、とくに神社、寺院への物詣などの場合には、さきほどのお籠りなどと同様、旅人は間違いなく世俗の縁とは切れているのではないかと思います。それだけではなくて、道や辻のような場も少なくとも中世にさかのぼりますと、やはり同様の場だったので、そこでおこったことは世俗の世界には持ち出さない、逆にいえば、そこでおこったことはその場だけですませるという慣習があったことを、鎌倉時代の文書に引用された「関東御式目（おんしきもく）」によって証明することができるのです（前掲『増補 無縁・公界・楽』参照）。「山野・浦浜・市町・道路」でおこった殺人事件は、その場にいたものだけで処理して、敵討ちのようなかたちで世俗の世界に持ち出さないということが、そこでは規定されています。

また中世、道を歩く女性に対して「女捕（めと）り」、「辻捕り」が行われることがありました。これはある場合にはレイプになるわけですから、少なくともたてまえの上では、法令によってきびしく禁じられています。『貞永式目』でも禁止されていますが、よく見るとあまり罪が重くないのです。しかも「法師については斟酌あるべし」という不思議な文言がはいっています。

なぜ「女捕り」について、法師の場合には斟酌されるのだろうかということについて笠松宏至さんは、僧侶のなかでも地位の低い法師は、ふだん禁欲しなくてはならないので、「女捕り」の罪については斟酌を加えることになっているのではないかと推測しています。もちろんこれは一つの推測ですが、この推測は決して荒唐無稽のことではないのです。『御伽草子』の「ものぐさ太郎」の話の中に、供も連れず、輿にも乗らないでひとりで歩いている女性を女捕ることは、「天下の御許し」、つまりそういう場合、女捕りは「天下公許」であるといわれているのです。

ものぐさ太郎は都にでてきて、宿の亭主からそういわれ、清水にでかけていって、その場合も決して暴力的ではなく、女性の答えた和歌の謎をといて、めでたく結婚することになります。ですから女捕りをすぐにレイプということはできないと思いますが、それにしてもある女性を女捕ることに成功する。こういう習俗が実際にあるということは、道を旅している場合の男女のあり方は、日常の世界とだいぶちがうことを示しています。しかもそれを社会が公認しているわけで、「旅の恥はかき捨て」などという諺が現在でも残っているのはそのなごりではないかと私は考えております。

また鎌倉時代の後期に書かれた『とはずがたり』の主人公は女性で、宮廷を退いてから長い旅をしているのですが、自分はちがうけれどいろいろな男性と交渉せざるを得ないのがふつうだと書いております。このように現代の建前、常識では理解しがたいようにみえる状況が、日本の前近代の社会にはさまざまな形でありえたといえましょう。

そしてこのように考えてきますと、フロイスが「日本の女性は処女の純潔を少しも重んじない。それを欠いても名誉も失わなければ結婚もできる」といったことも、決して不自然なでまかせとはいえませんし、「日本では娘たちが両親に断りもしないでどこでも出掛ける。妻は夫に知らせないで出掛ける」というのも十分あり得ることだといえそうです。

ですから、フロイスの記述は、この点でも決して不正確ではないと思います。ただこういうふうにずばっと書かれると、私たちはびっくりしてしまうのですけれども、むしろこれを事実とした上で、当時の女性の問題を考える必要がある、と私は考えます。

堕胎についてもフロイスは、日本の女性が大変残酷であったといういい方をしています。フロイスの口調には日本の女性は子どものいのちをまったく大事にせず、しかも性的にルーズで奔放であるというところが明らかにみえますが、そうした評価は別として、事実そのものを見る必要があります。もちろんキリスト教徒であるフロイスが宗教的な倫理から、ここであげたような事実に対し、非常な嫌悪感を抱いていることは間違いないと思いますが、しかし逆に、日本の社会はキリスト教のような宗教的な倫理によって規制をされていないことを考える必要があります。

前にふれましたように、人びとの日常の生活まで規制するだけの力を持った宗教が、日本の社会ではついに影響力を持ち得なかったということと、この問題とは非常に深いかかわりがあると思われます。実際、当時、さかんに行われた堕胎、フロイスがいうようにその子が育たないとわかると、のどに足をかけて殺してしまうというような女性の行為について、従来は単純に貧困と生活苦によるとされてきましたが、それだけではとらえきれない問題がある、と私は思っています。

もちろん貧しく、生活苦があったゆえに、こういう行為が行われたのも事実ですが、さきほどのような状況を考えますと「未婚の母」が非常に多かったと推測されるわけで、この善悪は別として、当時の女性の現実に対するひとつの対処の仕方と考えることも十分可能だと思います。それとともに「七歳までは神のうち」などといわれたことが逆転して、子どもは人間と考えられていなかったことも関係してくるかもしれません。

江戸時代の間引きについても同様で、これまでの歴史家はやはり、もっぱら生活の苦しさにその理由を求めてきました。もちろん、そうした貧困は十分考慮に入れなくてはなりませんが、それだけではすまない問題が当時の日本の社会にはあったのではないかと思います。

ともあれ、キリスト教の宣教師はこういう日本の社会のあり方に対して、非常に倫理的な姿勢で臨もうとしていたことはたしかですが、一向宗や日蓮宗のような日本の宗教が、同じ問題に対してどういう姿勢で対処しようとしていたかということは、十分研究してみる必要のある問題だと思います。いずれにしても、これらの宗教が戦国期から江戸時代にかけて世俗権力によって弾圧されてしまったということと、このような社会のあり方との間にはなんらかのつながりがあることは確実だと思います。

太良荘の女性たち

このように戦国時代から、江戸時代までの社会における女性のあり方は、これまでの常識的な見方とずいぶんちがうということは間違いないと思います。従来この時代は家父長制が確立しており、女性は無権利できびしく抑圧されていたと考えられていたのですが、実態はかなりちがっていたといわなくてはなりません。さらにさかのぼって十四世紀以前の女性のあり方を史料にそくして見てみますと、女性たちは江戸時代よりもはるかに広い社会的な活動をしていたことがはっきりわかります。

若狭国の太良荘(たらのしょう)という、私が学生のとき最初に勉強した荘園を例にとって、この荘園で女性がどのように活動していたかを、説明しておきたいと思います。この荘園は、小さな荘園なのですが、全国の荘園のなかでもっともたくさんの関係文書が、京都の東寺に残されているので、当時の実態が非常によくわかるのです。

当時国衙領で太良保(たらのほう)といわれたこの地を最初に開発した領主といわれている人は、丹生(にう)出羽房雲厳(でわのぼううんげん)という叡山の僧侶にもなった人物です。この雲厳の祖父が、この保の田畠を手に入れ、ここを自分の根拠地とする手がかりを持つようになるのですが、この祖父の死後、若丸という幼名だった孫の雲厳に、所領を譲った人は、その後家、雲厳の祖母にあたる小槻氏女(おづきのうじのにょ)という女性でした。平安時代の末のことですが、すでに女性に所領の処分権があったことがこれによってはっきりわかります。

それからしばらくして、平安時代のごく末のころ、父にも早く死に別れた若丸を、太良保で育てた乳母(めのと)が史料に出てきます。この乳母も夫が間もなく死ぬのですが、若丸はやがて比叡山に上り、その下級の僧侶になり、そこで雲厳と名乗るようになりますが、雲厳が山に上っているあいだ、乳母は現地で留守を守って、彼の所領の管理をしています。

このように女性も所領の管理をすることができたのです。ことに乳母や乳母の夫―乳父（めのと）は、この当時には、非常に重要な役割を果たしておりますが、これもこのころの女性のあり方を考える上にかなり大事な点だと思います。

やがて雲厳は、若狭国の御家人になります。つまり鎌倉殿である頼朝の家臣になるわけです。西国の御家人は、その国で御家人になりうるような人たちについて、守護が「交名（きょうみょう）」という名簿（めいぼ）を作って、これを幕府に送り、それを将軍が認めることによって御家人になるというのが手続きでした。東国の御家人の場合は頼朝と直接に会って「名簿（みょうぶ）」を捧げて、主従の関係を結ぶのですが、若狭は西国ですから、御家人の交名が作られており、三十数人の名前があげられていますが、その中に雲厳も名前が記されています。

ところがそれと並んで宮川武者所後家、藤原氏女（ふじわらのうじのにょ）という女性も出てくるのです。このように女性も正式に鎌倉殿の御家人になっている。もちろんこの人は後家という立場にあるということに注意しなくてはならないので、夫の代わりの意味があるのですが、それにしても女性が御家人になったことをこれによって確認できるのは、大変興味深いことです。

実際、中世の女性が武装して活動したことも、まったくなかったわけではありません。巴御前や板額（はんがく）御前という、勇武をもって知られた女性がいたことは事実と見られますし、女性は御家人になっただけでなく、肥前の松浦党の中には「女地頭」もおりました。こうした例は少なくないので、女性が地頭の所領の一部をゆずられれば、こうしたことはいつでもあり得ることだったといってよいと思います。

さて、雲厳は、間もなく零落してしまい、若狭国でもっとも有力な御家人である中原時国（稲庭時国）の保護を受けることになりますが、その雲厳の持っていた所領のうちで、太良保の公文職——現地の荘官としてもっとも主だった地位に、雲厳に代わって任命されたのは、この稲庭時国の母親の中村尼という人で、ここでも女性が公文になっています。公文の地位は給田畠などの所領がついているのですが、雲厳は御家人だったので、御家人でなければ持てない所領なのです。とすると、女性が御家人の所領をこのように譲与などによって知行し、荘官になっているのですが、こうした事は、この荘園だけでなく各地にいくらでも見ることができます。

また、雲厳の所領で末武名という二丁ほどの田地があったのですが、この所領については、雲厳の家人の娘の藤原氏女と、稲庭時国の孫娘の中原氏女とのあいだで、非常に長期間にわたって争奪戦が行われます。ですからこの訴訟の当事者はいずれも女性です。しかもこの所領も御家人の所領なので、御家人の所領はかならず御家人が持つという原則がありますから、両方とも自分は御家人の娘なのだと主張して、長年にわたって相論をつづけるわけです。

結局、中原氏女が勝つのですが、訴訟に負けた藤原氏女も、一時は正式に末武名の名主職に任命されています。ですから、こうした御家人の名の名主に女性がなっているのですが、これも鎌倉時代にはしばしば見られることです。

女性の社会的活動

鎌倉時代の前期、この太良保は東寺の荘園として太良荘とよばれるようになりますが、東寺はさっそくこの荘園を管理する預所（あずかりしょ）という荘官を任命します。最初、この預所になったのは定宴（じょうえん）という男性の僧侶ですが、この荘の預所職は、女性が相継ぐべき職（しき）であるということになり、定宴の子孫の女性たちが、鎌倉時代から南北朝時代までずっとその跡を継いでいくことになります。

定宴は藤原氏なので、その女（むすめ）は藤原氏女といい、通称東山女房（にょうぼう）といわれた人、またその女で同じく藤原氏女とよばれた人が鎌倉時代の半ばごろの預所になっています。ちなみにこの時代の女性名は、このように氏名（うじな）を付けて、女性であることを示すだけの表記が多いのです。藤原氏女、中原氏女、賀茂氏女などはみなそうした例で、父の氏名をつけています。

それはともかく、この女性の預所は、決して名目的な存在ではありませんでした。地頭と長い間訴訟をして、東寺側の権利の確保にもつとめていますし、定宴の孫女（まごむすめ）にいたっては、百姓たちの年貢の出し方がよくないというので、現地に出向くことになり、百姓たちに輿を担がせて、太良荘に下って容赦なく年貢・公事(くじ)を取り立てる。あまりひどいというので、百姓たちが、この女性の預所を東寺に訴えています。このように女性ではありますが、実質を持った預所として彼女たちは動いているのです。

注意しておきたいのは、こうした事件に関連して、これらの女性たちが書いた平仮名の書状が、「東寺百合文書(とうじひゃくごうもんじょ)」のなかにかなりの数、残っていることです。預所になった女性や御家人の女性はもちろんのことで、さきほどの末武名の名主に一時期なったことのある藤原氏女は、結局、非御家人と判定された、凡下(ぼんげ)――平民の女性なのですが、この人も、立派に平仮名の書状を書いています。すでにお話ししたように、十三世紀の後半には、平民の女性までが平仮名で文書を書けるようになっていることが、これによってはっきりわかります。

それから、十四世紀半ばごろ、南北朝時代になると、太良荘の内部の百姓の名田(みょうでん)――真利名(さねとしみょう)や助国名(すけくにみょう)などの百姓名をめぐって、さまざまな相論がおこっています。この相論に登場する当事者にも、善日女、観音女、若鶴女などの女性がたくさんでてきます。この女性の名前は、さきほどの氏女とちがって、幼名型の女性名といわれる名前をつけていますが、このような平民の女性たちが、百姓名主職をめぐる複雑な問題についての相論の当事者になって姿を現しています。それゆえ、百姓名の名主に女性が任命されることは、十四世紀まではおおいにあり得たのです。

このように南北朝時代までの女性は、当時の荘園・公領の中のあらゆる社会的な活動分野に姿を現しており、しかも、国衙や東寺の支配制度の中で、公式の職に任命され、自らの名前で所領を保持して活発に動いていたことになります。

これは、別の面からも確認することができます。若狭国の一宮、二宮にはその禰宜の家の南北朝のころにつくられた系図が残っておりますが、その系図は男系だけではなくて、女系までを非常に細かく追究しているのです。ふつう見られる系図は男系だけを書いているのですが、この系図は双系系図、つまり、男系と女系双方を追究した系図なのです。ですから、この系図には、禰宜の牟久氏だけでなく、女性の夫となった多田氏や和久利氏など、若狭国の多くの侍クラスの人びとの家の系図が、同じ系図のなかに記されることになっています。

若狭については、とくに女系が強かったともいえるかもしれませんし、太良荘の場合には荘園の中の非常に細かいことまでわかる史料がたくさん残っているため、このような女性の活動がよくわかるので、他の荘園では、これほど史料は細かくは残っていません。ですからすぐに一般化はできないのかもしれませんが、私は少なくとも西日本においては太良荘とほぼ同様な状況があったと考えてよいと思っています。

竹内理三さんの『鎌倉遺文』がほぼ完成しましたので、いまは鎌倉時代の文書のすべてを活字で見られるようになっていますが、それによって田畠、屋敷地（屋地）の譲状、売券――売買証文の差出人や充名を調べてみますと、女性が相当の比率で現れてくるのです。このことは統計的にも確認されていますので、女性がさきほど太良荘のような所領を持ち、それを譲与、売買することができたことは間違いありません。これは法令の上からも確認できます。

ところが室町時代になると、土地財産、所領については女性の権利が弱くなり、江戸時代には女性が田畠を持つ権利は正式にはなくなってしまいます。しかし動産については、女性の権利は依然として保持されており、女性の嫁入り道具を夫が質に入れることは、女性の側から男を離婚できる大きな理由になりうるということが、さきほどの高木さんの本には詳しく書かれています。女性は、嫁入り道具などの動産については、江戸時代には財産権を持っていたわけで、フロイスの記述はここでも事実としてはっきり裏付けられたことになります。

また、すでに指摘されていることでもあり、『増補 無縁・公界・楽』のなかでも少し触れておいたことですが、屋敷や屋敷地の売買、譲与の当事者、あるいは所持者として女性が現れてくる比率は、田畠の場合に比べてかなり高いことも確認されています。たとえば、志摩国泊浦（鳥羽）のちかくの江向浦の、鎌倉末期に作られた在家の検注帳が醍醐寺に残っていますが、それを見ると在家の正式の持ち主として、女性の名前が非常にたくさん出てきます。

このように女性が家、屋地となぜ深いかかわりを持つようになっているのかについて、最近、保立道久さんが『中世の愛と従属』（平凡社刊）という著書のなかで、大変おもしろい指摘をされています。

保立さんは中世の家屋のなかで塗籠（ぬりごめ）という場所――のちには納戸といわれた場所が、絵巻物の中でどのように描かれているかを詳しく調べられて、そこが夫婦の寝室であると同時に、大事な財物を収納する場所であったことを確認されました。ここはいわば、家のなかでもっとも中心的な「聖なる場」だったのですが、まさしく女性こそがその管理者であったと、保立さんは指摘しています。

女性を「家女」と書くことが多く史料に見られますし、「家刀自（いえとじ）」などと女性がよばれた理由はここにあるのだと思います。実際、鎌倉時代から南北朝期まで、借上（かしあげ）、土倉（どそう）といわれた金融業者に、女性がかなり数多く現れてきますが、これも間違いなくそのことと関連していると思います。『病草紙（やまいのそうし）』には、「七条わたりにすむ、いゑとみ食ゆたかなる」女性の借上が詞書に出てきますが、これは太りすぎてまわりから助けてもらわないと歩くことができないような女性の金融業者の姿として、絵には描かれています。

また別に鎌倉末期、若狭の小浜にいる浜の女房という借上、あるいは同じころ山城国の平氏女という百貫文におよぶ銭を融通している女性、あるいは土倉の所有者である女性など、このような事例はいくらでもあげられるのですが、これは女性が倉の管理者であるということと深いかかわりがあると思うのです。

二章の金融のあり方にもかからむことですが、倉には聖なる神物、仏物である初穂、上分などの名目の米や銭が納められます。それが金融の資本になって利息が取られているわけですが、そうした聖なる倉である土倉の管理に女性がかなりの比重で現れるという事実は、女性の性そのものの特質とおそらく不可分の関係にあるのだと思います。保立さんは、中世の女性がしばしば重要な文書や資産を預けられていること、たとえば戦争があったときに、女性にそうしたものを預けておくことによって、ある程度の安全性が保証されるという事実を指摘していますが、これも女性の性そのものの特質とかかわりがあることだと思うのです。

私はそれを「女性の無縁性」といってみたことがありますが、南北朝時代までの女性は、人ならぬ力をもったもの、聖なるものに結

『病草紙』より、太りすぎた女性の借上。

びつく特質をもつ存在と考えられていたということがいえると思います。女性が世俗の争いや戦乱のなかにあって平和な管理者や平和の使者になり得たことも、こうした女性の特質にその背景を求めることができると、私は考えています。ですから妻が夫に金を貸すというフロイスの発言も決して荒唐無稽なことではなく、女性は現実に自分の財産を持ち、金融活動に従事していたのですから、フロイスの発言の真実性はここでも証明されたことになってきます。

よく日野富子の事例が引用されて、将軍の奥方でありながら大名たちに多額の金を貸して富を蓄積したと非難されていますが、これはまったく氷山の一角にすぎないので、彼女だけを「悪女」にしてしまうわけにはいかないと私は思うのです。

女性職能集団の出現

そういう女性の性そのものにかかわる聖なる特質は、女性の職能の問題ともかなり深い結びつきを持っているように思われます。たとえば、女性の遍歴民はかなり早くから確認ができますので、「歩き巫女」といわれる巫女の活動は古代にまでさかのぼれると思いますし、「あそびめ」「うかれめ」――「遊行女婦」と書かれて、遊女の源流といわれている女性の存在も、古代のごくわずかの文献のなかでも確認することができます。

たとえば古代の遊行女婦の出てくる有名な場面で、大宰帥(だざいのそち)として大宰府にいた大伴旅人が、大納言になって都に帰るとき、大宰府の官人たちが旅人を見送ります。その官人たちと並んで遊行女婦も見送っており、旅人と和歌の応答をしているのです。後年の遊女のあり方からみて、このときすでに、大宰府という官庁に遊女がかかわりを持っていた可能性は十分ありうると思います。

非人についての話と関連して前にふれましたように、律令制の下でいろいろな官庁に統轄されていた職能民が、律令制がおとろえて官庁の機能がだんだん変質してきますと、それぞれに自立した職能民集団になっていくのですが、遊女の場合も、やはり同じ経緯をたどったのではないかと思います。後宮や雅楽寮などの官庁に所属していた女性の官人や歌女などが、その重要な源流だと考えられます。

ほぼ十世紀から十一世紀にかけて、女性の長者に率いられた、自立した女性職能集団として遊女が現れてくるのです。江口・神崎がいちばん有名ですが、遊女たちは津や泊に拠点を持っており、西日本の遊女は船で動いています。ただ各地の遊女の集団が全体としてなんらかの連絡を持っていたかどうかについては、具体的にはわかりません。

しかし長者に率いられた遊女集団は、商工業者の座と同じように、一﨟、二﨟のような年齢階梯制を持っていたと考えられます。傀儡(くぐつ)の場合も同様だったと思われますが、東日本では傀儡の女性が遊女と重なっており、宿に根拠を置いている場合が多いようで、船はあまり用いていないと思います。

鎌倉初期の仁和寺御室の『右記』という記録がありますが、そのなかに、遊女、白拍子は公庭、つまり朝廷に属するものであると、はっきり書いてあります。これによっても明らかなように、遊女の集団は、たぶん内教坊か雅楽寮のような官庁に属して、別当などに統轄されており、番を組んで、朝廷の儀式に奉仕をしていたことは、貴族などの日記によってみても間違いないと思います。

白拍子や傀儡の場合にしても同様で、鎌倉前期に白拍子奉行人という役職のあったことが明らかにされております。このように遊女、白拍子、傀儡は神人、寄人と同様、天皇や神に直属する女性職能民だといってよいので、社会的地位も決して低くなかったと思います。鎌倉時代までの遊女、白拍子、傀儡が、天皇や貴族の子どもを生んだり、勅撰和歌集にその和歌が採用されたりしていることは、そのことをよく証明していると思います。

しかし、遊女のみならず、平安時代末期以後、供御人や神人となって、商工業や芸能などの非農業的な生業にたずさわる女性は、かなり多く史料に見ることができます。そうした女性の職能民は八世紀までさかのぼれるので、『日本霊異記』のなかには、すでに、花を売る女性、仏の物である銭を出挙——人に貸して非常に豊かになった女性、あるいは、米や酒を貸すときには小さな升で、取るときには大きな升で取って、大儲けをして、最後には仏罰を受けた女性など、多様な女性たちが姿を現しています。さらに平安後期には、炭を売る大原女なども文献に出てくるのです。

このように日本の社会には女性の商人が非常に多いといってよいと思います。たとえば魚売りの商人は、ほぼ例外なしに女性だといってよいと思います。京都の六角町で、すでに鎌倉時代のはじめのころ、店棚を持って魚を売っていた琵琶湖の湖の民出身の商人――この人びとは供御人になっていますが――はすべて女性でした。

また桂川の鵜飼で、桂供御人になった人たちのうち女性は、桂女という鮎売りの商人になっています。それから炭や薪を売る大原女も同様ですし、京都の北の小野山にも炭焼で供御人になっている女性がいたことがわかります。こんにゃくをはじめいろいろな野菜類、精進物を売る女性の供御人もいますし、祇園社に所属して、綿を売る神人、小袖を売る神人にも女性が多く見られます。

いまあげてきましたのは、南北朝ごろまでの神人、供御人の例ですが、供御人、神人は、前にお話ししたように神仏・天皇に直属する聖別された集団で、男女を問わず交通税を免除されて、広域的に遍歴して交易にたずさわる人びとです。そのなかに女性が非常に数多くいるわけで、このことは、さきほど触れた女性自体の聖なる特質と決して無関係ではないと思います。

実際、桂女は独特な被物(かぶりもの)をしており、服装の上でもこれらの人びとは一般の女性とはちがうことを明示して、遍歴していますが、これはさきほどふれた女性が広く旅をしたこととも結びついていると思われます。いずれにせよ遍歴する女性の商人は、鎌倉、南北朝時代までは、これまで考えられていたよりもはるかに大きな比重をもって社会で活動していたといってよいと思います。

公的世界からの女性排除

ただ、一方で女性が公的な世界から排除され、抑圧されつづけていたというこれまでの常識と、この事実とをどう整合的に理解したらよいのかが、非常に大きな問題になってきます。

最近、家族史の研究が非常にすすんできまして、そのなかでいろんなことがわかってきました。これまでの通説ですと、日本の親族組織のあり方は、かなり古く古代から家父長制であり、男性優位が確立した父系制の社会であるととらえられてきました。これに対して、高群逸枝さんをはじめとする、女性史研究者のなかには、少なくとも南北朝期以前は、むしろ母系制的な傾向が強いのだという主張がありました。しかし最近の新しい研究によりますと、日本の古代社会には、氏族——クランに相当する親族集団はできていなかった、といわれています。

つまり族外婚規制、氏族内部の男女の婚姻を血縁者間の結婚として、これをタブーとし、かならず他氏族と結婚するという規制を持つ氏族集団は、母系にせよ父系にせよ、日本の社会には存在しなかったので、双方的あるいは双系制の親族組織、親族の成員権が男女両方の系統で承認され得るような親族組織だったと考えられています。それゆえ、日本の社会では近親婚に対するタブーがきわめて弱いわけです。同姓不婚の原則、つまり同じ姓を持つ男女が結婚してはいけないという原則は、現在の中国の社会や朝鮮半島の社会でもまだ生きていますが、そういうことは、日本の社会にはまったくないのです。

余談ですが、私自身がルーズな近親婚の結果なので、私の父と母はいとこ。父の両親、つまり私の祖父、祖母もいとこ。母の両親、祖父と祖母もいとこでした。きょうだいは五人ですが、よくまあこれで、近親婚によるマイナスがでなかったものだということをときどき話し合うことがあります。

こうした近親婚のルーズさは古くからの日本の社会のひとつの特徴で、古代の文献を見ますと、母を同じくする男女の間の婚姻はタブーですが、この場合も恋愛感情が生まれて苦しむ例はありますし、実際にいくつも婚姻の例があります。叔父と姪、叔母と甥の婚姻も、中世までたくさん見られます。

天皇家や貴族の世界の事例でみますと、鎌倉末期まで、こうした近親婚のルーズさがつづいており、少々驚くほどの状況なのです。ですから津田左右吉さんの指摘されているように、古代の氏は氏族、クランとは異なっており、政治的な意味を持つ組織で、中国大陸の影響をうけて支配層にまず形成された集団なのです。

そういう状態なので、当然、女性と男性の社会的な地位にはさほどのちがいはなかったと思われます。家父長制は決して確立してはいないのですが、そこへ中国の律令制が導入される。もともと中国の社会は早くから家父長制的な社会ができ上がっていますし、律令は当然その上にできた法体系です。それを受けいれたので、法制的には、日本の律令国家も男性優位、父系、家父長制を採用しており、親族関係を公的にとらえる場合には、原則的に父系、父親の系統でたどるという建前が導入されます。

平民の公的義務である調・庸などの課役を負担するのは男性——成年男子のみ、政策決定にあずかる官人も男性で、女性は裏の世界、後宮に退かされることになるのです。しかしこれは日本の当時の社会の実態と大きく異なっており、建前と実態の摩擦をおこすことになります。

戸籍のなかには、女性の戸主もまれには見出されますし、八世紀に、女性の天皇がしばしば現れたり、後宮の貴族の女性が政治に介入をしているのはその現れだと思います。この女帝についてはいろいろな説明が行われていますけれども、基本的には律令制の建前、つまり公的な表の世界は男性で、女性は裏の私的な世界という建前が、まだ貫けなかった段階の現象ではないかと考えられます。

しかしそれは八世紀までで、九世紀にはいってまもなく、平城天皇のとき薬子の乱がおきます。この事件で嵯峨天皇が勝利を収めて、嵯峨朝が成立して以後、あらゆる面で律令制の建前上の原則が一応貫かれたという見方もできます。実際、これ以後、後宮の女官が公然と政治に介入することはなくなりますし、男性が表、女性が裏という形ができてしまいます。

また公的な帳簿に女性がほとんど姿を現さないのも、この律令の建前の影響だと思います。十一世紀ぐらいまで下ると、荘園や公領について検注帳がつくられます。一筆ごとの田地をだれが責任を持っているかを記した帳簿ですが、さきほどのべたように売買、譲与のさい、女性が田畠に権利を持っている事実を考えますと、女性が出てきても少しもおかしくないのですけれども、この帳簿に出てくるのは、ごく例外的な事例をのぞいてみな男性になるのです。

いままでは、このような現象だけを見て、日本列島の社会は非常に古くから父系制で、家父長制が確立していると強調されてきたのですが、しかし、どうもそうはいえないのではないかという考え方を持つ学者も現れています。

それは律令をうけいれて以後のあくまで建前の世界のことで、実態はかなりちがう。前の章でお話ししたように表の漢字の世界、公的な場は男性なのです。しかし、平仮名の世界、私的な裏の世界での女性の活動も決して小さいものではないのです。実際、文字が女性に浸透したということ、それだけではなく後宮の女房による独自な女流文学が生まれたことは、女性が自分の目をしっかり持っていたことを示していると思います。その背景には父系制が確立していない双系的な社会に、非常に強固な父系の建前を持った制度が接合したという事態があった。

すこし極端ないい方をすると、まだ未開の要素を残し、女性の社会的地位も決して低くない社会に、文明的、家父長的な制度が接合したことによって生じた、ある意味では希有の条件が、このような女流文学の輩出という、おそらく世界でもまれに見る現象を生み出す結果になったのではないかと思うのです。これは強固な家父長制、男性の支配の下に女性が置かれていたと考えたのでは、とうてい理解できないことですし、さきほどお話ししたような、女性の社会のなかでの活発な活動の意味も、まったく解釈できないと思います。

穢れと女性

しかし、もうひとつ注目すべきことは、公的な世界から女性が排除されたということが、仏教の世界でも同じような事態を生み出している点です。奈良時代の、仏教がはいってきたころの最初の正式の僧侶は、おそらく女性、尼だったと、高木豊さんがいっていらっしゃいますが、実際、奈良時代には女性の僧侶もたくさんいるのです。しかもこの尼たちは、正式の手続きをふんで僧侶になった人たちです。ところが、九世紀以降、戒壇に登って、正式の受戒を受けた女性の僧侶は見られないのです。

このように女性は国家の認めた公的な戒壇から完全に排除されていたことが、確認されるわけですが、このことと、政治的・社会的にも、公的な世界から女性が排除されたこととは、もちろん非常に深い関係を持っていると思います。しかし仏教の側からいえば、仏の教えは女性には届かないという結果を生み出すことになるのですが、そこで強調されてくるのが、女性の性そのものを「穢れ」たものとするとらえ方だったといわれています。ただ母性としての女性、僧侶の母としての女性の役割を認める、こういう方向で、平安後期以降の仏教は、女性を位置づけていたといわれています。

ここで「穢れ」と女性の関係が大きな問題になってくるので、非人の問題と女性の問題とが不可分のかかわりを持っている理由はそのへんにあると思われます。おのずと、非人の救済を自らの課題としたいわゆる「鎌倉新仏教」の諸宗派は、それまでの仏教からは見放されてきた女性の救済を、その重要な課題とすることになっているのです。

たとえば、律宗の僧侶が非人の救済のために非常に熱心に動いたことはよく知られていますが、律宗はまた、尼寺をつくって、教団のなかに女性を迎え入れる道を開いたことが、最近、細川涼一さんによって明らかにされています。天台・真言の教団が制度上の建前から、女性を正式の戒壇での受戒から排除していたのに対して、律宗は女性が仏の前で自ら戒を守ることを誓約するというかたちで、僧侶、つまり尼になる道を開いた。だから律宗の僧侶たちは、既存の寺院を尼寺にしているのです。

また、時宗の一遍の場合も、最初から女性を教団のなかに積極的に迎え入れています。時宗では、女性の僧侶は「一」の字を名前につけ、男性の僧侶は「阿弥」をつけています

『法然上人絵伝』より、水辺の遊女。

が、たとえば『師守記（もろもりき）』という十四世紀の貴族の日記を見ますと、「一」の字をつけた、時宗の尼がさかんにでてきます。また『一遍聖絵』にも一遍に従っている時衆たちのなかに、女性も男性の僧侶にまじっていっしょに遍歴している様子が描かれています。このように一遍の時宗の場合も、女性の救済を非人の問題と同じように、その課題にしており、『一遍聖絵』そのものも、それを重要なテーマとしていたと見ることもできます。

親鸞の真宗が、僧侶の妻帯をはっきりと認めているのはよく知られたことで、それまでの仏教とは大きく異なる道をひらいています。また法然の場合も、その伝記を描いた『法然上人絵伝』に、遊女が法然に対して救いを求める場面が出てくることは有名ですが、このように女性の救済はすべての鎌倉新仏教にとっての大きな課題であったことは間違いないと思うのです。

しかしこれとは逆に、非人たちを穢れ多きものという角度からとらえ、一遍の教団や禅僧たちに対する激しい非難を加えた『天狗草紙（てんぐのそうし）』は、一遍の教団の中では男女の関係が非常に乱れているという角度から、口をきわめた罵倒を浴びせかけているわけで、いかに一遍の教団はその面ではだらしないかということを、絵巻のなかでも描こうとしています。

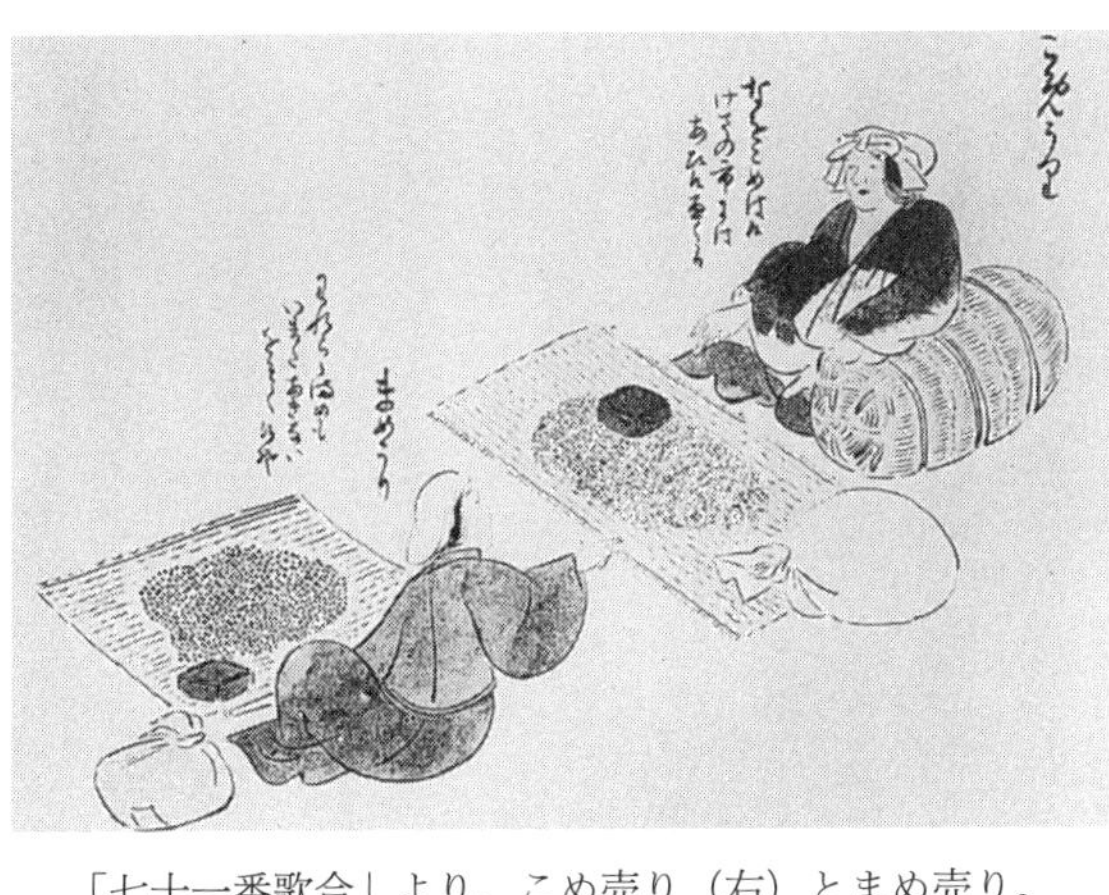

「七十一番歌合」より、こめ売り（右）とまめ売り。

ここにも非人の問題と同じく、女性の性をどう考えるかという問題、いわば「穢れ」をめぐる激しい思想的、宗教的なせめぎあいがあったと思うのです。それは「悪」とはなにかという根本的な問題にもつながっており、「悪人」にこそもっとも仏の心を理解しうる力があるのだという親鸞の「悪人正機」の思想が生まれる一方、「悪党」に対する弾圧もまたきびしくなっていくことになります。

このようなきびしい思想的な対立が、結果としてどうなっていったかは大きな問題ですが、女性にそくして実態を見てみますと、室町、戦国期以降、女性の地位は、相対的に見て、社会のなかで確実に低落していくといってよいと思います。

しかし戦国時代にはいって間もなく、十五世紀後半につくられたといわれている「七十一番歌合」のなかには、まだまだ女性の職能民の姿がたくさん出てきます。それはいささか驚くほどで、たくさんの女性の物売り、手工業者の姿が描かれておりますけれども、桃山時代に多く描かれた「洛中洛外図」、さらに江戸時代前期の職人尽まで下って女性の姿をたどってみますと、外に表れてくる女性の職人の姿は、時代とともに減っていきます。

たとえば扇売りは、伝統的に女性の職能だったようで、「七十一番歌合」ではもちろん、「洛中洛外図」でも店棚で扇を売っているのが見られるのです。ところが江戸時代にはいるとこれも男性にとって代わられることになっています。この分野、商工業関係では女性が表の世界、公的な立場で動くことができたのですが、十六、七世紀になるとこの世界ですら女性は明らかに、裏の世界にはいらざるを得なくなってしまったといえると思います。

女性の地位の低下

さらにまた遍歴する女性、遊女に対する差別も室町、戦国期になると、非常にはっきり表に現れてきます。遊女についてみますと、南北朝期から京都で遊女の集住する場所、遊女自身の生業を営む家としての傾城屋（けいせいや）の集っている場所が、「地獄辻子（じごくがずし）」と呼ばれはじめられていたことを示す史料がでてきます。さらに室町時代になると、地獄辻子、加世辻子（かせずし）

という呼び方が広く行われており、地獄はもちろんのこと、カセというのは女陰の隠語で、やはりある種の差別語だと思うのですが、そういう呼び方が遊女に関して定着してくるのです。このほか遊女に対する賤視は、いろいろな文献のなかに見られますが、男性が亭主となって、売買された女性を遊女、傾城として働かせるということも、室町末から江戸初期には確認できます。

これは、南北朝以前の遊女のあり方とはまったくちがうわけで、ここには非人とも共通する社会的賤視が見られるわけです。尼僧院、比丘尼の寺が娼婦の宿になっているというさきほどのフロイスの指摘には、この時期の新仏教系の寺院のあり方の一端が、現れているのかもしれませんが、有名な熊野比丘尼という遍歴する尼は娼婦でもあったといわれておりますし、そのような遍歴する女性に対する賤視観はこの時期になると社会に広く定着してくると思われます。

荘園の平民の女性についても、室町時代になりますと、太良荘の史料でははっきりわかるのですが、百姓名(みょう)の名主職の相論に女性が姿を現すことは、まだごくわずかは見られますけれども、南北朝期以前とはまったく状況が変わってしまいます。どうしてこれほど変わってしまうのか、驚くぐらいですが、荘園や公領で女性が訴訟の当事者になることはほとんど見られなくなります。侍、武士の世界でも同様で、平安後期から中世にはいって、律令制が崩れて、男性優位の建前の世界が多少とも消えたために、いっせいに表の世界にまで姿を現してきた女性たちが、この時期になると、社会的にも確立してきた家父長制の下におかれて公の舞台から退いていく。

ここでも、裏の世界では女性はけっこう動いていると思いますが、家父長制の原則がより徹底したかたちで江戸時代には制度的に確立したので、こういうことになったのだと思います。ただそれでも、家父長制がやはり建前上であるところが江戸時代の社会には残っており、建前の裏にある女性の実態が文書に姿を現す場合もあるのです。

たとえば備中国の真鍋島（まなべしま）という島では、知られているかぎりで、全国でただ一例ですが、女性の庄屋が登場します。これは島であり、海村だからと一応説明されてはいますけれども、江戸時代の制度上からは、あり得ないことです。どんな場合でも女性を庄屋に立てるということはあるはずがないのですけれども、二年間にわたって、千という女性が庄屋になっています。寛永十五年（一六三八）から翌年にかけてのことなので、まだ江戸幕府の体制が整っていないところもあったのでしょうが、これは女性が、まだそれだけの社会的地位に立ちうるだけの条件を持っていなければ考えられないことです。

少なくともこれまでの常識のように、女性は江戸時代においてまったく抑圧されていたとだけ考えていたのでは、こうした社会の実態をとらえることはできません。女性の識字率はかなり高くなっていますし、「おかげまいり」をはじめ、旅する女性も多かった。前にもふれたように、自らの意志で離婚をする女性もあったわけですし、商家の女性はかなり力を持っていたようです。そういう中世前期以来の女性のあり方は、多少なりとも、近世にも続いているのです。

それから新興宗教の教祖に、女性が非常に多いということも、やはり女性の前代以来の一種の「聖性」、聖なるものにつながる性格が潜在し続けていたといえると思うのです。しかし建前上の男の優位はたしかに確立しており、それを継承、強化する形で明治の民法が制定されていくことになるのではないかと思います。

ですから、近代になってからも、生活する女性の実態については、紡績工場などでのきびしい抑圧のあったことは間違いないとしても、宮本常一さんが『忘れられた日本人』に書いているように、たくましい女性の生き方をもっと具体的に追究してみる必要があるのではないでしょうか。

第五章　天皇と「日本」の国号

天皇という称号

　昭和天皇が死んで、われわれは戦後はじめてのいろいろな経験をしたわけですが、全体としてみますと、世界の人びとは日本の社会のあり方について、多少とも不思議に思い、奇異の目をもって見たところが、あったのではないかと思います。もっとも高度に発達した資本主義国であるにもかかわらず、原始宗教ともいいうるような、神の儀式が共存していること、またいうまでもないことですが、七世紀後半以後、千三百年にわたって天皇が続いており、今なお、それを象徴として頂くことにさほどの違和感を持っていない日本人の心性など、否定・肯定をふくめて議論が、あちこちから出ていると思います。

　これから私がお話しすることも、このような問題に、日本人として、どう答えたらいいかということにつながってくると思います。

まず、天皇という称号を持つ存在が、日本の社会の中に現れてくるということは、いうまでもなく、日本列島における国家の形成と切り離しがたいことですが、これが古代の、最初に成立した国家という点で、他の諸民族の国家ともちろん十分に比較しうる国家であることはいうまでもありません。とはいえ、やはりこの国家は、さまざまな歴史的、地理的な偶然の中でそれなりの個性を持って形成されたことをまず考えておく必要があります。

五、六世紀の日本列島の社会は、畿内を中心とした首長たちの勢力が、大きな力をしだいに持ちはじめ、北九州をはじめ、各地域の首長たちとの対立、抗争を通して、列島の西部をはじめ東部——東日本にもその影響をおよぼすようになっていたのですが、全体として、古墳のあり方自体からも知られるように、「未開」で原始的なアニミズムや、呪術の力が強く支配している社会だったのだと思います。

畿内の首長たちの中では、後年の天皇につながる大王（おおきみ）の地位は承認されていますが、まだ、対抗する勢力もあり、硬質な制度をつくり上げ、制度そのものによってその地位が安定的に維持される条件がなかったことは間違いないと思います。

そういう状況の中で、たまたま、以前から朝鮮半島を経由した海を通じての交流があり、すでに多くの影響をうけていた中国大陸に、非常に硬質な長い文明の歴史を背景にした体制を持つ隋・唐の大帝国が成立する。それに強く刺戟されて朝鮮半島でも、本格的な国家形成の動きがはじまるのですが、そうした緊張の中で、まだまだ非常にやわらかな状況にあった日本列島の社会が、畿内の首長たちを中心に、それ自体、内発的、積極的に、この中国大陸のハードで合理的、文明的な律令制度を受けいれます。

このように未開色の濃い社会が、文明的な制度をさまざまな条件の中で受容することは、人類史の中で広くみられることですが、列島という条件の中で、これまたやわらかい交通路でもあり障壁でもある海を媒介に、儒教にもとづく制度、世界宗教としての仏教を、多少とも主体的にうけいれたということが、その後の日本列島の社会に大きな影響をおよぼすことになったといわざるを得ないと思います。

まさしくこの国家の形成の過程で、天皇という称号が定着するのですが、これまでその時期は推古朝以来という説が主張されていました。けれども、最近は、天皇という称号が安定的に用いられ、制度的に定着するのは天武、持統朝——浄御原(きよみはら)律令の制定のころで、厳密にいえば持統からだというのが、古代史家のほぼ通説になっていると思います。

ですから、この説にしたがって、史実に忠実な立場に立てば、雄略天皇や崇峻天皇はもちろん、天智天皇という「天皇」もいないことになります。こうした厳密さは、神武から数える天皇の代数、しかも江戸時代以来いろいろな数え方をされている代数が、教科書をはじめあちこちで無神経に使われていることからみても、非常に大切なことだと思います。

しかも、大宝律令のできた七〇一年に遣唐使が中国大陸に行くのですが、その時の使いは「日本」の使いであると唐の役人にいっています。つまり「日本」という国号も、これまで推古朝とも考えられていましたが、やはりこれも最近の説では七世紀の後半、律令体制の確立した天武・持統のころ、天皇の称号といわばセットになって定まったと考えられています。これも大変大事な点で、このときより前には「日本」も「日本人」も実在していないことをはっきりさせておく必要があります。その意味で縄文人、弥生人はもちろんのこと、聖徳太子も「日本人」ではないのです。

それはともかく、まだまだ未開な要素を残している日本列島の社会と、高度な文明の所産である中国大陸の律令制とのドッキングのしかた、これがじつはいろいろな形で列島の国家と社会を長く規定しているのですが、天皇の特異性もこのことと関係しています。

まず、中国の律令制の骨格は儒教で、天命思想、易姓革命の思想（天子は天の命によってその地位にあるので、天子に徳がなければ、天の命があらたまり、天子の姓がかわる。王朝が交替するという思想）がその背景にあるのですが、この国家が律令制を取り入れる時に、この天命思想と易姓革命の思想は注意深く排除しているということが注目されます。もちろん、律令とともに儒教をとり入れているのですから、天命思想と日本の天皇が、まったく無縁であったわけではありません。

早川庄八さんの研究によりますと、天皇の口頭での発言を文書とした宣命（せんみょう）には、明らかに天命思想につながる内容がもりこまれているのですが、それは八世紀という時代の状況の中で、天武・持統の直系の子孫を天皇とし、それ以外の皇統の人びとを排除するための論理として使われている。そして最終的には、天皇の皇位継承の裏付けとなっているのは、皇孫（すめみま）思想なので、高天原（たかまがはら）から太陽神の子孫であるニニギノミコトが、この国土に降り、その子孫が天皇の位につくのだという、私どもが戦争中にさんざん聞かされた、皇孫思想にほかならない。それを合理化するために、天命思想が用いられているにすぎないのです。

しかしこの皇孫思想は、太陽神の子孫としての天皇の立場を継承するというマジカルな性格を持っており、未開な要素を持つ日本列島の社会の中から生まれた神話に裏づけられたもので、「天」という普遍的で明確な概念を前提とする、天命思想とはまったくちがっているといえます。

桓武天皇は、天智系の天皇でして、八世紀、一貫して天皇だった天武系の皇統につながる人を全部抹殺して天皇になった人です。これを「新王朝」と見る見方もあるのですが、その桓武は昊天上帝（こうてんじょうてい）、天帝を祀る中国大陸風の祭祀をしています。しかしそれも結局は、天武系に対する自らの立場の正統性を主張するための手段として行われただけで、天命思想が皇孫思想にとって代わることはついにありませんでした。

九世紀以後には、もはや天皇位に関連して、天命思想が問題になるようなことはなくなりますが、十四世紀前半の天皇家の危機にあたって、ふたたびこの思想が表にでてきます。その点はあとでふれます。このように中国大陸の律令制の背景にある天命思想を、日本を国号とする律令国家が注意深く排除していることは、この国家の性格を考えるときの大きな問題になると思います。

そのこととおおいにかかわりのあることですが、天皇は、氏名も姓も持っておりません。これも天皇号の確定と、おそらく時を同じくして現れてくる現象ではないかと考えられます。当時の日本列島の社会には、前にもふれましたように族外婚規制を持つ親族組織、氏族（クラン）は、存在していません。ですから律令制成立前からみられた氏という集団は、支配層に成立した政治的な性格を持った集団だと考えられています。ここにも中国大陸、朝鮮半島の影響があると思いますが、律令制以前、そうした氏はそれぞれに直、連、公、などの姓を持っていました。これは本来、それぞれの氏の首長に対する尊称であったと考えられています。

吉田孝さんの仮説によりますと、律令国家の確立する前、天皇の称号のきまる前の「大王氏」は氏名と姓を持っていたのではないか、「倭」が大王の氏名であり、「大王」が姓だったのではないか、というのですが、これは確かにあり得ることだと私は思います。『隋書』に、六〇〇年に隋に来た倭の使いが、倭王はアメを氏名（大陸風には姓）、名前をタラシヒコ、オオキミと号するといっていますが、これは天皇号が定着するまでの過渡的な状態を示しているのではないでしょうか。

　ともあれこうした多くの氏が大王を頂点にして、ゆるやかに統合され、姓による序列ができはじめているというのが、律令制導入以前の日本列島の社会の状況だったと思われます。その段階では、大王も氏名も姓も持っていたと考えられるのですが、天皇の称号が確定したとき、天皇は貴族をはじめすべての人民に、姓と氏名をあたえる立場に立つことになるので、天武が「八色（やくさ）の姓」を定めて、これを氏にあらためてあたえ、序列を定めたことはよく知られています。

　またこのころ作られた戸籍には、この国家の支配下にはいった人民（平民）のすべてについて、中国大陸の制度をまねて、みな氏名、姓が書き上げられることになるのですが、建前の上にせよ、それは天皇があたえることになったのです。それにともなって、天皇は氏名も、姓も失う。つまり、天皇に氏名と姓をあたえるものはない、という形になったのです。

　この点は中国大陸、朝鮮半島の皇帝、王と比べて、日本の天皇の特異なあり方といってよいと思います。氏名、姓を持たない王は、もともと氏名のない社会にはありうるでしょうが、世界中をみてもあまりないのではないでしょうか。ですから、藤原、中原、源、平、橘などいろんな氏名がありますが、これらはみな天皇からあたえられたことになっています。

　だいぶあとのことになりますが、豊臣秀吉が新しく豊臣という氏名を用いた時にも、形の上では天皇からあたえられているのです。平安時代から、地名を苗字として名乗る習慣が広がってきて、現在の苗字のほとんどがそうなっていますが、地名を苗字にしている人でも天皇から官位をもらう時には、かならず氏名を名のることになっています。

　つまり、江戸時代、佐竹を苗字とする大名が官位を天皇からあたえられる場合、まったくの形式だけですけれども、官職の任命状である口宣案（くぜんあん）や、位階を与えられるときの位記には、かならず源朝臣某（みなもとのあそんなにがし）という、氏名と姓が書かれるのです。これは非常に根強くあとあとまで行われております。

　現在、ルーツ探しがさかんですが、現存する系図を史料批判せずに用いると、すべて、天皇ないし天皇の祖先神に帰着してしまいます。系図それ自体にそういう構造がうめこまれているので、知らず知らずに日本人はみな天皇の子孫ということになってしまうのです。この構造ができたのが、律令国家の確立したとき、天皇号が定着したときだったことを十分認識しておく必要があります。

　このことは、日本という国号にも関係してきます。これは王朝名ではないし、王朝を建てた人の部族名でもありません。フランスやプロシヤ、ドイツは部族名だと思いますが、イングランドのような地名でもありません。中国の王朝名は、元・明・清は別として、王朝の出身地名だと聞いておりますが、日本という国号はそうした地名でもない。

これを「ひのもと」と読むとすれば、日の出るところ、つまり東の方向ということになります。この国号については、古くからその意味、読み方等々について議論があってわからないことが多いのですが、「日本」の文字からはなれて「やまと」と読んだとすれば王朝の出身地名になります。しかし、「やまと」には別の文字があるわけで、それではこの「日本」という文字を使った意味がわからなくなります。結局、中国大陸から見て日の出る東の方向、ということになる。

つまり、まず中国大陸の帝国を強く意識した国号であり、列島の社会に根強く、現在まで生きている太陽信仰を基盤に、太陽神の子孫という神話を持つ、「日の御子（ひのみこ）」天皇の支配する国を示すものとしてつけられたのだと思います。ですから、この国号は当時の東アジアの中でも特異な国号と考えざるを得ないわけです。しかし「日本」――「ひのもと」は東をさすことばですから、時代とともに動いていくのです。

十四世紀には日の本党、渡り党、唐子党という、三つの集団があったということが「諏訪大明神縁起詞」の中にも出てきます。また十五世紀になりますと、「日本大将軍（ひのもとだいしょうぐん）」と自称する人が現れる。これは北海道の渡島（おしま）半島から東北北部に強力な勢力をふるった安藤氏ですが、説経節の「山椒太夫」にでてくる岩木判官（いわきほうがん）も陸奥の「日本大将軍」といわれています。十六世紀、近江商人が日本全国を自由に遍歴できるという特権を主張して、南は熊野、北は佐渡までというとき、東は「日下」――「ひのもと」といっているのです。豊臣秀吉も東北の検地のときに奥州の「ひのもと」といっており、この地域は「日本」といわれていたことは確実です。「日本国」の東の境は「日本(ひのもと)」というわけです。

このように、「日本」は一般的に東の方向をさしていますから移動していくことになります。しかしこのような国号が、氏名・姓を持たない天皇とセットになって定められたことの意味はきわめて重大です。

しかもこの国号は、畿内を中心にできた律令国家の国号だったのですから、北海道や東北、さらに沖縄、南九州は「日本」の中にはいっていません。関東をふくむ東日本の人びともはたして「日本人」と見られていたかどうか、「東夷(あずまえびす)」ということばを考えれば疑問です。中世にはいってようやく東北・関東も「日本国」にはいったと見られますし、別の「日本」――「ひのもと」もあったのですから、日本列島の地域によって、日本、さらに天皇に対する意識は非常に異なると考えなくてはなりません。

そしてその出発点において、日本という国号と天皇の称号とは深く結びついていたわけですから、将来、いつかは天皇が日本の社会にとって不要になる時期が来ると思いますが、その時には、われわれは、日本という国号そのものをそのままつづけて用いるかどうかを、かならず考え直すことになると思います。「日本」という国号がそういう歴史を現実に持っていることを十分に考えておく必要があると思います。

天皇の二つの顔

さてそのようにして律令制度の上に確立した天皇のあり方を考えてみますと、そのひとつの顔は、律令制度の上に立ち、太政官（だいじょうかん）という貴族の合議体の頂点に立つ天皇で、これは中国風の皇帝ともいえる側面であります。律令制は、一般の人民を公民として支配していますから、天皇は公の頂点、公そのものの性格を持っています。

また、この制度は、中国の帝国とは異なって、公田とされた水田をその基礎としており、班田収授の制によって公民に田地を班給し、租・庸・調等の租税を取っています。それゆえ、おのずと稲作と結びついた儀礼を制度の中に取り入れております。大嘗祭もそうした稲の祭りの側面を持っており、その点で天皇は稲の王ともいうべき一面を明らかに持っていることは事実だと思います。

ところが、天皇にはもうひとつの顔がある。制度的にいうと、贄の制度をとりあげるのがわかりやすいと思いますが、贄は、本来、海民や山民などが、神に捧げる初尾（はつお）、最初の獲物なのです。それを神に准ぜられる立場に立つ首長に捧げるのは、律令制以前の日本列島の社会ですでに行われていたと思いますが、こうした贄が天皇に捧げられ、実際、それを食膳で天皇が食べるということが制度化されています。

ところがこれは律令に規定されていない、いわば律令の枠からはずれた制度として存在したことが、最近よくわかってきました。これまでは『延喜式』の記事でしかその制度の実態がわからなかったのですが、平城宮跡から贄に関する木簡が非常にたくさんでてきましたので、贄の貢進が律令制の当初から、かなり大きな意味を持っていたことがよくわかるようになりました。

このように贄を捧げられる天皇は、神に准ぜられる存在ですから、インカ帝国の王やアフリカの王国の王のような性格、未開な社会を基盤にした国家にしばしば見られる「神聖王」ともいうべき性格が、この制度にはっきりと示されているのではないかと思うのです。ですから贄を捧げる人びと――贄人は、「日の御子」として神になぞらえられた天皇に贄の共食を通じて直属することになりますので、大きな特権を持つことになります。奈良時代、神の奴婢、「神賤」といわれ、やはり特権を持っていたと推測される人びとがおりますが、贄人はそれと同じ特質を持っていたと思います。

律令制の頂点に立つ中国風の皇帝と異なる、天皇の神聖王ともいうべき一面は、この贄の制度にいちばんはっきり現れているといってよいでしょう。このように、天皇は未開の王と文明的な皇帝という二つの顔を持っていたことになりますので、日本の律令制には、そうした未開の王としての神に対する祭りの儀礼が、取り込まれています。ですから大嘗祭も単純な稲の祭りだけでない、なんらかの形での、神の子孫としての天皇の特質の継承という神聖王にかかわる一面を持っているわけです。

これを井上光貞さんは、律令制と氏族制の二重の関係といわれ、石母田正さんは、第一次の生産関係と、二次的な生産関係ととらえられており、私のいまいいましたことも、それと大きなちがいはないと思いますが、一応、私はこれを天皇が律令風・中国風の皇帝の顔と、未開な社会に生まれる神聖王的な顔と、このふたつの顔を最初から持っていたと表現しておきたいと思います。

租税の制度

こうした未開と文明との結びつきは、律令制の租税制度そのものにも見出すことができます。よく御存知のとおり、この国家は一般の平民から、租・庸・調、雑徭等々を取り立ててその体制を維持しています。これまでの研究によりますと、「租」は初穂の貢納で都には運ばれず、諸国の倉、郡の倉に貯蔵されます。おそらく、もともとはそれが元本となって、前の章でお話しした出挙という形で一般の人民に貸し出され、秋に利稲をとります。正税といわれるこの利稲が、諸国――現代流にいえば地方財政の財源になります。

これは農耕、水稲耕作の循環にともなう習俗を制度化したもので、日本列島の社会にはそういう形で「租税」が根づいていくのです。

「庸」は、もともと労役で、まもなく「調」と同じようになりますが「調」は、土産、諸国の特産物です。「みつぎ」といわれて、その土地の特産物を、首長のところに運んで行く服属儀礼が制度化されたものといわれています。ですから調は絹や布、塩や鉄などの非常に多様な産物で、米はほとんど見られません。これが本来の制度では百姓が食糧自弁で、都まで運んでいくことになっています。

これはこうした調・庸の負担としての特質にかかわることだと思いますが、これが国家の中央財政、政府の運営費になります。このほかに、共同体を維持するための労働としての雑徭、軍役などが制度化されたのですが、「調」にせよ、「租」にせよ、いずれも、社会自体の中で行われていた慣習を、公、国家に対する奉仕として制度化したと考えられます。

これらの負担はのちに中世の年貢、公事、夫役になり、近世の年貢、小物成、課役となって、だんだんに変化していきますが、平民の生活の中に生きている習慣を、公への負担として制度化したという性格は、基本的には変っていないということができます。

もともと「公」ということばは、「オオヤケ」「大宅」であり、大きな家を意味しており、首長の家や倉をさす語だといわれますが、この「大宅」は首長個人の家ではなくて、共同体を代表する首長、その共同の施設の性格も持っていたと見られます。「公家」は古代では天皇をさしていますが、やがて中世には、将軍が「公方」といわれ、さらに近世では幕府・大名が「公儀」とよばれるようになり、「公」自体の内容は変わっていきますが、これらの負担が「公」への奉仕と見られていたことは一貫しています。

そうした形がはじめて制度化されたのが、律令制だったので、これは単純に強制力によってできたのではなく、一般平民の生活の中に生きている習俗を租税として制度化したものので、そこに平民自身の「自発性」も組織されたといわなくてはなりません。もちろんそれが制度化され、強制力で裏付けられたことによって、非常に酷烈な収奪が行われる結果にはなっていきますが、日本列島の社会に対する最初の租税制度がこのような形で定着したことは、あとあとまで非常に大きな影響をあたえたといえます。

こうした負担が、平民自身の生活の慣習の組織化である以上、そこから大きく逸脱する国家の徴税に対して、平民の強い抵抗がおこるのは当然で、その抵抗と平民の生活自体の変化の中で、租税制度も変化していくことになりますが、注意すべきことは、そうした平民たちが、年貢・租税を廃棄せよというスローガンを公然と掲げたことは、古代から近世にいたるまでほとんど見られないのです。租税、年貢を減免せよ、軽減せよという運動は無数におこっていますが、年貢をすべて撤廃せよという運動は見られないのです。

もちろん「公」が「公」としての役割を果さないかぎり、年貢を納める必要なし、という考え方は、平民の根底にあることは間違いないことですが、それが公然たる年貢の廃棄というところまではいかない。これは、年貢が単なる私的な地代ではなく、公的な租税の意味を持っていたからだと思います。現在の税金にいたるまで、日本の社会は、こうした租税制度に規制されつづけているといわざるをえません。

このような「公」の観念、しかもそれが決して専制的な支配による強制のみによって押し付けられたものではなくて、平民の「自由」、「自発性」を背景において、律令制が組織されたことは、その後の日本の社会の「公」に対する考え方に大きな影響をあたえていますし、その「公」の頂点につねになんらかの形で天皇が存在したということも、この最初の国家の成立の結果であるということを考えておく必要があると思います。

「職の体系」、神人・供御人制と天皇

さて八世紀初頭、大宝律令が制定され、律令国家が確立したと、さきほどいいましたが、このころはまだ、畿内の有力首長、貴族たちの力が、かなり強かったのです。日本の律令制は太政官(だいじょうかん)が現在の内閣にあたる最高の官庁なのですが、太政官のトップは、畿内の有力な氏の代表者によって構成される合議体で運営されており、これが、天皇をいろいろな点で規制していました。

たとえばこの太政官の会議の承諾がないと、皇位の継承もできない。大嘗祭(だいじょうさい)をやることを発議するのは太政官会議で、天皇が自分の意志で大嘗祭をやるということはできない形になっているのです。ですから、この合議体と天皇との間には、かなりの緊張関係があり、八世紀を通じて、天皇位の継承をめぐって、天皇家一族内部の対立、貴族間の対立などが渦巻き、奈良時代の政治は、こうした暗闘がたえまなくつづいた時期でした。律令制の建前も貫徹しきっていないので、女の天皇もたびたび現れたわけです。

しかしさきほどふれた桓武のあと、九世紀のはじめ平城のおこした薬子の乱を抑えた嵯峨天皇の時代になりますと、もはや天命思想を、皇統を正統化するために持ち出す必要もなくなってきますし、太政官の合議体と天皇との軋轢も少なくなってきます。いわば九世紀は、中国から導入された律令が、少なくともその建前の上では日本列島の社会に根付いた時期だともいわれています。唐風の文化が非常にさかえたのがこのころです。

しかしこの時期になると、貴族の中でとくに有力になった藤原氏や天皇家出身の源氏などが、公卿（くぎょう）の合議体の中で圧倒的に優勢になるとともに、天皇の発言権が貴族たちの中ではむしろ強くなっていく傾向が、九世紀以降、進行していくのです。それとともに、天皇直属の官庁である蔵人所（くろうどどころ）や検非違使が、これまでの令制の官庁にかわってしだいに大きな力を持ってきます。

これと関連して、九世紀以来、特定の官職、あるいは役所を、特定の氏が世襲的に請け負って運営するという体制が現れはじめ、十世紀から十一世紀へとしだいに一般化してきます。これは、佐藤進一さんの『日本の中世国家』（岩波書店）という名著で具体的に論証されていますが、もともと西日本の社会では――東日本はやや異なるかもしれません――特定の職能を特定の親族集団、のちになると特定の家が世襲的に継承する傾向が強く、氏姓制度のように、特定の氏は特定の職能を世襲する制度が、律令制以前にもありましたし、江戸時代にも、家元制度などの制度ができます。

そういう体質を背景に、特定の職を特定の氏が世襲的に請け負う「職の体系」、官司請負制といわれる体制が、十一、二世紀には国家の体制として形成されてくるので、これは王朝国家の体制ともいわれています。

具体的にいいますと、たとえば掃部寮（かもんりょう）という、宮廷の中の儀式の時に掃除や設営にあたる役所がありますが、この長官は中原氏が世襲して官庁を運営しています。あるいは太政官の事務局のトップである官務は算道、計算技術にすぐれた小槻（おづき）氏、陰陽寮（おんようりょう）は陰陽道の達人の安倍氏、典薬寮はすぐれた医師の家である丹波氏や和気（わけ）氏が世襲する。こういう体制ができてくるとともに、貴族たちの家格もきまってきます。

藤原氏北家の中で、道長の子孫がかならず摂政、関白の地位につくことになり、摂関家といわれるようになりますし、太政大臣や大臣、大将になる家柄は清華家（せいか）といわれ、藤原氏の勧修寺（かじゅうじ）流は事務官係のコースを通り、大納言までしかいかないなど、貴族たちもその家によって職能がきまってくるようになります。

こういう傾向は九世紀からはじまって、十世紀にはほぼ体制ができ、十一世紀以降には支配的になってきます。つまり官職の昇進のランクが貴族の家によってはっきり決まってくる。そして実務的な官司についても、そのそれぞれの職が世襲、相伝されるようになっています。

これを「職の体系」といっていますが、そのトップに、天皇がいるわけで、当時のことばではありませんが、いわば天皇は「天皇職」を世襲的に継承することになったといってよいと思います。つまり、天皇として行うべき職務を天皇家の人が世襲してうけつぐことになったわけです。こういう体制が全体として天皇の地位の安定的な世襲を支えるようになったといってもよいのですが、それとともに実質的に天皇の実務的な職能を行う人と、天皇その人との分離がおこってきます。摂関家はいわば「天皇職」の代行者ですし、「治天の君」といわれた院はまさしく「天皇職」を掌握しており、天皇は幼少であっても実質的な運営が行われるようになってくるのです。

官庁でも同じことが行われており、正式の官職、たとえば掃部寮の長官、掃部頭(かもんのかみ)には息子がなり、その仕事になれていて力量のある父親が実質的に職務をにぎることが広く行われています。天皇と「天皇職」を把握している院、上皇との関係もまったく同じことなのです。

そして、このような王朝国家を支えた土地制度、租税制度が、十一世紀の中葉ごろから本格的に形成された荘園公領制という体制です。これまで、荘園をヨーロッパの荘園と同じように考えて、荘園制という用語が用いられてきましたが、日本の荘園は行政単位としての性格ももっており、国司の支配下にはいっている公領も荘園と同じくらいの面積があることもわかってきましたので、いまでは荘園公領制とよばれていますが、この制度も領家職、預所職、下司職など、それぞれのレベルで荘園や公領を請負い管理する職が重なっている、いわば「職の体系」からなり立っており、これは重層的な請負の体制ということができます。少し図式的にいえば、その頂点に「天皇職」があったといってよいと思います。

これが、律令制の頂点にいた天皇のひとつの顔の延長線上にあるといってよいと思います。荘園の廃立などの権限は、院、つまり「天皇職」である「治天の君」がにぎっていますし、政治の実務は、この「治天の君」が掌握しているのです。そして荘園公領制の下での負担の体系は、やはり水田を基本として、租・庸・調、あるいは出挙の利息、正税などの転化した、年貢、公事、夫役で、公に対する一般の平民百姓の奉仕、貢納を基礎にした体制になっています。

ところが、荘園公領制の確立と並行して、十一、二世紀ごろに、神人・供御人制という職能民、非農業民にかかわる制度が確立します。もちろん職能民のすべてが神人、供御人になったのではなく、その主だった人びとにそうした称号があたえられているのですが、前にもふれましたように、神人、供御人、寄人は神仏、天皇の直属民、「奴婢」で、それを国家的に制度化したのが、神人・供御人制ということになります。

いわばこの面では天皇が依然として神仏に准ずる「聖なるもの」として、そのもうひとつの顔、神聖王としての顔を見せているので、この制度は天皇に贄を貢納していた贄人や、神賤の延長上に出てくるわけです。ですからここでも天皇は、律令制の変質した官司請負制、職の体系の頂点にあり、水田に基礎をおく荘園公領制を基盤にしているとともに、仏や神と同じように、職能民から「初尾」――上分(じょうぶん)の奉献をうけるもうひとつの神に準ぜられる顔をもっており、この二つの顔をもって、中世にはいりこんでくることになります。

仏教と天皇

ただこれまでと大きくちがってくるのは、九世紀のころから、宮廷の行事の中に仏教の行事が本格的にはいりこんできたことです。もともと僧綱(そうごう)という僧侶の統制機関が律令制の中に設けられており、本来は、国家が僧尼令によって寺院や僧侶をきびしく統制していたのですが、大仏造営の過程で事態が大きく変わり、天皇自身が「仏の奴婢」とまでいうほどの事態になってきます。

そしてさらに天台宗、真言宗が生まれてくるころから、宮廷自体の年中行事の中に、仏教の行事がはいりこみ、十世紀以後になると、神社と結びついた大寺院の力が社会の中で非常に強くなってくることになります。

こうした仏教の勢力と、天皇および、神社がどのように対応していったかについては、最近、研究が進みつつありますが、天皇の権威も、在来の神だけではなくて、早くから仏教と深いかかわりを持ちつつ保たれていたのだということを、はっきりと確認しておく必要があると思います。

実際、天皇の称号の定着した持統以来、江戸時代までの天皇は、二、三の例外を除き、みな火葬で、聖武以来仏式ですし、墓も泉涌寺(せんにゅうじ)をはじめ、寺院に葬られていたのです。墳丘もつくられていないので、昭和天皇のような葬儀や墓は、明治以後になって、天皇号の定まる以前の、いわば古墳時代のころのやり方を「復興」する形ではじめられたので、これを「古来の伝統」などというのは、まったくおかしいことだと思います。

こうした仏教と天皇との結びつき方については、まだ具体的にはっきりしていないことも多いのですが、十三世紀の後半から、天皇が即位の時に、密教の灌頂(かんじょう)の儀式を行う、「即位灌頂」という儀式をやっていたことが最近明らかにされています。こういう密教風の儀式をやったことがはっきり確認されているのは、伏見天皇のときからですが、それ以前からも、これに近いことが行われていたようで、仏教的な儀式と、天皇との結びつきは、かなり強く、しかもそれが、非常に重要な意味を持っていたことを十分、考えなくてはならないと思います。

これも九世紀以後にはじまる天皇のあり方の変化の、もうひとつの重要な問題点ではないかと思います。

日本列島には複数の国家があった

また、ここであらためて注意しておく必要のあることは、さきほどもふれたように、北海道と沖縄はもちろん、東日本についても、果しておよんでいたかどうか疑問といえる、畿内を中心とする日本を国号とする国家の権威が、九世紀ごろから一層あやしくなってきたことです。

そして十世紀になると、東日本——東国は天皇の統治権からしだいに離れていく傾向をはっきりと持ちはじめています。それがはっきりしたのが、十世紀の初頭におこった天慶の乱です。

いわゆる平将門、藤原純友の乱で、純友は新羅の海賊とつながりを持っていたと思いますが、独自な国家まではつくりませんでした。しかし将門の場合は、三カ月たらずではあれ、王朝の任命した国司を追いはらって新しい国家をつくり、将門自身は新しい天皇、「新皇」という称号を、八幡の神、菅原道真からあたえられるのです。そして、下総に都を置き、のこりの関東の七カ国に伊豆を加えた八カ国に、国司を任命して、東国国家を樹立します。

東国はここで、京都の王朝の統治権からごく短期間であれ、完全に離脱したわけです。日本列島には決してひとつの国家だけがあったのではなく、複数の国家があったことを、この事実がよく示しているといえましょう。

しかし、わずかな期間でしたが、将門がこの国家を樹立したことは、その後の歴史に決定的な意味を持ったといえます。その崩壊後、東国はふたたび王朝の支配下にはいりますが、これ以後は、現地の勢力が自立的に請負って、都へ送るものを調達するような体制になっています。

それとともに東北にも、このころから自立した権力が、安倍氏、清原氏、奥州藤原氏と継承されて生まれてくる。これも国家と見る見方もありますが、やがて十二世紀末、鎌倉幕府が成立しますと、三河、信濃、越後以東の地域は鎌倉幕府の統治下にはいってしまいます。

鎌倉幕府の評価については、学者の中でずいぶん考え方が分かれていて、これを一応自立した国家、中世国家のひとつの型として認める見方と、王朝――京都の権力の出先機関として軍事的な部門を担当する、ひとつの権門にすぎないという見方とが対立しています。だいたい東京出身の学者には前者の意見が強く、京都の学者は、後者という傾向があり、東北が西の味方をして、九州は東の味方をします。

これは、歴史的にもそういう結びつきがよくみられるのですけれども、今でもそういうパターンが、学説のちがいにもみられるような気がします。耶馬台国もだいたいそうです。九州はもちろんですが、東京の学者は九州説で、京都のほうは畿内説。これは現代でも、地域の歴史は、意識しないところでわれわれに影響をあたえていることを示すよい例だと思います。

それはともかく、国と国との境の相論は、鎌倉時代、東国は将軍、西国は天皇が裁定を下すことになっています。国には守護や国司がおり、国内でおこったことは裁定できますが、国の境でおこった相論の裁定は、国司、守護をこえた権限を持つ人、法制史のほうでは領土高権の保持者ともいうべき人しか裁判できないことになります。それが、西は天皇、東は将軍とはっきり分れているのです。

それは国をこえた交通路に関所を立てる権限、逆に自由に関所を通過することを認める権限も同様で、交通路支配権は、統治権を掌握する人が持っているのですが、これも東は将軍、西は天皇に分れているのです。法律についても同じことがいえます。貞永式目以後の鎌倉幕府の法令は関東新制といわれますが、京都の王朝の法令は公家新制とよばれています。法律も東と西でそれぞれ独自に定めているわけです。

もちろん双方の間の連繋もありますが、このように見てくると、鎌倉幕府は国家といっても差し支えないのではないか。しかも王朝国家の組織原理とは異なる世俗的な主従関係がこの国家を支えているので、荘園公領制の「職の体系」も神人・供御人制も東国ではほとんど作動していないのです。これが前者の考え方といってよいと思います。

一方、後者の見方に立ちますと、将軍は天皇によって任命されるという点が、何より重要な点になります。さらに、幕府は結局は王朝の元号を使っているし、官職体系も、王朝の官職体系の中にはいっている。それから国号もないではないかということになります。

もちろんまだ、ほかにもいろいろな理由はありますが、元号と官職と国号、これはたしかに重要なポイントで、国家としての欠格条項といってよいことは明らかです。ただ元号は、幕府が王朝とちがう元号を使ったことは何回かありますが、独自に元号を定めたことはありません。また官職についても、たとえば実朝は右大臣になっても、公卿の会議に出たことはありませんし、執権が右京大夫になっても京都の行政にあたったことはないわけです。ですから王朝の官職は鎌倉時代にはまだ意味を持っていますが、幕府側の人にあたえられた官職は、ほとんど形骸化していることにも、注意しておく必要はあります。国号も、「関東」というのが国号に准ずる役割を果たしているので、関東下知状、関東新制のように、京都と区別する幕府の称号として用いられていることは事実です。

このように、両方ともそれぞれに主張の根拠を持っていることは事実で、そのことを確認しておく必要がありますが、ただ天皇の統治権が東国におよばなかったことは、重要なことで、やがて蒙古襲来後は九州にもおよばなくなります。さらに外交権も幕府が持っていたといえますし、「天皇職」は十三世紀後半以降、事実上、幕府の意志できまるようになってきたことは、十分注目しておく必要があると思います。

天皇家の危機

ただ、ここで強調しておきたいことは、戦後の歴史学が、戦前、戦中の皇国史観に対する反発もあって、鎌倉時代になると、教科書にはほとんど武士の歴史しか書いていないのです。たしかに皇国史観に対抗するために、在地領主、武士の果たした役割を強調したことには明らかに大きな意味があったのですが、これが裏目に出て、鎌倉時代以降の天皇、公家側の歴史の研究に、ブランクができた時期がありました。

現在は非常に研究が進んで、ブランクはどしどし埋められていますが、いまでも教科書の叙述は、後鳥羽天皇が承久の乱で幕府に負けたあとの天皇は、後醍醐まではでてこないのです。ところが、じつは鎌倉時代の天皇、上皇は、王朝国家の中ではあきらかに権力を持っています。天皇親政の時期もしばしばありますし、貴族の世界の中では「治天の君」――「天皇職」を掌握した人の発言権は、非常に強くなっています。ですから摂関政治、院政期をよく天皇不執政の時代といいますが、これはまったくの誤りといってよいと思います。

さきほどもいったように、鎌倉時代から南北朝前期まで、王朝はその独自な法令を、公家新制という形で出しているのです。天皇家、公家もまだ少なくとも西国については実権を持っている。だからこそそうした天皇の統治権を、幕府がしだいに奪っていくという経緯がたどれるので、その点も十分考慮しておく必要があると思います。

このようにして、幕府に統治権をしだいに奪われ、「天皇職」の決定権も事実上、幕府の手中にはいってしまった十三世紀後半から、十四世紀にかけての天皇制は、非常な危機にさしかかったといってよいと思います。

それは、ひとつには、幕府、東の王権の圧力が強力に西の王朝にのしかかりつつあったということですが、それだけでなく、王朝自体にそくしても、大寺社の勢力の統制がまったくできなくなっており、貴族の家でも、内部分裂がはなはだしくなり、それがついに天皇家の大分裂にまでおよんで、大覚寺統、持明院統という両統が対立するという、内部的な危機がきわめて深刻になってきます。これは持明院統側にも、大覚寺統側にも深刻な危機感をよびおこしたと思うのです。

持明院統の伏見天皇も、その前の大覚寺統の亀山も、関東から「謀叛」と疑われるほどに、王朝側の政治を刷新するため、いろいろな努力をやっています。それは後醍醐と同時代の持明院統の花園上皇にも鋭い危機感をよびおこして、この人は、もし天皇に徳がなければ、大乱がおこるだろうし、そうなったら、王朝は「土崩瓦解」するだろうといっているのです。これは「革命思想」そのものといってよい、と橋本義彦さんがいわれていますが、まさしくその通りだと思います。そしてその危機の克服を「大乱」の方向に賭けたのが、後醍醐であったことは間違いないことだと思います。

ただこうした天皇家の危機感の背景には、天皇、上皇たちがどこまで意識していたかは別として、もっと深い社会のあり方の大きな変化があったのです。前にもふれましたが、あたかもこのころそれまでの神仏の権威、それと結びついて「聖なるもの」とされていた天皇の権威を、決定的に低下させるような変化がおこりつつあるという状況があったのではないかと思います。

自然と人間社会とのかかわり方の大きな変化が、否応なしにそれまでの神仏の権威、ひいては天皇の権威を動揺させるという事態が出てきたわけで、天皇家自体、これまでの宗教にかわるものを求めざるをえなくなっている。このころの花園や後醍醐が、しきりに「鎌倉新仏教」の流れをくむ禅僧や律僧を身近によびよせたり、律僧の中でも真言密教に深く足をふみ入れた人、文観(もんかん)などを近づけているのはそのためだと思います。

宋学に対する花園や後醍醐の関心も同様で、この点でもいちばん思いきったことをやったのは後醍醐だと思いますが、かれは天皇主導のもとに、そうした新しい宗教思想や外来思想を動員して、天皇家の権威の危機を乗り切ろうと試みたわけです。

それだけでなく、別に『異形の王権』(平凡社)で詳しく書きましたが、後醍醐は供御人、神人的な勢力を、非人までふくめて軍事力として動員していますし、商業を掌握し、貨幣まで発行しようとしているのです。それだけでなく全国の荘園・公領に対する統治の面でも、後醍醐は新機軸を打ち出そうとしています。

のちに室町幕府がそれを制度化していくのですが、これまでの課税方式とは大きくちがって、所領から上る年貢・公事などの得分に二十分の一の比率で課税するとか、仕丁を田地十町について毎年一日動員するなどの方式をとり、しかも、郡という単位に大きな意味をあたえようとしています。

このように後醍醐は、これまでの体制を新しい権威を持った天皇中心の体制に全面的に変える方向で、こうしたさまざまな方式を模索していたのです。しかしそれが失敗に終わったため、天皇家はここでさらに大きなピンチを迎えることになります。天皇家はここで南朝と北朝とに分裂しますが、南朝が完全に滅びていれば、天皇家は、おそらく消えていたのではないかとも考えられます。高師直の軍勢が南朝を吉野から追い出して、賀名生に追いつめたことがありますが、それをさらに攻めて幕府が南朝を滅ぼすという方向に歴史が動いていたら、事態は大きく変わっていたと思うのです。

江戸時代になって、武家に対する批判がでてきたとき、それにかわる権威は北朝ではだめなんですね。北朝は武家と野合し続けている天皇ですから、持ち上げようとしても持ち上げようがない。南朝があったからこそ、はじめて武家に対して対抗しうる権威として天皇をかつぐことが可能になっているわけで、南朝の存在がなければ、これは不可能だったわけです。だから、明治天皇は北朝の子孫なのに早くから南朝を正統とすることにきめたのだと思います。

しかしこれを裏返していうと、なぜ室町幕府が南朝を滅ぼし得なかったかという問題がでてくるわけで、師直も結局は足を引っぱられてそこまでやれなかった。そこに考えなければならない問題があると思います。

権威と権力

天皇家の次のピンチは足利義満の時でした。十四世紀の後半、九州にいた懐良という後醍醐の子息が、「日本国王良懐」という、懐良をひっくり返した名前で、明に使いを送り、正式に明から日本国王に封じられ、冊封を受けます。このころの九州の征西府は、かなりの実力を持っており、懐良は後醍醐とちがって九州に自立した国家をつくろうとしたのではないかとも推測されていますが、この状況をみて義満は焦らざるをえなくなります。

そこで九州に今川了俊を遣し、懐良を軍事的にたたきながら、明との交渉を急ぎます。明は「表」という様式の文書を持ってこないと、つまり「上表」しないと、使いを受け付けないのです。「良懐」は、表を持っていって、服属の意志を示したので、日本国王に封ぜられるのですが、義満の場合は、周囲の公家たちに足を引っ張られて、なかなかそれができない。しかしそれを強引に押し切り、明の皇帝に、「臣源道義」と署名した「表」を捧げ、明の皇帝に臣従して日本国王に封ぜられたことはよく知られているとおりです。

つまり、日本という国号を持つ国家をこれ以後、義持のときを除いて、室町将軍家が代表して「日本国王」と名乗ることになったことの意味も、十分に考えておく必要があることだと思います。

実際このときまでに義満は南朝を講和の形で北朝に吸収し、「天皇職」、「治天の君」の実権を完全に自分の手に掌握していたのでこういうことができたのだと思いますし、息子の義持を将軍にした義満は、太上天皇になってもう一人の息子の義嗣を天皇にしようとしていたことは確実です。もし義満がもう少し長生きしていたら、これは実現していたかもしれません。公卿たちも、実際に義満が死んだとき、太上天皇の称号を奉ろうとしているのです。ところが息子の将軍義持はこれを辞退してしまいます。そして、明との関係も切ってしまうのです。そのため天皇家出身者以外の人が天皇になるという事態はここでも生まれなかったということになります。このへんの政治史、義満の動きについては、今谷明さんが『室町の王権』(中公新書)という、たいへんおもしろい本を最近書いておられますので、ぜひお読みいただければと思います。

次に天皇家に訪れた危機は、織田信長のときだと思います。

信長は、キリシタンの宣教師が書いていることからもわかりますように、明らかに自分自身が神になろうと意図していたようですし、天皇から右大臣という官職をもらいますがさっさと返上してしまい、そうした官職から自由なところで新しい権力を打ち立てようとしていた気配が濃厚なのです。もう少し信長が生きていたら、どうなっていたかわかりませんが、これも結局、本能寺の変で挫折してしまい、次に現れた秀吉は、むしろ天皇と合体して、律令国家以来の「日本国」を継承する路線をとっていきます。

それにしても、なぜ義満のときの義持、信長のあとの秀吉のような路線が、結局は選ばれてそれが最終的に定着していくのかが、天皇家の現在までの存続の理由を考える上での大きな問題だと思います。それは、前にもお話ししたように、一向宗やキリスト教が世俗権力に弾圧され、日本の社会に一神教的な宗教が根づかなかったということともかかわりのある問題で、自然信仰ともいえる神をいまも持ちつづけている日本人の心性までふくめた検討が、どうしてもわれわれにとって必要ではないかと思います。

ただ、注意しておきたいのは後醍醐以後の天皇家は、政治上の実権はほとんど失い、十四世紀末には「天皇職」を義満に奪われてしまいますが、ただ、まったく無抵抗だったのかというと、決してそうではないのです。たとえば後円融という、後亀山という南朝の天皇と合体した後小松の一代前の天皇がいますが、この人が上皇の時に、天皇の足下では、権力の最後のとりでだった京都の施政権まで完全に幕府に握られてしまいます。

たとえば酒屋・土倉に対する税金の賦課権を幕府が掌握したのもその現れなのですが、その過程で、後円融は異常な行動にでています。自分の後宮の女房、上臈が、義満と通じたと疑って、殿上（てんじょう）で、女房の頭を刀の峰で殴りつけて、流血事件をおこすのです。殿上で天皇が女官の頭を叩いて血を出させるようなことは前代未聞のことですから、大騒動になり、後円融はたいへん困って、丹波の山国荘にはいって切腹するなどといいだすのです。

これは、後円融の特異な性格と結びつけられてはいますけれども、やはりこうした幕府の圧力に対する焦燥感からこういう行動がでてきたのだと思います。それ以後の戦国時代、さらには江戸時代の天皇も、まったくの無抵抗で幕府に唯々諾々と従っていたわけではないので、よく知られている後水尾だけでなく、これからもっと調べてみる必要があります。

十五世紀以後の天皇も形式上にせよ官位の叙任権を持っており、これは江戸時代までつづいているのです。ですから位記や口宣案は江戸時代にも出ているわけですし、元号についても、実際は幕府がきめていますが、形式上は、天皇がきめたことになっています。そういう権限は持っているわけですから、極少の状況ではあれ、天皇は権威だけでなく権力を多少なりとももっていたと考えるべきだと思います。それでなければ、あのような明治以降の天皇制が生まれることはおこり得なかったと思うのです。その点でさきほどもふれましたが、不執政論がよく持ち出されますけれども、俗説の域を出ていないと私は思います。

大転換期

しかし十五世紀以後、とくに江戸時代の日本の社会における権威の構造はどのようになっていたのかは、まだ十分解明されているとはいえないと思います。仏教も神道も、とくべつ支配的な権威だったわけではありませんし、もちろんキリスト教は完全に弾圧されているわけで、宗教の権威はないといってもよいと思います。儒学はもちろん大きな意味を持っていますが、どこまで庶民に浸透していたかは大きな問題だと思います。もちろん天皇がそこにかかわっていることも事実だと思うのですが、その社会の中への影響はかならずしも明らかにされていないと思います。

ひとつの考えですが、角度を変えてみると江戸時代の権威の構造と明治以後のそれとの間には、かなり共通したものがあるのではないか。つまり制度上では天皇の地位ははじめ非常に大きく変わるのですが、権威の構造、社会のあり方は、案外、連続して考えてみることができるので、その見方に立ってみると、今まで見えなかったものが見える一面があるのではないかとも思います。

この分野についてまったくの素人だから思いつきにすぎませんが、江戸と明治以降を制度上でくっきり切り離して考えるのは当然ですが、村や町のあり方、被差別部落の問題などにそくしてみてみますと、どの程度そこに変化があったかについては、あらためて考えてみる必要があるのではないかと思います。

とすると、明治以後の権威の構造は、江戸のそれとかなり共通したものを持っていると考えてみることも、ひとつの意味がありはしないかと思っています。それはともかく、江戸時代にはいって、天皇の存在はどのように社会に受け止められていたかという問題ですが、この時期の権威の構造に関連してひとつの大きな問題は、さきほどふれました「公」の意識が庶民の中にきわめて根強く存在しているということがひとつあると思います。

年貢や課役は公に対する義務という意識があって、百姓一揆も、年貢そのものの廃棄は主張していないという問題があります。もちろんそれは公儀が「公」たりえないときには、それを拒否するという方向に進む思想を潜在させていますが、こうした公意識が将軍、大名の支配とともに、天皇を支えた構造を形づくっていると思います。

第一章でお話しした文字の問題やさきほどふれた名字、氏名の問題も、そういう意識を支えることになっているひとつの要素といえると思います。また、思いつくままにいいますと、百姓の名前、通称に広く律令官職名が浸透するのは江戸時代のことで、左衛門、右衛門、兵衛、右近、左近、左京、右京、太夫など、これは全部官職名から来ているのです。ある人にこの話をしたら、「日本全国ガードマンだね」などといいましたけれども、鎌倉後期から、百姓の仮名（けみょう）、通称に官職名が使われはじめ、江戸時代には全国的になります。場合によっては四位、五位などと名のっている百姓もいます。この時期の百姓は実名は名のれなかったので仮名のことですが、この問題も「公意識」とどこかでかかわりがあるのではないかと思います。

それから、職能民の職能伝説には貴種流離伝説の形を持つものをふくめて、その起源を天皇に求めるものが多いのです。鋳物師はその職能を近衛天皇に求めており、木地屋の惟喬親王、あるいは被差別部落の醍醐天皇、さらに遊女が光孝天皇というように、天皇にかかわらせた職能伝説が広く広がっています。これは、贄人、神賤から神人、供御人として天皇や神に直属してきた職能民の動向に実際の起源を持ち、それが伝説化しているのですが、この伝説を背景にして、江戸時代まで職能民は公家と何かの形でのつながりを実際に持ち続けています。

こういう意識が社会にあったことも考えなくてはならないと思うのです。そのほか、南朝の天皇や皇子の伝説がかなり広く分布していますし、こういう問題を目配りを広くして明らかにしておく必要があると思います。

このように、まだ明らかになっていないことは多いのですが、今後の天皇の問題を考えるということは、われわれ自身がいかに現代社会を考えるかという問題と当然不可分のことです。

それは現代を歴史的な時代区分の中でどこに位置づけるかということですが、社会構成史的な次元での区分、古代・中世・近世・近代という区分の中で、現代を明治以降の近代の連続と考えるか、戦後に新しく出発した、近代社会とは異なる現代社会と位置づけるかによって、当然、現代に対する認識は大きく変わってくるわけです。

戦後歴史学の主流は、敗戦と新憲法に非常に大きな比重を与えており、どちらかといえば後者の見方が主流だと思うのですが、私は多少戦前を知っているせいかもしれませんが、現代は明治以降の近代社会のある一段階であり、現在はその、局面ととらえたほうがよいのではないかと思っています。

古代にそくして考えますと、十世紀は非常に大きな変化の時期です。このときはとくに外的な要因からおこったわけではないのですが、さきほどもふれたように、律令制はここで大きく変質するので、古代の終わりはやはり十二世紀ごろということになります。

中世は十六世紀までつづきますが、その間に南北朝動乱という時期がありますし、近世、江戸時代を考えると、元禄・享保期が大きな境目になるのです。敗戦は、近代社会のそうした節目にあたるので、現代は、江戸時代になぞらえるなら、田沼時代から文化・文政期あたりにあたるのではないかという感じもしないわけではありません。

社会構成体は、確立期、発展期、停滞期、崩壊期があると思いますが、もはや現代は、近代社会の発展期ではないと思います。そういう認識の仕方がひとつの現代のとらえ方になると思います。

もうひとつは、私流のいい方で文明史的、民族史的な次元での区分からの見方に立ちますと、現代は、まさしくその大転換期にさしかかっていると私は思うのです。現代は権力の性格というより、むしろ権威のあり方を否応なしに変化させるような転換期にはいりこんでいるように思うのです。

たとえば室町期、十四、五世紀にできた村や町のあり方が、今や崩壊といってもよいほどの大きな変化にさしかかりつつあることは疑いないと思いますし、人の意識の上にも大きな変化がおこりつつあります。病気のとらえ方、動物に対する接し方の変化などに見られるように、人間と自然とのかかわり方がいまや人類的な規模で変化しつつあることのあらわれが、日本の社会にもはっきりとおこっています。いちばんはじめにいいましたように、日本の社会はいま、十四世紀の転換以来の大転換の時期にさしかかっていると考えられるのです。

とすると、現代は社会構成史的にも、また民族史的、文明史的にも、大きな転換期にはいっていることになるので、天皇も否応なしにこの転換期に直面していることになります。おそらくこの二つの転換期をこえる過程で、日本人の意志によって、天皇が消える条件は、そう遠からず生まれるといってよいと思います。

しかしその時は、かならずや日本という国号自体をわれわれが再検討する時期となるに相違ありません。それはいわば「日本」という国家そのものをわれわれが正面から問題にする時期になるのだと思います。ともあれこれだけの長い歴史を持つ天皇をどうするか、さらには「日本」をどうするかについては、もちろん冷静かつ理性的に対処する必要があるので、いずれにせよその克服の仕方は、最良の仕方で達成する必要があると私は思います。しかしこれこそ、若い人たちにとって、ほんとうにやりがいのある今後の課題といえるのではないでしょうか。

そしてそれは、平和で自由、平等な人類の社会を実現するために、われわれ現代日本人がなにをなすべきか、なにができるのかという問題そのものにつながっています。ここで私がのべた日本列島の社会の歴史像などよりも、はるかに深く正確な歴史認識を自らのものとして、若い人たちがこの課題に正面から立ち向かってくださることを心から期待して、私の話を終わりたいと思います。

あとがき

若い人たちに対して自分の考えを率直に語るべきだと、だいぶ前からいろいろの方にいわれることがあったが、「ちくまプリマーブックス」に執筆の依頼をうけたのは三年以上も前のことだったと思う。

しかし現在、短期大学部で一般教育を担当している私は、日常の講義で、いつも若い人たちに話をしているが、じつはほんとうに成功した、学生諸君がよく話を聞いてくれたという実感を持つことのできた講義の経験はきわめて少ないのである。ただ、短大の講義の終わったあと、ごくわずかではあるが、高校のときの歴史とは違った話を聞けておもしろかった、という感想をもらしてくれる学生もあり、それをたよりに、あえてこのような本を若い人たちにむけて送り出してみることとした。

この本を読んで、歴史に対する興味が少しは持てたという人、歴史は現在の生活と深い結びつきがあるのだという感じを多少でも抱いてくれる人が、わずかでもふえたならば、私にとってこれほど幸せなことはない。どうか遠慮なく批判をしていただきたい。そうした批判や感想を糧にして、これからも少しずつであれ、私も努力を重ねて、もっとわかりやすく、力強いものが書けるようになりたいと思っている。

この本は筑摩書房で五回にわたって、社員の方々を対象に話をする機会をつくっていただき、それに大幅に手を入れたものである。この点をふくめ、編集・図版などについて種々ご迷惑をおかけした筑摩書房の方々に、心からの感謝の意を表する。

一九九〇年十月七日

網野善彦

続・日本の歴史をよみなおす

はじめに

最近、日本人とは何かという問題が、内外を問わず広く問いなおされつつあります。たとえば一九九三年九月に、オーストラリアのキャンベラで、オーストラリア国立大学の主催による、「鐙・帆・鋤」というテーマの国際学会がひらかれました。オーストラリア人はもちろんですが、カナダ、イギリス、インドネシア、韓国、アメリカ、それに日本の学者も、かなりの数が参加し、マルクス主義者、左翼の学者、「日文研」といわれる国際日本文化研究センターの研究者も何人か加わるという多彩なメンバー四十人ぐらいで、日本人のアイデンティティをめぐって、さかんに議論をしたわけです。

私は英語を聞くことも、話すこともできないので、日本語で報告しましたし、どういうことが議論されていたのかもよくはわかりませんが、人類学や考古学の報告からはじまり、最後は日本軍による従軍慰安婦の問題にいたるという、たいへん広い分野にわたって議論が行われたようです。とくに日本軍によるレイプの問題については、かなり激烈な議論があったように思われました。

実際、「天皇・コメ・百姓」のようなテーマが私に投げかけられたところを見ましても、欧米の人たちにとっては、自分たちと異質な日本人の特異性の実体は何かという点がひとつの関心の的だったようですし、逆にインドネシア、あるいは韓国の人たちからは、従軍慰安婦、レイプの問題に象徴されるような日本軍の残虐行為、それを支えている日本人の負の側面がきびしく問われているのだということを痛切に感じることができました。ですからこの学会で、私もわからないなりに、たくさんの刺激を得て帰ってくることができました。

フランスの歴史の雑誌として有名な「アナール」でも、一九九五年に日本史特集を初めて刊行していますが、いずれにせよ、外国での日本人にたいする関心が非常に高まってきていることは間違いないと思うのです。その意味で、われわれ自身が日本人とは何かについて、ほんとうにきちんと考えておかなくてはならない時期が確実に来ており、これまでにない緊張した問いかけがわれわれにたいしてなされていることは間違いありません。しかしそういう状況にあるにもかかわらず、日本人自身が自らの歴史と社会をはたして正確にとらえているかというと、決してそうはいえないと、私はこのごろ痛感しています。

もちろん日本人の自らの社会と歴史にたいするとらえ方は、多少は変わってきており、さきほどのオーストラリアの学会での議論の中にもその変化をはっきりうかがうことができました。けれども、一般的にいいますと、日本は島国で、周囲から孤立した閉鎖的な社会であり、それだけに一面では他からの影響をあまりうけることなく独特な文化を育てることができた。しかしその反面、この文化は外国人にとってはとても理解のしにくい文化であり、その点で日本の社会は特異なのだという見方は、いまでも日本人の間では支配的だと思います。

そしてその文化を支えているのは、水田を中心とした農業であり、日本の社会は、弥生文化が日本列島に入ってからは、江戸時代まで基本的に農業社会であり、産業社会になるのは明治以後、さらに本格的には、高度成長期以後であるというとらえ方がこれまでなされてきたと思うのです。

そういう島国に生活しているだけに、均質で斉一的な言語と文化をもつ日本人、また水田を中心とする農業を基礎にした社会で、米を主食として育った日本人が、日本列島の中でしだいに独特の文化を熟成してきたという見方は、一般の日本人がそう思っているというだけではなくて、明治以後、現在にいたる政治も、日本の社会にたいするこういうとらえ方に基づいて行われてきたと思いますし、経済政策も同様だと思います。そして歴史学、経済学、政治学のような人間を扱う学問も、この大きな常識の枠組みを出ることがなかったといわざるをえないと思うのです。

しかしこのような日本の社会にたいするとらえ方が、はたしてほんとうに正しいのか。これについて私は前から疑問をもっており、いろいろな形で発言をしてきましたけれども、これからいくつかの問題を取り上げて、日本の社会について考えなおしてみたいと考えています。

そこでまず最初に、日本の社会がほんとうに農業社会であったのかという問題についてお話ししてみたいと思います。

第一章　日本の社会は農業社会か

百姓は農民か

日本の社会が、少なくとも江戸時代までは農業社会だったという常識は、非常に広く日本人の中にゆきわたっています。たとえば高等学校の日本史の教科書をみますと、いちばん広く使われている山川出版社の『詳説日本史』（一九九一年）では、江戸時代に入ってまもなくの項の冒頭で、「封建社会では農業が生産の中心で、農民は自給自足の生活をたてまえとしていた」と書いてあります。東京書籍の『新訂日本史』（一九九一年）も農民の生活の項の中で、「当時の農業は村を単位に自給自足でいとなまれることが多かった」と書いています。その根拠には、当時の人口の圧倒的多数が農民であったという前提があるのですが、それを証明するものとして、ひとつの円グラフが二つの教科書には共通して引用

秋田（久保田）藩の身分別構成

	人	%
諸　　士	36.453	9.8
百　　姓	284.384	76.4
町　　人	27.852	7.5
社人・寺院・修験	7.256	1.9
雑	15.720	4.2
エタ・非人	489	0.1
合　　計	372.154	100.0（ママ）

関山直太郎『近世日本の人口構造』の表。

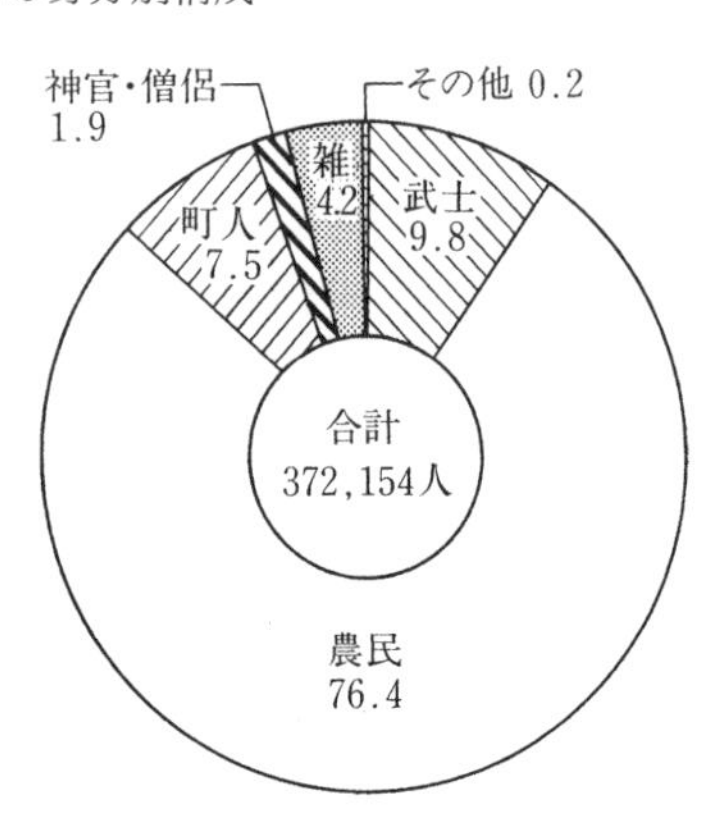

『詳説日本史』の円グラフ。

されています。

それは、秋田（久保田）藩の幕末近いころの嘉永二年（一八四九）の身分別人口構成を円グラフにしたもので、合計三七万二千人余の人口の中で、農民が七六・四％、町人が七・五％、武士が九・八％、神官・僧侶が一・九％、雑が四・二％となっています。この円グラフで見るかぎり、幕末近いころでも秋田藩の人口の圧倒的多数が農民であるということは歴然としているかのごとくに見えるわけです。

ごく最近刊行された尾藤正英さんの、大変興味深い著書『江戸時代とは何か』（岩波書店）の中でも、尾藤さんは江戸時代の社会は、人口の八〇％から九〇％は農民であるという前提で論を展開しています。すぐれた近世史家の尾藤さんですらそうなのですから、こういう見方は、きわめて広い範囲の日本人の日本社会観なのではないかと思うのです。

たしかに、このグラフには海民や山民はまったく載せられていませんし、雑業をふくめても、商工業者は人口の一〇%前後しかいないことになるわけで、もしグラフのとおりなら江戸時代の日本は、きわめて非農業的な要素の小さい社会と考えざるをえなくなってきます。これらの教科書の中には、漁業・塩業・林業の叙述はきわめてわずかしかありません。ですから、漁業・塩業や林業などをテーマに大学の入試問題をつくるのはきわめて困難なのです。ほんとうでしたら答えさせたい部分を全部記述して、あえて関係のないところに空白をあけて質問にするというやり方で、漁業や塩業や林業の問題も大事なのだということを学生に知らせるぐらいしかできないのです。このグラフの見方に立てば、ごく少数の人びとについては、その程度が当然ということになります。

しかし、素直にこのグラフを見ると、いったい秋田藩にはほんとうに、漁民や廻船人、山の民はいなかったのかという疑問がすぐにわいてきます。そこで、ここにはなにかからくりがあるなと思って、グラフの典拠にされている関山直太郎さんの『近世日本の人口構造』(吉川弘文館)を買い求めて調べてみました。関山さんの作成された表とこの円グラフのパーセンテージは一致していますが、農民七六・四%というところが関山さんの表では、「百姓七六・四%」となっています。この円グラフが、百姓は農民であるという理解に基づいてつくられたことは疑いありません。

「お百姓さん」といえば農民に決まっているじゃないかという理解は日本人に広くゆきわたっており、このグラフの作成者もその常識に基づいてこれをつくっているのです。しかし、ほんとうに百姓は農民と同じ意味なのか、本来、「百姓」ということばには「農」の意味はないのではないかと問いなおしてみますと、こうした常識が意外に根拠のないことがわかってきます。

実際、百姓は決して農民と同義ではなく、たくさんの非農業民——農業以外の生業に主としてたずさわる人びとをふくんでおり、そのことを考慮に入れてみると、これまでの常識とはまったく違った社会の実態が浮かび上がってきます。じつは、七、八年前に私自身もようやくそのことがわかったので、まず、この問題についてお話をしてみます。

ただ、このことを考えはじめるひとつのきっかけになったのは、ここ十年ぐらい前から行ってきた、神奈川大学日本常民文化研究所による奥能登と時国家の調査なので、まずこの調査にそくして問題に近づいていきたいと思います。

奥能登の時国家

時国家は現在、上・下両家に分かれています。私が上時国家に伺ったのは、十年ほど前のことで、日本常民文化研究所が三十年以上も前に、上時国家から借用したままになっていた古文書の返却のご相談のためだったのです。ところがそのとき同家の奥様から、どうも蔵にまだ古文書がありそうなので、もし時間と人手があるなら、もう一度、蔵を調べてくれないかという御依頼をうけました。

これをきっかけにして、神奈川大学の当時の大学院生などの若い方々と一緒に上時国家の蔵をくまなく調査したところ、江戸時代の文書が一万点近く、明治・大正までふくめると、数万点の大量の文書が新しく発見されました。下時国家もこれと並行して調査をさせていただき、やはり新しく文書を見つけることができました。

上時国家にたいして、われわれの研究所は文書の返却を怠るという不義理を三十年も続けていたわけですから、新しく発見した文書もきちんと整理しようということになり、それから夏と秋に二回、上下の両時国家にうかがって、文書整理をするようになりました。さらに、奥能登地域にまで視野をひろげて調査をし、現在まで十年間それを続けてきたわけです。

こうして、文書の整理を進めながら若い人たちと時国家文書の研究会を続けているうちに、百姓は農民という、われわれのそれまでの常識がいかに誤っているかということをはっきり確認することができました。これからのべることは、その研究会の共通の成果ということになります。

現在、町野川の下流にあるのが下時国家、上流にあるのが上時国家ですが、じつはこの二家は本来は一軒の家だったのです。それが種々の事情から寛永十一年（一六三四）に、

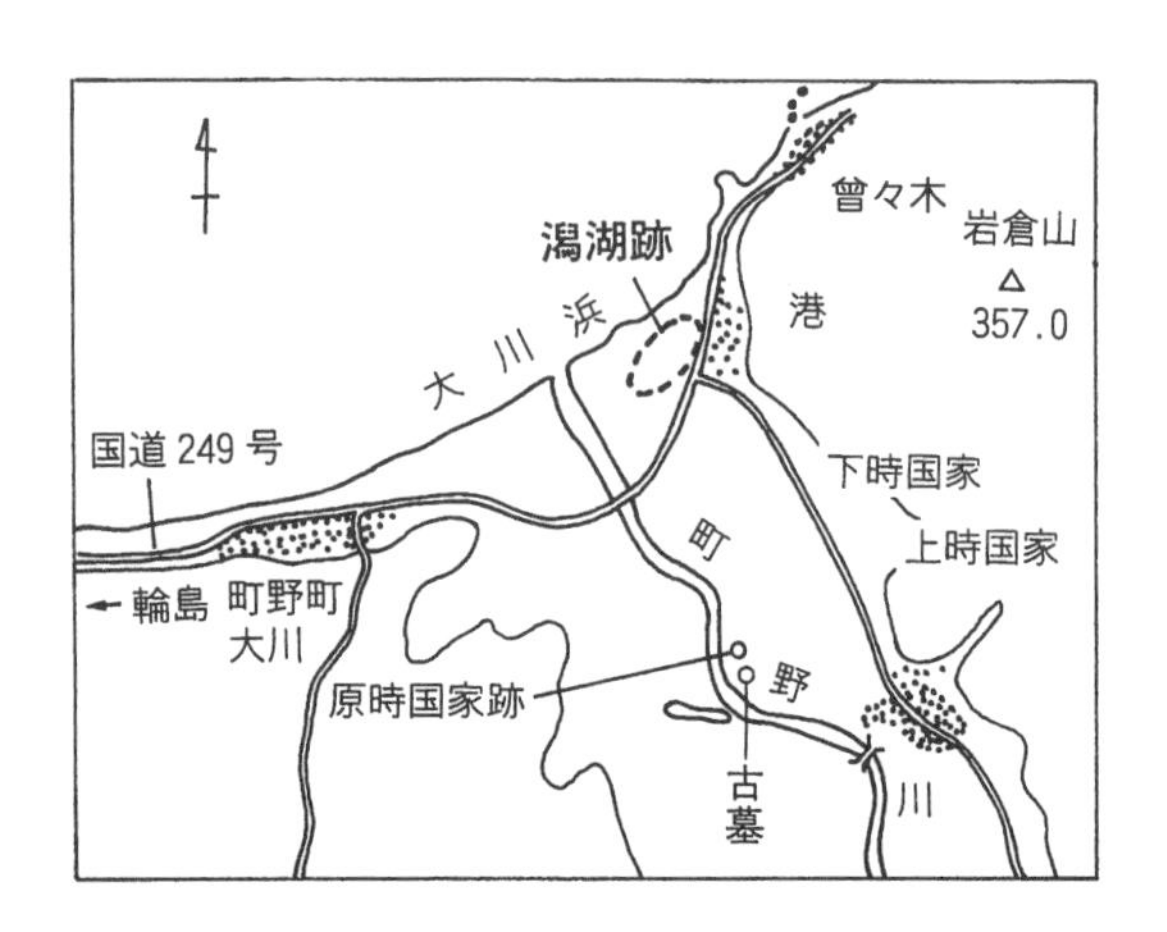

下時国家

上時国家

土方家領時国家（上時国家）と、前田家領時国家（下時国家）とに分立し現在にいたっているのですが、上時国家のほうは天保二年（一八三一）に造られ、日本の民家の中でもおそらく最大規模の巨大な民家です。また下時国家は規模はそれよりも小さいのですが、それより二百年前の寛永十一年までに建築されたことがわれわれの調査ではっきりしており、年代のはっきりとわかる民家としては、もっとも古いもののひとつといってもよいと思います。

いまここを訪れますと、町野川から少し離れた山沿いに二軒の大きな家が、多少の距離をおいて建っており、町野川に向かってその前に水田が広がっているという光景を見ることができますので、この二軒はたいへん大きな農家、豪農の家だと考えるのが、これまでの常識でした。

また、時国という苗字自体が中世の名のなごりを残しています。中世の名田は、貞国、貞時、時貞などのように二文字の名前をつけることが多いのですが、時国家も間違いなく中世の時国名の名前を苗字にしていると考えられます。ですから従来の研究では、時国家は中世の名田経営のなごりをとどめる家で、中世的なものを色濃く残す奥能登の象徴、ととらえられてきました。

実際、江戸時代初期の、分立する前の時国家は二百人ぐらいの下人を従えているのですが、下人は、これまでの学説ですと、奴隷、あるいは農奴ととらえられていた人びとなので、時国家はそういう隷属的な性格を持つ人びとを駆使して、何十町歩(ちょうぶ)という大きな田畑を経営している大手作り経営と考えられてきたのです。宮本常一さんは敗戦後まもなく時国家を調査なさっており、さすがに鋭くこの家の実態の一端をつく指摘をしておられますけれども、結局はやはり、これを中世のなごりをとどめた巨大な手作り経営と見ておられますし、学者によってはこれを、家父長制的な大農奴主経営などと規定してきたのです。

ところが、かつて日本常民文化研究所の出版した『奥能登時国家文書』を、はじめから一点一点、一語一語まで厳密に検討しながら読みなおしているうちに、この常識がまったく間違っていることがたちまちのうちにわかってきました。

まず、江戸時代初期以前から、時国家は大きな船を持っており、この船が、松前から佐渡、敦賀、さらに琵琶湖をこえて、近江の大津や京、大坂とも取引きをやっていたことが、元和五年(一六一九)の文書ではっきり確認できました。昆布などを松前から運んで、これを京、大坂まで持っていって販売することを、時国家の船は早くからやっており、しかもそうした船を時国家は単に一艘だけでなく、二、三艘以上持っていたことがわかりました。

それではこの船が、何を能登から松前などに運んだのかということですが、まず時国家は海岸に塩浜を多く持ち、製塩を行っており、塩を出羽の能代や越後の新潟に運んだという文書がやはり江戸初期にありますので、塩が北方向けの商品になっていたことは間違いありません。それから背後の山には材木がたいへん豊富なので、炭をたくさん焼いていました。このような塩や炭が商品となったことは、十分の根拠をもって推測ができます。

しかも、時国家は同じころ、能登半島の内浦の宇出津という、静かでよい港に澗という

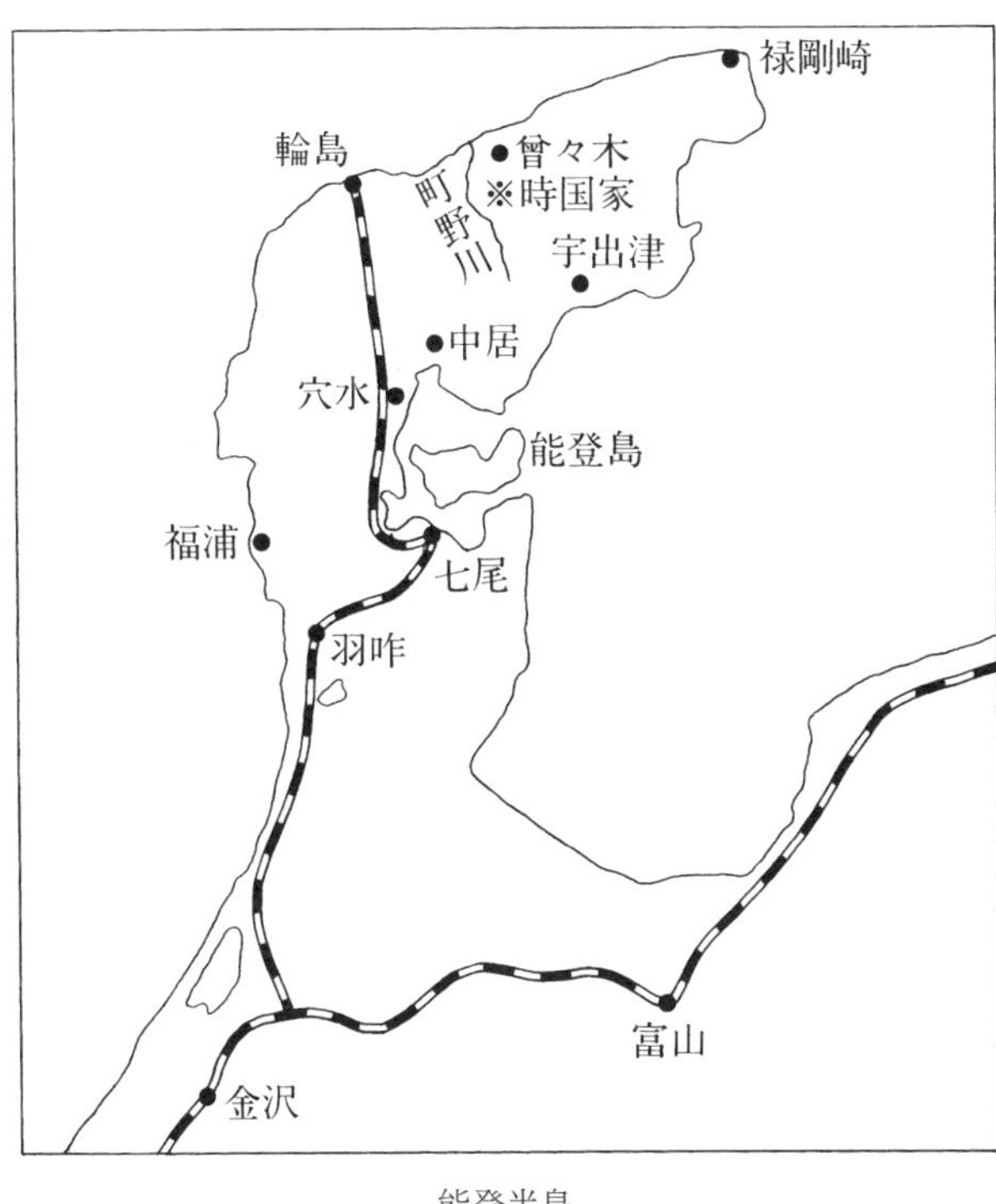

能登半島

船入りの設備を持った屋敷を町から買い、預っていました。また分立以前の時国家は、ほぼ三百坪の巨大な家で、町野川沿いにあり、その河口の大きな潟を港としていたと見られます。現在でもそこは港という地名になっていますが、このように時国家が、この港と宇出津の澗の両方を根拠地にして、大規模な廻船交易をやっていたことは確実で、その船は前田家から諸役免許を保証されていたのです。ですからこれを単純に豪農などと

時国藤左衛門が、前田家に願い出た鉛山の採掘の願書（時国健太郎家蔵）。

いうことは到底できない、ということになってきました。

そのうえ、元和四年に時国家は、近くの南志見（なじみ）村の裏山に鉛の山が見つかったので、鉛の採掘をしたいと前田家に願い出ています。この鉱山経営がどうなったかはわかりませんが、時国家は鉱山の経営にまで手を出そうとしていたこともわかりました。

さらにまた、時国家は、中世末以来、町野荘（しょう）という荘園の中で、港に近い倉庫を持ち、年貢米や塩などの物資の出入りを管理していました。この蔵に納められた米や塩について、大名の代官は時国家にあてて、必要な量を蔵から支出せよという命令書を出し、その書類をうけとった時国家は、自らの判断で物品の支出を行っていたのです。ですから時国家は、蔵元の役割を江戸初期から果たしており、蔵に預かっている米や塩の代銀を流用して、金融業を営んでいたと考えてよいようです。

時国家は武士身分ではなく百姓なので、三百石の石高に相当する田畑を持っていました。のちに上時国家が二百石、下

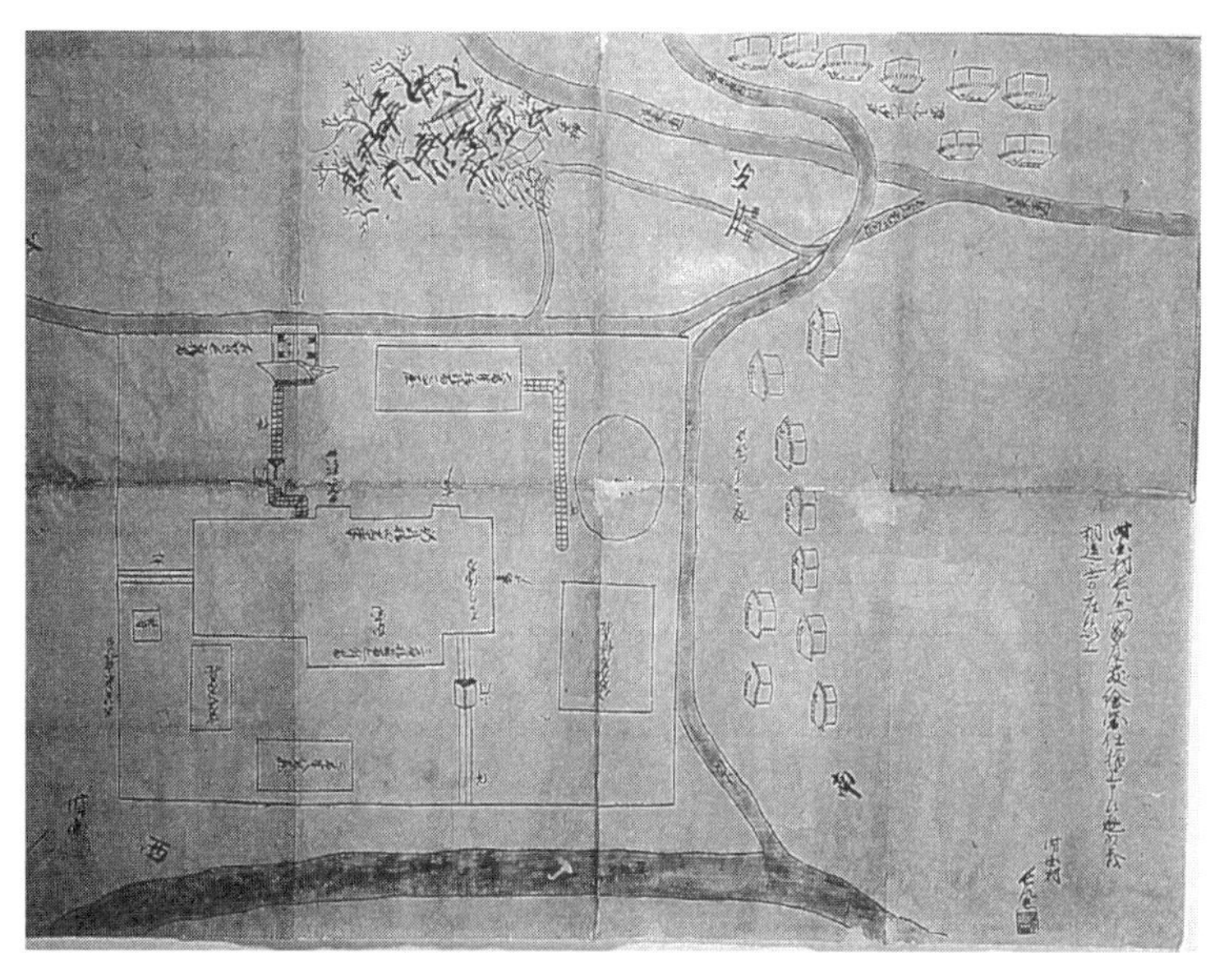

時国村長左衛門家屋敷絵図（時国健太郎家蔵）。

時国家が百石となりますが、両家に分かれてからも、大きな農業経営をやっていたことは事実です。

しかし一方で、時国家は大船を持ち、北海道にいたる日本海の海上交通に依拠し、廻船による交易を活発に行っていますし、製塩、製炭、山林の経営にもたずさわり、鉱山にもかかわりをもち、蔵元として金融業も営んでいる家であることが、ここ数年の研究によってはっきりとわかってきました。

こうなると、時国家を、農奴を駆使する大農場経営者であるなどと規定してこと足れりとしているわけには到底いかなくなってきます。これでは時国家の活動の一面だけをとらえているにすぎないので、まったく誤りといわなくてはなりません。ではこのような時国家を、どのように学問的に表現したらよいかとなると、じつは現在の学問の水準ではまだ的確な用語がないのが実情です。やむをえませんので、われわれは漠然とした規定ですが、企業家的精神をもって多角的な経営をやっている家、多角的企業家といっています。これが時国家、上下両家の実態だったのです。

廻船を営む百姓と頭振（水呑）

ところが、さらに勉強しているうちに、われわれがほんとうに愕然と驚いた事実がでてきました。

江戸初期、時国家と姻戚の関係にあり、深い因縁をもっている柴草屋（しばくさや）という廻船商人が、町野川の河口の港で活動しています。戦国末期のころ、内浦の庵（いおり）にも柴草屋がいたことがわかっていますので、おそらくその名跡（みょうせき）を継いだ廻船商人で、大船を二、三艘持ち、日本海の廻船交易にたずさわっていたのだと思われます。この家から時国家が、江戸初期に百両の金を借用していますから、柴草屋はそれだけの金を融通できる財力を持つ、富裕な廻船商人であったことは間違いなく、宮本常一さんもこの家に注目しています。

ところが、文書を江戸時代前期まで読み進めていったところ、われわれは、この柴草屋が頭振（あたまふり）に位置づけられていることに気がついたのです。加賀・能登・越中の前田家領内では、石高を持たない無高の百姓を「頭振」とよんでいます。しかし、能登でも天領では頭振を水呑（みずのみ）といいかえていますから、頭振は水呑のことで、柴草屋は水呑だったことになります。

このように、水呑は地域によって名称がさまざまで、門男（もうと）、あるいは間脇（まわき）、無縁、雑家などといっているケースもあります。江戸時代、年貢の賦課基準となる石高をまったく持っていない、つまり年貢の賦課される田畑を持っていない人のことを水呑といっており、教科書では、これを貧しい農民、小作人と説明するのがふつうです。私自身もそれまで水呑については、そのレベルの常識しか持っていませんでした。

ところが、柴草屋のような廻船商人で、巨額な金を時国家に貸し付けるだけの資力を持っている人が、身分的に頭振、水呑に位置づけられているということを確認した時、研究会に参加していた七、八人のメンバーは、最初は目を疑ったのですが、同時にまた、ああ、そうなのかと初めて気がついたのです。たしかに柴草屋は土地を持っていない。だから水呑になっているのですが、しかし柴草屋は土地を持てないような貧しい農民なのではなくて、むしろ土地を持つ必要のまったくない人だったのです。

柴草屋は廻船と商業を専業に営んでいる非常に豊かな人ですから、土地など持つ必要は毛頭ないわけです。ところが、江戸時代の制度ではこうした人もふくめて、石高を持っていない人びとが、水呑、あるいは頭振に位置づけられていたことが、これで非常にはっきりわかりました。

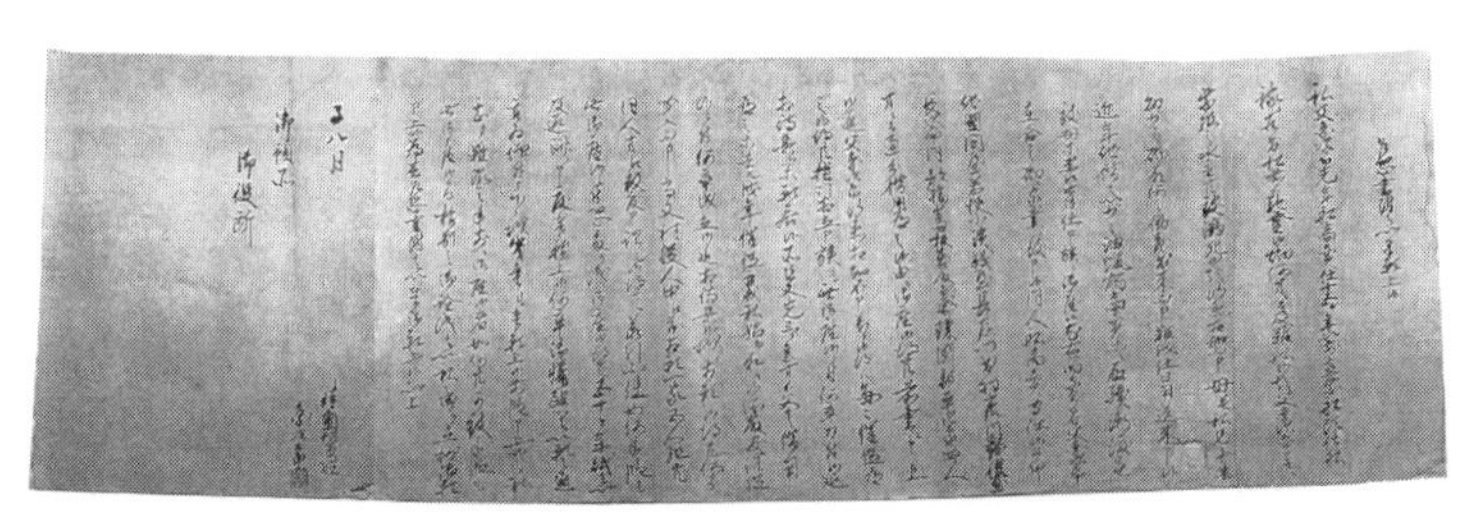

百姓円次郎の願書（時国健太郎家蔵）。

同じような事例をもうひとつ紹介しますと、二、三年前の調査のさい、町野川右岸の海辺の集落曾々木（そそぎ）の、百姓円次郎の願書ともいうべき文書が、上時国家の襖の下張り文書の中から出てきました。この文書によると、円次郎の父親はもともと船商売を専業にしており、松前まで行くといって水手（かこ）たちと一緒に船に乗って出かけていったけれども、難船してしまったのか数年たっても帰ってこない。そのため、残された子どもの円次郎は、母親と幼い兄弟をかかえてたいへん苦しい生活を余儀無くされたのですが、とくに父親があちこちから借りた借金の取立てがそれに加わり、非常に困っていると文書には書かれています。

注目すべきはその借銭の貸主で、出羽庄内の越後屋長次郎、若狭小浜の紙屋長左衛門、能登輪島の板屋長兵衛などの問屋（といや）をはじめ、同じ曾々木の三郎兵衛から円次郎の父親は多額の借金をしており、これによってこの人が日本海を手広く商売し、各地の問屋と取引をしていたことがよくわかるのですが、この借金をきびしく催促されると円次郎の生活が立ちゆかない。ようやく、蠟や油の商売などでその日暮しはできるようになったので、借金の返却は五十年賦にしてもらえないだろうか、と円次郎が代官に願い出たのがこの願書で、なかなかおもしろい内容の文書なのです。

これまで、曽々木はもっぱら塩をつくっているだけの、まことに貧しい村と考えられていたのですが、その百姓の一人が、北前船とまではいえないとしても、かなり大きな船で日本海の各地の港町で取引をし、松前まで行く廻船交易をやっていたことがこの文書でわかったのは、たいへん興味深いこととわれわれは思っておりました。

たまたまその夏に、新聞記者が、四、五人やってきました。そこで各社の記者が集まってきてくれたところで私がこの文書を紹介したわけです。ところが最初に記者たちから、なぜ「百姓」が松前まで行くようなことになったのですかという質問が出ました。「百姓」、つまり農民が松前に行ったのはなぜかという質問なのです。これにたいし、私は、この「百姓」は農民ではなく、文書にも書いてあるとおり船商売をやっている廻船人なのです、と説明したのですが、記者たちはなかなか納得しない。ではどうして船商売の人を百姓と表現するのかという疑問などがでてきて、私は二時間近い時間をかけて説明することになりました。

なかでも、北国新聞の記者はたいへん熱心な方で、電話を何度もかけてこられ、細かく質問された上で、書かれた記事を読み上げ、これで正確ですかと確認してくださったので、たいへんいい記事ができたと思ったのです。ただ驚いたことに、「百姓」ということばはマスメディアではそのままでは使えない、一種の差別語の扱いをされていることをそのときはじめて知りました。

それはともあれ、おもしろい記事がでるだろうと、翌朝、楽しみにしていた新聞を見ましたら、なんと見出しには、「農民も船商売に進出」と書いてあるのです。二時間の悪戦苦闘、何回かの電話はほとんど徒労に終わってしまいました。もちろん記事はきわめてきちんと書いてあるのですが、デスクはやはりこれではわからないと判断したのだと思います。しかしこの見出しでは明らかに誤りになるので、せめて「『百姓』も船商売」と書いてくれればよかったと思ったのですけれど。

ほかの新聞は「能登のお百姓、日本海で活躍」、あるいは「江戸時代の奥能登の農家、海運業にも関与」という見出しでした。百姓イコール農民という思いこみがいかに根強いかということを、われわれは骨身にしみて実感しました。いちばんの傑作は、ベテランの記者が、「ああ、そういうのよくあるんですよね」とかいって、私の話を三十分ぐらい聞いただけで帰ったのですが、その人は、なんと、「曾々木で食いつめた農民円次郎が松前に出稼ぎに行った」と書いてしまった。私どもも大笑いをしたのですけれども、百姓は農民というイメージの根深い浸透が、こうした大変な間違いを多くの人たちにおかさせる結果になっているのです。

その後、意識的に、豊かな「水呑」、非農業民の百姓を追究してみようということになり、一緒に時国家の調査をしている跡見学園女子大学の泉雅博さんは、享保二十年(一七三五)の鳳至・珠洲両郡の前田家領の村々について、百姓と頭振(水呑)の家数、村高、税率を全部書き上げたおもしろい史料によって、両郡の村ごとの頭振の全戸数にたいする比率を調査されました(「近世北陸における無高民の存在形態―頭振について―」『史学雑誌』一〇一編一号)。

その結果、奥能登最大の都市、輪島(河井町・鳳至町村)は、総戸数六百二十一軒で、おそらく人口は数千人の大きな都市ですが、その家数の七一%が頭振だったという興味深い事実が明らかになりました。そして残りの二九%の百姓の平均持高は、田畑四・五反ほどに相当する四・五石でしかないこともわかりました。また時国家が船入りと屋敷を持っていた内浦の宇出津も大きな都市で、総戸数四百三十三軒におよぶのですが、頭振(水呑)は、七六%という非常な高率をしめていることもわかったのです。

このように、輪島や宇出津のような海辺の都市のほか、飯田、甲、波並のような多くの家が集中している都市的な集落も、頭振の比率がきわめて高いことが統計的にもはっきりと確認できました。もしも、百姓は農民、水呑は貧農ということこれまでの常識に従いますと、

村　　名	惣家数	百姓	頭振	頭振比	村高	定免	村高/惣家数
	621軒	軒	軒	%	石	%	石
河井町鳳至町村	他59 無名目	183	438	71	823	88	1.210
宇出津村	433	104	329	76	540	83	1.247
皆月村	263	144	119	45	141	81	0.536
飯田村	223	157	66	30	383	70	1.717
中居村	190	110	80	42	342	79	1.800
松波村	184	120	64	35	901	58	4.897
中居南村	174	90	84	48	255	70	1.466
小木村	157	106	51	32	142	74	0.904
剣地村	138	67	71	51	122	80	0.884
宇出津山分村	124	82	42	34	400	46	3.226
道下村	121	70	51	42	382	65	3.157
鵜飼村	117	76	41	35	460	55	3.932
甲村	114	36	78	68	552	50	4.842
名舟村	108	57	51	47	222	70	2.056
波並村	108	33	75	69	280	65	2.593
鹿磯村	105	38	67	64	31	72	0.295

能登国鳳至・珠洲両郡の、村ごとの頭振（水呑）の全戸数にたいする比率。　（泉雅博氏作成の表による）

輪島は極度に貧しい村になってしまいます。四・五反ぐらいしか土地を持たない百姓が二九％、水呑百姓が七一％もいるのですから。宇出津の場合はもっと貧しいことになりますが、この常識がまったく間違いであることは、事実そのものが明白に証明してくれました。

輪島の七一％の頭振（水呑）の中には、漆器職人、素麺職人、さらにそれらの販売にたずさわる大商人、あるいは北前船を持つ廻船人などがたくさんいたことは間違いないところですし、百姓の中にも、輪島の有力な商人がいたことも明らかなのです。先ほどもふれましたように、輪島の頭振（水呑）の中には、土地を持てない人ではなくて、土地を持つ必要のない人がたくさんいたことは明白といってよいのです。とすると、百姓を農民、水呑を貧農と思いこんだために、われわれはこれまで深刻な誤りをおかしてきたことになります。

最初にもふれましたように、奥能登に行った時、われわれはみな、能登は田畑の少ない貧しいところだと思っていたのです。「千枚田」という名所を見ればよくわかるのですが、極度に小さい水田が山の上まで積み重なっている段々田地を見せられますと、能登はほんとうに田地の少ないところだと思い知らされます。山がちで土地が少なく、田畑がひらけないから貧しいところだと奥能登の方々自身がそういわれるので、われわれもそう思っていました。

また奥能登は流刑地で、実際、時国家は、「平家にあらざるものは人非人」といったといわれ、平家の滅亡後、能登に流された平時忠の子孫という伝承をもっているのです。このように奥能登は辺鄙で、おくれた後進地域だから、中世の名田経営のなごりが見られるし、また二百人もの下人＝奴隷を使う古い農業経営が残ったのだというわれわれの当初のイメージは、この思いこみの誤りを知ることによって、完全に逆転しました。

江戸時代までの奥能登の実態は、港町、都市が多数形成され、日本海交易の先端を行く廻船商人がたくさん活動しており、貨幣的な富については、きわめて豊かであり、日本有数の富裕な地域だったとすらいえるのではないかと思うのです。奥能登の調査によって、われわれはこのようなイメージの大逆転を経験することができました。

しかしこのイメージの大逆転は、決して能登のみにはとどまらず、日本列島の社会全体におよぶと私は思います。この奥能登の話を近世史の専門家にしますと、「奥能登は例外ではないか」とすぐにおっしゃるのです。しかし、少し調べてみると、近世史の素人の私でも同じような事例はいくらでも見つけられることに気がつきました。

たとえば、瀬戸内海に面した山口県の上関（かみのせき）は、中世、竈戸関（かまどのせき）が立てられたところで、中世以来の港町として発展してきたところです。ここも幸い、百姓の家数がはっきりわかります。上関は地方（じかた）と浦方（うらかた）に分かれており、浦方は浦に面した集落で、地方は多少内陸に入った集落です。

江戸末期に作られた『防長風土注進案』によると、地方の百姓三十六軒のうち、農人（のうにん）は

千枚田（『カラー加賀能登路の魅力』淡交社刊より）

十九軒にすぎず、商人が十軒、廻船問屋が五軒、鍛冶屋、漁民が各々一軒ありました。浦方の百姓八十八軒のうち、農人はわずかに十二軒、一三・六%で、商人が五十四軒あるほかに、船持ち、船出稼ぎ、船大工、紺屋、豆腐屋などがふくまれています。

この地域では水呑を門男というのですが、地方の門男百三十五軒のなかには、農人が九十八軒もおり、商人二十軒、船大工、桶屋、左官屋などとなっていますが、浦方の門男百七十八軒の中には、農人は皆無、商人が六十八軒、船持ち十八軒、あとは家大工、船大工、鍛冶、桶屋、紺屋、畳職などの都市民からなりたっています。

これが上関の人口構成なので、これを見ても、百姓の中の農人は少数で、商人、船持ち、職人の数のほうがはるかに多いのです。この地域の門男は奥能登の頭振(水呑)と基本的に同じで、圧倒的多数が非農業民であり、豊かな門男もかなりいるといってもよい状況が見られます。ただ、石高、田畠を持たない地方の門男に農人がなぜ多いのか、その理由は別に考えてみる必要がありますが、全体としてみると瀬戸内海に面した山陽道や四国の浦々が、江戸時代には上関と同じような人口構成であることは間違いないので、「奥能登は例外」などとはとうてい言い難いのです。

もうひとつの例をあげますと、大阪の泉佐野市は、古代・中世以来、海民の根拠地として有名な場所ですが、ここの百姓に食野という家があり、泉屋、橘屋と称して、大規模な廻船業を営み、秋田から松前まで進出していたことが知られています。

またこの食野の一族で、井原西鶴が『日本永代蔵』の冒頭で、「浪風静かに神通丸」、「三千七百石つみても足かろく、北国の海を自在に乗て云々」と述べた、和泉の唐金屋(からかねや)も、佐野浦の百姓であることが確認できます。このように、江戸時代の日本列島の海辺には、百姓、水呑で、時国家や柴草屋と同じように、大規模な廻船業を営んでいる家は、無数にあるといってもさし支えないと思います。

実際、日本列島は、三千七百以上の島々からなり、海岸線は二万八千キロメートルにおよび、農耕地になりうる低地、台地は二五%ぐらいしかないのです。能登半島のような地形は日本列島の半島や島のいたるところにありますし、中世以前にさかのぼると、地形は現在とはだいぶ違っています。たとえば、能登半島の町野川河口の小さな潟は、いまはほとんど消えてしまいましたけれども、昔ははるかに大きかったと見られますし、日本海海辺のいたるところにこのような潟があったことがわかっています。

また太平洋岸でも、岐阜県は、いまは海のない県といわれていますが、古代には大垣の近くまで海が入っていたのです。かつて伊勢湾台風で水に浸かったところは、もとは海だったところだといわれている地帯ですし、大阪湾も同様に広く、南関東も、水郷地帯といってもよいほど水びたしでした。

このように、中世以前の地形にまでさかのぼりますと、能登半島についてのべてきたようなことは、日本列島の全体にあてはまるに相違ありません。そしてそうなりますと、日本列島の社会が、農民が人口の圧倒的多数をしめる農業社会であったという常識も、おのずと完全に覆るといわざるをえないわけです。

これは、海だけの問題ではありません。山についても同じようなことがいえるのです。私の郷里の山梨県は、水田の少ない山国で、非農業的な地域です。ですから甲州人も自らを貧しいと思っているのですが、その反面、山梨は甲州商人、甲州財閥で有名でもあったのです。

この矛盾も、さきほどのような見方をすると解答が出てくるのです。たとえば、温泉で有名な石和(いさわ)の市部(いちべ)村は、やはり水呑が五一%いますが、ここは古くからの市庭(いちば)で都市なのです。また富士の登山口にあたる上吉田村にも水呑がたくさんいますが、ここも中世から間違いのない都市であり、山村の問題も海村の問題と同じように、交通が不便で田畑がないから貧しいなどとはいえないことがはっきりわかってきます。山奥の村で、林業を背景に非常に豊かなところもあるのです。

しかしこれまで、私もふくめて、一般的に歴史家はこのようには考えてきませんでした。二十年ほど前に私は『日本中世の民衆像』という岩波新書を出しましたが、そのころ中世の百姓が農民だけでないことははっきりと気がついていました。それは百姓の負担する年貢のうち米年貢はむしろ少数派で、絹、布、塩、鉄、紙、油などが年貢になっていることがわかっていましたので、中世の百姓は、決して農民などとはいえないと思っていたのです。けれども、江戸時代に入れば、農業が発展したことも確実なので、「お百姓さんといわれるように、百姓は農民と解してもいいと思います」などと、この本には書いてあります。そのため新しく刷られた本には補注を書き入れ、これが間違いであるとはっきり書きましたが、十年前は私もその程度の認識でした。

これまでの歴史研究者は百姓を農民と思いこんで史料を読んでいましたので、歴史家が世の中に提供していた歴史像が、非常にゆがんだものになってしまっていたことは、疑いありません。これは江戸時代だけでなく中世でも同じですし、古代にさかのぼってもまったく同様です。百姓は決して農民と同じ意味ではなく、農業以外の生業を主として営む人々——非農業民を非常に数多くふくんでいることを、われわれはまず確認した上で、日本の社会をもう一度考えなおさなくてはならないと思います。

しかしどうしてこのような誤解が生じ、思いこみがひろがってしまったのかについては、あらためてあとでふれたいと思うのですが、その前にもうひとつの誤解にふれておかなくてはなりません。

それは、村というとなんとなく農村を考えてしまう思いこみで、これもわれわれの間には非常に強くしみこんでいる見方です。「漁村」「山村」という用語はわずかに市民権を得ていますし、浦は村とは一応違う単位として制度上も認められており、学者の中でも確認はされています。しかし、だいたい漁村や山村は田地が少なく非常に貧しいと考えられており、その社会的な比重も小さいとされてきたと思うのですが、この見方がやはり大きな誤りを招いていると思うのです。

これまでの話の中で不思議に思われたと思いますが、江戸時代、能登の輪島や宇出津、周防の上関、和泉の佐野のような、実態としては明瞭な中世以来の都市が、すべて制度的には村とされていたのです。これ自体が大きな問題ですが、江戸時代に町と認められたのは、城下町、それに堺や博多のような中世以来の大きな都市だけで、実態は都市でも、大名の権力とかかわりのない都市は、すべて制度的には村と位置づけられています。

村にされれば、自ずから検地が行われ、田畑、石高を持つものは百姓、持っていなければ水呑の身分にされますので、村であるから農村だなどと思いこむと、先ほどのようなとんでもない大間違いがおこるわけです。江戸時代の「村」は、決してすべてが農村なのではなく、海村、山村、それに都市までをふくんでいるのです。

これまで、村は百姓によって構成されており、百姓は農民であるから村は農村であるという一種の等式ができていて、村というとすぐ農村を思い浮かべるのが日本人の常識になってしまっているのですが、この思いこみはすべて捨て去って社会の実態を考えなくてはならないのです。

事実、村という単位は、中世にさかのぼりますと、非水田的、非農業的な集落、郡、郷（ごう）、荘（しょう）のような公的な行政単位からはずれたところなのです。公（おおやけ）の田畠からはずれ、あとからできた田畠や集落が村と呼ばれています。

ですから、中世の村には海辺や山の中の集落がわりあいに多いのです。能登の中世の土地台帳、十三世紀前半の大田文（おおたぶみ）を見ますと、村という単位は、多くは江戸時代に港町になるような海辺の集落です。ですから「村は農村」という思いこみを取り払って、もう一度、日本の社会を見なおしてみる必要があると思うのです。

水田に賦課された租税

では、どうして日本人はこういう誤った思いこみを長年にわたってしてきてしまったのか、これが大問題なのです。ちょっと考えればすぐわかるように、百姓ということばは、本来、たくさんの姓を持った一般の人民という意味以上でも以下でもなく、このことば自体には、農民という意味はまったくふくまれていません。古代の和訓では「おおみたから」と読まれていると思いますが、これにも農民の意味は入っていません。

現在の中国や韓国では、「百姓」ということばは意味どおりに使われています。ですから、中国人の留学生に、「あなたの国で使っている『百姓』をどのように日本語に訳しますか」と訊いてみましたら、しばらく考えて「普通の人」と答えました。

そのとおりなのだろうと思うのです。士大夫（したいふ）、つまり官僚でない一般の人民を百姓と呼ぶのが普通の用法なので、現在でもそのまま用いられているのだと思います。その留学生は、日本に来て「百姓」というとみなが農民だと思っていることに、最初は違和感を持ったといっておりましたが、まことに当然なことで、百姓には本来、農民の意味はまったくふくまれていないのです。

村も同じで、これも群に語源のあることばですから、本来、農村の意味はないのです。にもかかわらず、厳密に実証的でなくてはならない歴史家、科学的な歴史学を強調している歴史家たちが、史料に現われることばを、使われている当時の意味にそくして解釈するという実証主義の原則、科学的歴史学の鉄則を忘れて、なぜ百姓という語をはじめから農民と思いこんで史料を読むというもっとも初歩的な誤りを犯しつづけてきたのか。私も同様だったのですから決して偉そうなことはいえないのですが、これは非常に大きな問題で、簡単に解答を出し切ることはむずかしいのです。しかし、いくつかの原因をあげることは可能だと思います。

その中でいちばん大きな原因のひとつは、「日本」を国号とした日本列島最初の本格的な国家、ふつう「律令国家」などといわれている古代国家が、北海道、沖縄、東北北部を除き、水田を国の制度の基礎に置き、土地にたいする課税によって国家を支えるという制度を決めたことにあると思います。

この国家は、支配下に入った人民を戸籍にのせ、六歳以上の男女のすべてに、男女、良賤の違いはありますが、一定面積の水田をあたえ、それを課税の基礎にして租、庸、調をはじめ、その他の租税を賦課徴収する制度を定めました。この制度をこの国家は本気で徹底して実施しようとしており、たとえば、志摩国の百姓はほとんどすべてが海民なのに、この人たちにまで田地をあたえようとしています。もちろん志摩国には水田はないので、尾張国に水田をあたえていますが、実際には志摩の人たちは永続的な耕作はできなかったと思われます。これをみても、この国家がすべての百姓を農民、稲作民ととらえようとする強烈な意志をもっていたことは間違いないといってよいと思うのです。

もうひとつ例をあげますと、長屋王（ながやおう）という、八世紀前半の政府の首班だった人が、百万町歩の田地の開墾を計画しています。考えてみると、この百万町歩という数字はおどろくべき数字で、中世になっても全国の水田は多分そこまでになっていないと思うのですが、少なくとも政府は一年間、本気でこの計画を実行しようとしているのです。結局、無理なことがすぐに明らかになり、三世一身法に軌道修正が行われますが、この途方もない開墾を計画した事実そのものが、この国家の水田にたいする思い入れがじつに強烈であったことをよく物語っています。

最初の本格的な国家がまずこういう制度を定めたことが、あとあとまで甚大な影響をあたえていくことになったのです。

もちろん、この時期の日本列島の社会には、かなりの比重で海民、山民がおり、すでに交易や手工業にたずさわる人びとも活動していて、自給自足の集落など存在しないといってもよいくらいだと思います。

　にもかかわらず、なぜこの国家が水田を租税の基礎にした制度を定め、これほど本気に、強力な意志をもってそれを実施しようとしたか。このこと自体非常に大きな問題で、この国家の主な基盤である畿内をはじめ、北九州にいたる列島西部の社会において、水田と米が神の祭りを支えていたことが背景にあると考えられます。それはともあれ、この国家の租税制度は、大きく変化しながらも、中世国家の土地制度、荘園公領制に承け継がれていきます。

　荘園公領制は十三世紀前半までに確立しますが、この制度も基本的に水田を賦課単位にして、年貢・公事（くうじ）などの租税を取り立てているのです。年貢は米だけでなく、絹・布や、鉄・塩などの非水田的な産物も多いのですが、水田一町別に絹二疋（ひき）、田地一反別に五両の鉄というように、水田を課税の基準にしてさまざまな産物を年貢、租税として取っているのです（後述）。

　ですからこの制度は、最初から米と絹や鉄などの交易を前提にしているのですが、租税制度の建前としては水田を基盤としていることになります。さらに十六世紀から十七世紀にかけて、近世の国家、「幕藩体制」といわれている国家が形成されてきます。この国家は田畑・屋敷、時によって山や海、塩浜などからの収入、商業の利潤までを米に換算し、年貢の賦課基準としての石高を定め、それに免（めん）といわれた税率を乗じて年貢を取っています。免五ツは五割の税率ということになります。

　この石高制は、田畑や屋敷、山や海、塩浜まで全部を水田に見なし、領主の収益を価値尺度としての米で表示し、課税の基礎を決めたと考えることができますので、近世の国家の租税制度もまた、基本的に土地—水田に税金を賦課する制度になっています。

　ですから、律令国家以来、中世、近世の国家にいたるまで、支配者はほぼ一貫して「農は国の本」「農は天下の本」という姿勢をとりつづけ、百姓が農民として健全であることを強く求めてきたのです。

　日本国成立後、千三百年ほどの歴史の中で、十四世紀から十六世紀にかけての時期をのぞき、他のすべての時期を通じて、このような農本主義が国家の側からきわめて強力に人民に吹きこまれてきたことは間違いありません。土地に租税を課している以上、百姓が農民であってほしいのは、国家のきわめて強い意志であり、国家にとってそれがもっとも望ましい事態だったことを考えておく必要があると思います。

　それゆえ、制度上の用語そのものが農業を中心につくられることになっており、たとえば、江戸時代、さきほどの百姓円次郎のように、ごくわずかな石高を持っているだけで、一年のほとんどを廻船交易、つまり船商売をやっており、たまに帰ってきた時に農業をやっているという程度の人の場合でも、主たる生業の廻船の仕事は「農間稼ぎ」、「作間稼ぎ」、つまり「副業」と表現されてしまうのです。

本来なら、船間稼ぎ(ふなま)が農業なのですが、そのようなことばはありません。いまでもサラリーマンで、ごくわずかの農地を持ってひまなときに農業をやっている程度の家でも、第二種兼業農家なのですが、このような用法は江戸時代の「農間稼ぎ」の流れをくんでいると思います。

襖下張り文書の世界

このように、農本主義的な制度上の用語は現代まで生きておりますが、こういう制度が定着したことによって、「百姓は農民」という意識は一般の人民の中にもだんだんに浸透していくことになります。

十六、七世紀ごろから、こうした意識が社会に広がりはじめ、江戸後期になると、農夫は、「俗に百姓という」といわれるほどになります。農夫は百姓の本来の意味とは違うのだと、わざわざ学者がいわなくてはならないほどにこの思いこみが広がっているのですが、近代になると、学校教育によってこれがさらに徹底して教えこまれていくわけで、「お百姓さん」は農民だという理解が日本中にゆきわたっていくことになったのだと思います。

しかし、歴史家がほんとうにことばの意味に厳密な姿勢をとり、研究者として堅持すべき鉄則に依拠していれば、このような間違いはもっと早くからわかったはずです。しかし歴史家を誤らせた落とし穴がもうひとつあったのです。

歴史家はもっぱら、文献史料を扱いますが、その中で、文書史料の多くは国家の制度の運営の中で作成されますから、さきほどのような農本主義的な国家の下では、農業、田畠にかかわる文書が圧倒的に多く作られます。そして現在まで伝来している文書史料は、ある基準による選択を経ており、たくさん作られた文書のうちのごく一部が、長年の選択を経て現在われわれの手にしうるような状態で伝わってきているのですが、この選択の経緯にもやはり国家の制度が決定的な影響をあたえています。

なにより税金が土地にかかっているのですから、中世から近世にいたるまで、田畠関係の文書はどこの家でも大事に保存しますし、土地台帳、田畠の売買に関する文書、あるいは土地に賦課された税金に関する文書が、いちばん大事に保存されることになるのは自然のなりゆきでした。

能登の時国家の蔵に残っている文書を見ても、やはりそういう性格の文書が非常に大きな比重をしめています。中世にさかのぼっても同様で、寺院や貴族の家に残っている文書の圧倒的部分が、荘園や公領の田畠にかかわる文書です。もちろん百姓の訴状なども残っていますが、これも田畠に賦課される租税に関するものが圧倒的に多いのです。実際、百姓が年貢をまけてほしい時には、今年は虫がついて稲が実らない、冷害だから稲が不作だなどといって、田畠の損亡を強調し年貢を免除してもらおうとします。

年貢は田地に賦課されていますからこれは当然のことなのですが、百姓の中に、非農業的な生業を主として営んでいる人がたくさんいても、百姓のそうした年貢に関する申状を読んでいると、百姓はみな農民に見えてくるのです。ですからわれわれはこれまで疑うこともなく、史料に「百姓」と出てくれば農民と考え、その解釈は間違っていないと思いこんできたわけです。

ところが、最近、量は多くないのですけれども、一度は廃棄された文書がたまたま発掘され、再利用されて、現在まで伝わった文書が注目されはじめました。いちばんよい例は、平城宮跡から発掘される木簡です。この中には一種の荷札が多いのですが、これは一度使えば当然捨ててしまいます。ところがそれが水気の多いところではそのまま土の中から出てくるのです。こうした木簡にはさまざまな海産物の荷札が多く、律令制の下でも諸国の海産物がたくさん都にはこばれ、重要な意味を持っていたことがはじめて注意されるようになりました。

また、奈良時代に廃棄された戸籍の裏に東大寺の宝物が記されたため、戸籍が残ったことは有名ですが、平安時代後期以降も、廃棄するはずだった文書の裏に日記や記録を書くことがさかんに行われています。紙は大事でしたから、捨ててしまうはずの文書を裏返して、そこに日記、記録を記す。そうすると、捨てられたはずの文書が残るわけです。こうした文書を裏文書、紙背文書といいますが、一般的にいってこうした文書には、非農業的な生業にたずさわる人びととの現われる頻度が、通常の経緯で保存され伝来した文書に比べるとはるかに多いのです。また動産に関する文書が多いのも紙背文書の特徴で、保存されてきた文書とはかなり違った世界をそこからうかがうことができるのです。

安土・桃山時代から江戸時代になると、襖や屏風の下に張られた文書が発見されます。これを襖下張り文書といいますが、これも破棄されてしまうはずの文書が、下張りに再利用されてたまたま伝わった文書なのです。時国家では両家ともすべて襖紙を保存しておかれたので、われわれは襖下張り文書もすべてはがして、一点一点、整理することができたのです。

蔵に保存された文書の整理がほぼ終わりましたので、最近この下張り文書の整理にとりかかったところ、驚くべき事実がわかりました。時国家には、上下(かみしも)両家とも江戸後期に北前船を持っていたという話はありましたし、実際、船箪笥も実物が残っています。ところが、上時国家の蔵に伝わった一万点近い江戸時代の文書を調べたかぎりでは、そのことをついに明確には確認できませんでした。

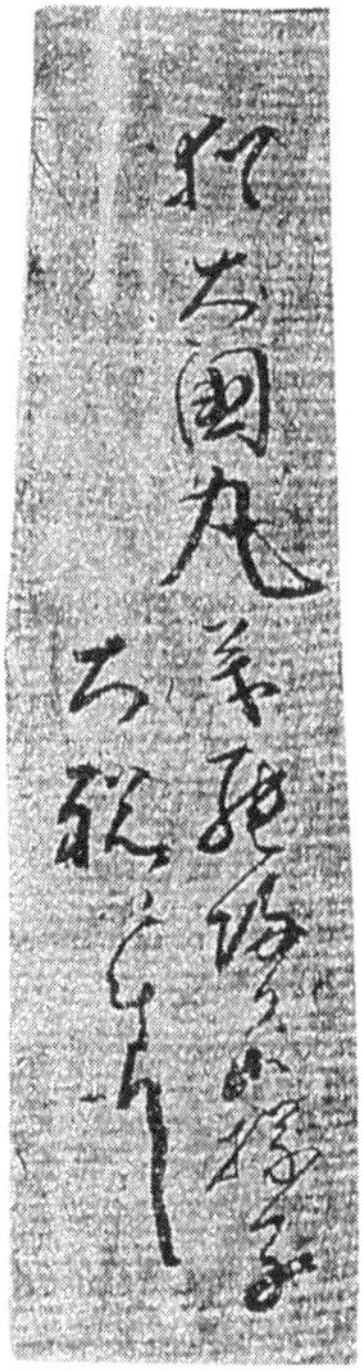

上時国家の襖の下張りに使われていた文書(大国丸は上時国家の所持する北前船)。

ところが襖下張り文書を調べはじめたところ、仕切や商品の受取がたくさんあり、これらは間違いなく、上時国家が自分の家に残っていた文書の中で、いらなくなったものを経師屋にわたして襖に張らせたものだということがわかったのです。

これを泉雅博さんが調べてくださったのですが、上時国家が四艘も北前船を持っていたことがこの襖下張り文書によって、はじめてわかりました。それも千石積、八百石積の巨大な船で、大坂から北海道までの一航海で千両をこえる取引きをして、三百両の利潤を上げる船が、少くとも四艘も動いていたことが、確認できました。

さらにこの船がサハリンまで行っていたことが、ごく最近、やはり奥能登の井池光夫家の襖下張り文書を、泉さんと橘川俊忠さんが調査された結果、明らかになりました。上時国家がこうした北前船主としての利潤を、金融業に運用していたことも、これらの文書によって知ることができました。ですから上時国家が江戸時代を通じて大企業家だったことは明らかです。

もうひとつ驚いたのは、この北前船の船頭に友之助という人が現われたのですが、蔵に伝わった文書を整理していた関口博巨さんは、上時国家の下人の中に、わずかの田地を借りて耕している友之助という人を見つけ、この二人の友之助が、確実に同一人物であると確認しています。つまり、蔵に伝わった文書だけを見ていると、友之助は時国家の貧しい下人、小作人と見えるのですが、襖下張り文書の世界の友之助は、千両の取引きを自分の判断でやることのできる北前船の大船頭になるわけです。選択されて蔵に伝わった文書の世界と、廃棄された文書の世界の間にはそのくらいの大きな違いがあるのです。

これまで歴史家は、襖下張り文書まで整理して丹念に調べることはほとんどやってきませんでした。実際、近世の文書は厖大すぎてそこまでなかなか手がまわらないのですが、そのためにこの落とし穴にみなひっかかってしまっていたのです。海民や山民の世界、廻船人・商人の世界は、多くはこうした廃棄された文書から知りうるわけですから、まさしくこれは切り落とされ破棄された世界であり、この世界をもう一度世に出さなくては、日本社会像が非常にゆがんだものになってしまうことは確実です。

学問自体も、こうしたゆがみをさけることはできませんでした。儒学者は、だいたい農本主義ですし、近代に入ってきた西欧の学問の場合も、やはり農業を中心とした経済史が圧倒的に紹介されてきました。もちろん、ピレンヌのように商業に目を向けた仕事も紹介されてはいますけれども、なんといっても経済史は農業を基本としており、中世についていえば、農奴制に基礎をおく封建制であり、農民を支配する封建領主が支配的な立場にあるというのが常識です。この点についてはマルクス主義史学もまったく同様だったと思います。

ですから日本経済史の用語の中には、富農、中農、貧農、豪農、小農、農奴、隷農、小作農など、「農」がつくものが圧倒的で、海民、山民などまったく無視されており、そうした人びとについての学問的用語はほとんどありません。またさきほどの時国家のような、多角的な経営をやっている家を的確に規定する学術用語を、現状ではわれわれは持っていないのです。たとえば、隷属性の強い海民を「海奴」「漁奴」などといってみても、いまの学界には通用しません。しかしこうした海民は土地をまったく持っていないのですから、「農」ということばは使えないのです。

このように、学術用語そのものが完全に農本主義に染め上げられているといわなくてはなりません。支配者についても、封建領主、私営田領主、在地領主という具合に、すべて農業にそくしてとらえてきたのが、これまでの歴史学の実状だと思います。

私自身、農業以外の生業にたずさわる人びとの研究をこれまでしてきたのですが、社会の中でごく少数の人たちのことを研究して、それを根拠に日本の社会を論ずるなど、まったく以ての外で、非農業民に関連して天皇を論ずるなどはとんでもないことだ、という評価が一般的だったと思います。

しかし百姓が農民ではないとすれば、日本の社会の中で非農業民は決して少数派ではないことになります。この点についてほぼ確信をもてましたので、もう少し胸を張って、日本の社会を農民とともに非農業民まで広く視野に入れて、徹底的に考えなおす作業をこれからはじめてみたいと思っているところです。そうした試みの一部をこれからいくつかの例をあげてお話ししてみたいと思います。

第二章　海からみた日本列島

日本は孤立した島国か

前章で、百姓は農民であるという、日本人に広く深く染みとおっている思いこみが、まったく事実とは違い、百姓の中にはかなりの比重で、農業以外の生業を主として営んでいる人びと、非農業民がいたというお話をしましたが、そのことを前提において、あらためて日本列島の社会を見直してみますと、これまでの常識的なイメージがすべてについて変わってきます。

従来の見方では、縄文晩期から弥生時代にかけて、稲作が日本列島にわたってきてからの列島社会は、基本的に農業、稲作を中心とするようになり、海によって周囲から隔てられた島々の中で、自給自足の生活を営む孤立した社会であった、と考えられてきたと思います。しかしこの常識的な見方はじつはまったく偏っており、こうした日本列島の社会像は誤った虚像であるといわなくてはなりません。

まず、海によって周囲から隔てられた島々というのは、ことの一面のみをとらえた見方です。たしかに海が人と人とを隔てる障壁の役割をすることのあるのは、もとより事実ですが、しかし、それは海の一面で、海は逆に人と人とを結ぶ柔軟な交通路として、きわめて重要な役割を果たしていたことも間違いありません。

日本列島は、三千七百以上の島々から成り立っていますが、これらの島々はそれぞれ海によって結びついており、東西南北の海を通じてアジア大陸、東南アジアの島々、さらに南の島々とも、非常に早くから人や物の交流があったことがわかっています。また列島内部でも、湖や川、あるいは山は、交通路としての役割が非常に大きく、またそこからは、それぞれに豊かな山の幸、海の幸、川の幸がもたらされ、人びとの生活を維持する上でも重要な意味を持っていたのです。

平地の稲作や畠作だけでなく、このように海、湖、川や山の役割に目を向けてみたときに、日本列島の社会がどのように見えてくるかについて、まず時代を追ってお話ししてみたいと思います。ただ、考古学については素人なので、読みかじり、聞きかじりのことが多い点、最初におことわりしておきます。

この列島が大陸と地続きだったころ、旧石器時代にも広く人類が生活していたことが最近はっきりわかってきたわけですが、それまでは縄文文化が日本列島固有の文化であり、「日本文化」のもっとも基底にある文化だと考えられてきました。たしかにそれは事実なのでしょうが、これを「島国」の文化であるとして、縄文文化圏を現在の日本国の領土にほぼあてはめて描いた地図をよく見かけます。沖縄については、先島（さきしま）――宮古、八重山は別の文化圏ですが、その点は別としても、こうした地図では対馬と朝鮮半島、サハリンと北海道の間に線がひかれているのです。しかしこれは考えてみると非常に不思議なことです。

だいぶ前のことですが、私は船で対馬に行ったことがあります。九州から対馬までの船旅は私にはかなり大変でした。酔いはしませんでしたが、縦横にゆれる船にたえて、何時間もかけてようやく着いたのです。縄文文化はこの荒海をわたっています。しかし対馬では晴れた日には朝鮮半島がよく見えます。そのくらい近い対馬と朝鮮半島との間を、さきほどのような地図によると縄文文化はわたることができなかったことになってしまいます。

これほど近い対馬と朝鮮半島との間を文化がわたらず、荒海の玄界灘をこえて文化がわたるということがどうして起こりうるのか。もしそれがほんとうだとしたら、むしろそれを証明することこそ、とても難しいことなのです。そう考えると縄文文化が日本列島の中に孤立した「島国」文化であるという見方は、きわめて不自然だと思うのですが、近年まで、それが考古学の常識だったと思います。

しかし、名古屋大学の渡辺誠さんの研究などによって、この「常識」は崩れ去りました。渡辺さんは、朝鮮半島の東岸と南岸から、対馬、壱岐、北九州などにかけての地域に共通した文化、結合釣針や石鋸を使い、曾畑(そばた)式土器を用い、特有の石器を使う漁撈民の文化があったことを証明されました。

渡辺さんによるとこの文化は、やがて沖縄から山陰、瀬戸内海ともかかわりを持つようになるとのことですが、縄文時代以来、海を通じて朝鮮半島と日本列島の間にきわめて広域的な人の往来のあったことが、これによってはっきりわかったわけです。縄文文化は決して現在の「日本国」の領土の範囲などにとどまり、日本列島の中に孤立していたわけではないので、まことに当然ながら、アジア大陸と深く結びついていたことが明らかになってきました。

こういう新しい発見は、その後もつぎつぎになされており、森浩一さんによると、隠岐島の黒曜石が沿海州から発掘され、伊豆の神津島の黒曜石も本州東部のいたるところで見出されるのだそうです。このように黒曜石の分布は、非常に広域におよんでおり、これも海を通じての交易を考えなくては理解できない事実だと思います。

また最近、やはり沿海州で、縄文時代前期の石器と酷似した石器が出てきたといわれており、北方の海を通じて北東アジアからも日本列島に早くから文化が流入していたことが、確実なこととなりました。

また言語学の分野でも大野晋さんは、だいぶ前からポリネシア語が日本語の基層にあると言われ、近年ではタミール語との関係を指摘されています。その当否について論ずる資格はありませんが、南からの人の出入りも十分に考慮する必要がありましょう。

縄文文化

いずれにせよ、いままでわれわれが教えられてきたように、縄文文化が「島国」の中に孤立した文化であったとする見方は、完全に誤りであることが明らかになってきました。

日本列島の内部でも、海を通じていろいろな物が動いていたことがわかってきており、千歳空港の拡張工事で発掘された美々（びび）遺跡からは、翡翠がたくさん見つかっています。これは新潟県、糸魚川のあたりの翡翠で、かなりの年月をかけたにせよ、大量のものが新潟から海を通じて北海道に運ばれていたことがわかります。

こういう事例は数限りなくあげられるようで、長野県で黒曜石の工場のような遺跡が発掘されたという話もあります。黒曜石の交易は日本列島の中で非常に活発に行われており、これはたまたま交易をしたというのではなく、最初から交易を前提に黒曜石の生産をする、いわば「商品生産」が縄文時代にすでにあったといえるのだと思うのです。

商業の開始についても、これまでは新しい時代のことと考えられてきたのですが、交易のために物を生産することが行われていたとすれば、商業がすでに行われていたといってよいのではないかと思います。

黒曜石だけでなく塩も同様で、日本列島の場合岩塩がありませんから、塩は海水からとらなくてはなりません。最初のうちは「藻塩を焼く」といわれるように、海草を使って鹹水（塩分の濃い海水）を得て塩を焼く煎熬をしていたのですが、縄文後期になると土器で製塩が行われるようになります。

霞ヶ浦の沿岸などに大きな製塩土器が発掘されていますが、土器で塩をつくりますと、相当量の塩が一挙にとれます。ですからこれは交易を前提にした製塩であるといって間違いないと思います。塩がとれると魚貝の塩蔵も可能になり、その交易も行われるようになりますので、塩の交易、それにともなう魚介類の交易は、日本列島の社会の中でもっとも早く現われる商業で、塩商人、魚貝商人は、やはりもっとも古い商人ではないかと私は考えています。

これまで縄文時代については、毛皮をまとったほとんど裸の人が、裸足で弓矢や石器を使って獣を追って駆け回っているイメージが強いのですが、これは徹底的に消してしまわないといけないと思います。

たとえば衣類にしても、藤や葛など木の繊維を使った織物がありますし、木の実を入れる編み物の袋も作られています。靴も履いている。また道具も、弓矢や石器だけではなくて、木器もかなり高度なものが作られています。

若狭の三方五湖の、鳥浜遺跡という有名な縄文時代の遺跡からは、きれいに漆を塗った女性の櫛も出土しています。また最近の青森市の三内丸山（さんないまるやま）の遺跡からは、みごとな漆器がたくさん出土していますし、おどろくほど厖大な量の土器も発掘されています。さらに巨大な柱跡（はしらあと）が見られるのですが、その間隔が等しく、一種の物さしがあったと推定されているのです。

縄文時代の生活文化は、このように非常に豊かで複雑なものだったのです。それは漁撈、狩猟をはじめ、大変に発達した木の実の採集、加工を基礎にしているのですが、それだけではなく、植物、樹木の栽培もはじまっていたようです。鳥浜遺跡からは瓢箪の種が出てきたのですが、胡麻やニガウリの種も発掘されています。とくに瓢箪の場合、日本列島原産の植物ではないので、これは栽培されたとしか考えられません。このように植物の種を蒔いて栽培する技術は、縄文時代後期には日本列島の社会に定着して

三内丸山の遺跡から発掘された縄文のポシェット。クルミも入っていた（三内丸山遺跡対策室提供）。

いたのではないか、と考えられるようになっています。

さらに稗もでてきますので、畑作も縄文後期にははじまっていたのではないかという説もありますし、縄文晩期には稲作が一部ではじまるわけで、このような非常に多様な文化が縄文時代にあったことは間違いありません。

さらにまた、能登半島の真脇遺跡をはじめ、さきほどの三内丸山など、日本海沿海地域に巨木文化とよばれるような、巨大な木を何本も立てた遺跡が各地で見つかっています。それが建物なのか、祭祀遺跡なのかはよくわからないようですが、これだけの仕事はかなりの組織的な社会ができていなければ達成することはできないと考えられますので、広域的な交易関係を持ちつつ、それぞれの単位の社会もかなり複雑になっていたものと考えられます。もちろんだからといってすぐに権力の存在や、支配、被支配の関係を考える必要はないと私は思いますが、それなりのリーダーの存在は考えうると思います。

まったく素人なのにこのようなことから話しはじめたのは、これまで弥生時代に農耕、稲作がはじまると、われわれの目は完全に稲作だけに向いてしまい、日本列島の社会全体が稲作一色におおわれた農業社会になったように考えがちだったため、長い縄文時代を通じて蓄積されてきた、多様な生業にそくした技術や文化を切り落としてしまっていたことを強調したかったからなのです。縄文時代をそのように多様な生業に支えられ、広域的なつながりを持った社会と考えておかないと、その後の文化、社会を正確に理解することはできないと思います。

弥生文化

ふつう稲作は弥生時代からと考えられていますが、縄文晩期から瀬戸内海や北九州の一部ですでに稲作がはじまっており、稲作と弥生土器はかならずしもセットであったわけではありません。また、稲作のひとつひとつの技術がバラバラに入ってきたのではなくて、体系的な技術がまとまって入ってきた、つまりそうした技術を持つ集団が移住してきたことは確実のようです。

稲作だけではなく、多様な文化要素が紀元前三世紀ぐらいから、列島の西部に、中国大陸、朝鮮半島から流入してきます。畑作の作物や青銅器、鉄器、それから養蚕、織物の技術、新しい土器製塩の技術などが入ってきたと考えられています。

また、鵜で魚をとる鵜飼もこのころ列島に入ってきたようです。鵜飼は列島の西部からはじまり、中世になると、ほぼ日本列島全域に鵜飼を生業とする人が広がっています。ですから、生活を十分支えられる漁法だったわけですが、これも稲作といっしょに入ってきた技術のひとつです。

これらの文化がどこから持ちこまれたのかについてもさまざまな議論がありますが、だいたい中国大陸の南部、いわゆる江南および朝鮮半島を経由して入ってきたと考えられます。たとえば、巨石を用いる支石墓や金属器は朝鮮半島から北九州に入ったのでしょうし、鵜飼や最近有名になった吉野ヶ里の遺跡については、江南の文化とのかかわりが非常に注目されています。

こうした稲作の文化は、紀元前三世紀ごろから非常なスピードで西日本に広がり、伊勢湾から若狭湾にいたる線から西までは、二、三十年で弥生文化が広がったといわれています。

最近、東北北部の青森にも弥生時代の水田の跡が発掘されており、稲作が意外に北まで広がっていたことがわかってきましたが、しかしこれは一時的なことで、東北に安定した稲作が行われるのははるかにのちのことで、やはり稲作はまず列島の西部を中心に広がったことは間違いないと思います。

そしてこのような広がり方を見ますと、弥生文化は、本来海をこえてきた文化であり、海や川を通じて広がったことは明らかです。ですから弥生文化をもたらした人々は、元来、海に深いかかわりがあり、船を駆使するすぐれた航海の技術をもった人々であったと考えられます。また、弥生時代になっても大きな貝塚があるわけですから、漁撈、製塩、狩猟、採集も依然として行われているわけですし、弥生時代は、はじめから海を視野に入れないと、理解しがたい文化であることも強調しておく必要があると思います。

中国大陸や朝鮮半島との交流も、われわれがこれまで考えてきたよりもはるかに密接です。いろいろ議論はあるようですが、朝鮮半島の南部から、日本列島でつくった弥生土器が出土しているとのことですし、日本列島の西部、朝鮮半島の南部、あるいは中国大陸の海辺などの交流の中で、海と深いかかわりを持ちつつ、「倭人」とよばれる集団が形成されていくのだと思います。

それゆえ、「倭人」は決して「日本人」と同じではないのです。列島西部を中心とした弥生文化の担い手であるとともに、海をこえて朝鮮半島南部、あるいは中国大陸の一部にまで広がった人びとの集団であったと考えておく必要があります。

それは弥生時代の末期に書かれた『魏志倭人伝』によってもよくわかります。注意しておく必要のあるのは、対馬について、田畑がないのでもっぱら南北に交易を行って生活しているとあり、壱岐についても、若干の田地はあるけれども、生活を支えるには不足なので、やはり南北に交易していると書いてあることです。これは壱岐、対馬だけでなく、島で成り立っている日本列島に広くあてはまることで、「末盧（まつら）国」といわれた松浦地域も同様と考えなくてはなりません。

このように、日本列島の社会は当初から交易を行うことによってはじめて成り立ちうる社会だった、厳密に考えれば「自給自足」の社会など、最初から考えがたいといってよいと私は思います。これだけの人口がいるのだから、これだけの水田、田畑があるはずだというのは、頭から農耕のみによる「自給自足」を前提にして、漁撈、狩猟、採集などの他の生業を無視しており、決して事実にそくした見方ではないと思います。

さらに『倭人伝』の中には、「国々に市あり。有無を交易す」という記事が出てきます。この「国」はのちの郡の程度、あるいはもう少し小さな単位だと考えられますが、すでにそうした地域に市庭(いちば)が立っているわけで、交易の場がいかに重要であったかがよくわかります。こうした市庭なしに社会は成り立ちえなかったのです。

実際、平地に住む平地民の生業としての田畑の穀物の生産、それに桑、漆、麻、苧(からむし)などの樹木の栽培やその加工による諸生産、牧での馬や牛の飼養、海民の採取する魚介類や塩、山民の採集する果実や木材、それを素材として生産される炭や木器、漆器、さらにこれを燃料として生産される焼物や、山で採取、製錬される鉄・銅、および、それを加工した鉄器、青銅器など、こうした多様な生産物の交換が広い範囲で行われなくては、社会が成り立たなかったと考えなくてはなりません。

山民と海民との間の分業は、縄文期には成立しており、弥生時代には平地民との間にも分業が確立したと考えられますから、縄文期の塩や魚貝、あるいは石器の原料などの交易を媒介していた原初的な商業活動は、弥生期以降さらに活発かつ広域的になったと考えられます。まだ、専業の商人ではなく、生産者が広い地域を動いて交易に従事するのがふつうだったと思いますが、それを支えたこの時期の交通の基本が海、川による交通であったことは、遺跡、遺物の分布をみてもはっきりとわかります。川や海にかかわりを持った遺跡が多く、水系によって遺跡群のまとまりもあるようです。しかもそれは予想以上に活発だったと考えたほうがよいようで、日本列島を横断する交通路は、早くから何本もあったと思われます。

瀬戸内海から大阪湾に入り、淀川を遡上して宇治川に出て、若干の陸路を通らなくてはならないでしょうが、琵琶湖に出て、また短い陸路を経て北陸、日本海に出る交通ルートは、この時期には活発に利用されていたと考えられます。

また、弥生時代に北陸の勾玉がかなりまとまって千葉県から出土していますので、中部、関東を、川と陸の道を利用して横断し、太平洋と日本海をつなぐ列島の横断路も利用されていたと思います。とくに川の交通は、現在からは想像できないくらい活発だったと見なくてはなりません。

西と東の文化の差

ただ、そのように交通が発達していても、列島東部と西部の差異は、この時期とくに非常にはっきりあらわれてきます。旧石器時代、縄文時代からその違いは明らかに見られたのですが、弥生文化はさきほどふれましたように、非常にスピーディーに、伊勢湾から若狭湾まで広がっていきますが、そこで面としての拡大はとまってしまいます。

そしてほぼ二百年ぐらい、列島東部には弥生文化は面としてはひろがらないといわれています。縄文文化の強い抵抗があって拡大がとまってしまうので、東の縄文文化と、西の弥生文化というはっきりした差異が、この時の日本列島ではかなり長い間つづいたことになります。

これは非常に根深い文化・社会構造の差異の、この時期でのあらわれなので、そういう大きな違いが日本列島にあったことは、その後の社会の動きを考えていく上で絶対に度外視できないと思うのです。

たとえば、青葉高氏の書かれた『野菜』(法政大学出版局、一九八一年)は、日本列島のカブの遺伝子の研究にふれていますが、シベリア、ヨーロッパ系のカブが、関東、東北、北陸に分布し、列島西部には、中国、朝鮮系のカブが分布しているのだそうです。このように植物学者の精密な研究によって、北回りでいろいろなものが日本列島の東部に入ってきていることが明らかになったわけです。北海道を経て東北に入るルートもあるでしょうし、日本海を横断して入ってくるケースもありうると思いますが、とにかく日本列島への文化の流入は、中国大陸、朝鮮半島、列島西部というルートだけではないのです。

ですから、弥生文化と縄文文化の差異、列島の東と西との差異は、日本列島の中だけで理解すべきものではなく、列島東部の場合は、北との関係を考慮に入れる必要があり、列島西部は朝鮮半島からの文化の流入を前提におく必要があると思います(拙著『東と西の語る日本の歴史』そしえて、一九八四年参照)。

これまでの日本文化論・日本社会論は、朝鮮半島、中国大陸から主として北九州を窓口として先進的な文化、技術が入ってきて、それが瀬戸内海から近畿に入り、西から「後進的」な東に広がっていったとされ、こうしたあり方が日本列島の社会のその後の歩みに決定的な影響をあたえたととらえてきたのですが、この見方を徹底的にあらためる必要があると私は思います。北東アジアからサハリン・北海道を経て東北・関東へ、あるいは日本海を横断して北陸、山陰へという、西からの文化とは異質な北からの文化の流入路のあったことに注目する必要があり、この異質な東と西の交流の中で、社会・文化のあり方を総合的にとらえる必要があります。

稲作についても同様で、弥生文化は紀元前一世紀ぐらいから、列島東部にも面として入りはじめ、東北南部まで稲作が広がっていきます。ただこの場合も注意する必要があるのは、稲作が広がっていくことが社会の進歩であるというとらえ方はあくまでも西側のとらえ方で、それでは東の文化を正確にとらえることはできないと思います。

列島東部の文化は、稲作を受け入れつつ、独自な文化を明らかに発展させており、西が先進で東が後進などとは簡単にいえません。東に先進的な要素もおおいにあるので、それが国家の成立以後の歴史にもはっきり反映していきます。

とくに弥生時代から日本列島東部では桑が広く栽培され、養蚕が活発に行われています。これが弥生時代のいつごろからなのか、古墳時代に入ってからなのか、私にはわかりませんが、日本列島西部の稲作のあり方と、列島東部の稲作のあり方は非常に違っており、日本列島東部の場合、畑作や麻、苧、桑の栽培が、稲作と結びつきつつ広範に展開したと考えられます。これは国家成立後の問題を考えてみる上でも非常に重要なことだと思います。

古墳時代

さて、三世紀から五世紀がふつう古墳時代の前期といわれていますが、現在の大阪、奈良、京都などの近畿地方、出雲や吉備などの中国地方から北九州まで、とくに瀬戸内海を中心にした地域に早い時期から政治的な動きがおこってきます。

そしてこの地域の首長―王たちの中から、大王（おおきみ）といわれるような人があらわれてきます。邪馬台国の卑弥呼は倭王といわれており、それが畿内のことなのか、北九州なのかをめぐって大論争があるわけですが、それはさておき、朝鮮半島・中国大陸との間の人と物の交流は、この時期、さらに活発になっており、西からのルートで多様な技術が九州、瀬戸内海、近畿に入ってきます。

とくに製鉄と馬が、この時期に流入した文化の中でいちばん大きな意味を持っていたといわれており、「騎馬民族」の渡来が問題になるのは、まさにこの時期です。これについては、私は何かを発言できる立場ではありませんが、「民族」の大挙した渡来でなくても、馬具や乗馬の技術が、波状的に文化としてわたってきたことは間違いないと思います。

事実、弥生時代から古墳時代を通じて、相当の数の人が大陸・半島から列島西部に流入したようで、それも一万、二万の程度ではなく、長い時間、約一千年の間に数十万人から百万人以上といってもよいほど多くの人がわたってきたと考えなければ理解できないことが多いと、埴原和郎さんは強調されています。

遺伝子の話なので私には立ち入れませんが、埴原さんによると、現在の朝鮮半島に住む人と西日本に住む人との間にはきわめて濃い類似性があるのにたいして、東日本人と西日本人との差異は、その差よりもはるかに大きいのだそうです。そして東日本人はアイヌ人に近く、さらに沖縄人とアイヌ人がよく似ており、これは古モンゴロイドの形質を残した集団だと埴原さんは指摘しています。その上に弥生時代以降、西から新モンゴロイドが入ってきたのだというのです。

これについてはいろいろな議論がありうるのでしょうが、ともあれかなり多くの人が中国大陸、朝鮮半島から日本列島の西部に流入してきたことは間違いないようです。ですから、さまざまな文化、技術が、そういう長期にわたる人の流入の中で、日本列島に入ってきたということができます。

しかしそれとあわせて考えておく必要があるのは、列島外からの文化の流入が、やはりこの時期も決して西からだけではなかったと考えられることです。

これまでは古墳が各地域に広がるのは、それ自体ヤマトの勢力の拡大で、倭王—大王を

須曾蝦夷穴古墳（石川県立埋蔵文化財センター提供）。

戴いているヤマトの首長連合の勢力が拡大すると、その地域の首長が前方後円墳をつくるようになるといわれてきました。このように従来の古代史は、前方後円墳の拡大をヤマトの大王への地域首長の服属の過程として描いてきたと思います。

もちろん、ヤマトとそれぞれの地域との間にかかわりがあったことは間違いないでしょう。しかし反面それぞれの地域には、ヤマト、あるいは北九州と異なる文化があり、独自な古墳のあったことも考えておかなくてはなりません。

たとえば石川県の能登島には、蝦夷穴古墳という非常に変わった形の古墳があります。これは前方後円墳とは異質である点で注目されてきた古墳ですが、一説によるとこの古墳は、朝鮮半島北部から中国東北部にまで影響をもっていた高句麗の影響をうけているのではないかといわれています。

最近、森浩一さんが中心になって、韓国、中国の学者を招待したシンポジウムで、いろいろな議論が行われましたが、この古墳の被葬者が高句麗から直接入ってきた人かどうかについては結論が出ませんでした。しかしヤマトの古墳と異質であることは、共通の認識だったと思います。

八世紀になれば渤海から日本海を横断して使者がやってくるのですから、北の方から日本海をわたって日本列島に入ってくる文化を、さらにさかのぼって考える必要があることについては、シンポジウムに集まった人たちの意見は一致していたと思います。

古墳の形式だけではありません。馬とそれにかかわる文化も、一元的に西から入ってきただけではなさそうだという見方も、最近の新しい研究の中からでてきています。まだ完全に証明されたことではないのですが、東北や関東の、五世紀から六世紀にかけての古墳の出土遺物の中に、馬具が出てくることが注目されていますし、八、九世紀には、関東、甲信地域はもちろん、「蝦夷(えみし)」の地である東北も馬の名産地になりますので、こうした馬の流入路をすべて西からとはいえないのではないか、北方からの列島への流入も考える必要があるのではないか、と考えられはじめているのです。

製鉄技術も同様で、これまでは朝鮮半島から北九州経由で鉄の原料が輸入されたといわれており、やがて日本列島で広く行われるようになる製鉄も、中国山脈や近江などの列島西部が中心と考えられてきました。鋳造の技術も同様で、列島の西部から東部に伝播したといわれてきたわけです。

しかし、どうもそれとは別に、北回りで入ってきた製鉄や鋳造の技術もあったのではないか、という考え方が最近かなり有力になってきました。列島西部とは明らかに炉の形が異なる製鉄が、かなり早い時期から、東北、関東で独自に行われており、しかも西では砂鉄からの製鉄であるのにたいして、東の製鉄は鉄鉱石からではないかということも考えられています。鋳造も同様で、東北南部に九世紀ごろの鋳造の遺跡が発掘されており、能登の鋳物も平安時代から知られていますが、やはり北からの技術という説もあります。このように列島への文化の流入は、決して西からだけではなかったのです。

南も同様です。「隼人(はやと)」といわれた南九州人は明らかに、奄美、沖縄と通ずる文化を持っており、「隼人」の古墳は、やはりヤマトを中心とした前方後円墳とは異質です。このように、すべてを西からの文化の流入、あるいは水田とヤマトの文化の広がりの中で日本文化を考えるような見方を、根底からあらためる必要があるのではないかと私は思っています。

周囲の地域との交流関係

もちろん古墳時代に入れば、日本列島内外の物と人の交流は、海、川を通じてさらに活発になっており、「ヤマト朝廷」ともいわれている近畿を中心とした首長たちの連合と、列島東部の首長たちとの関係も当然緊密になってきます。

そういう首長たちの間の、政治的な結びつきにともなう貢物としての物の動きにたいして、その返礼が行われる。つまり、贈与・互酬にともなう物と人の動き、さらにそれと結びついた情報の伝達は、弥生時代から古墳時代にかけて、列島内部で活発なものになっていたと考えることができます。しかしそうしたヤマトと諸地域との関係だけでなく、さきほどもふれた諸地域の間の独自な交易が、広域的に行われていることを決して見落としてはなりません。

とくに、北九州から瀬戸内海、大阪湾を通り、琵琶湖に入って北陸に出る列島横断のルートは、いちばん重要な幹線ルートとして、たくさんの人や物が動いています。

六世紀に入ったころ、ヤマトではそれまでつづいてきた王朝が絶え、それに代わってのちに継体（けいたい）といわれた人が越前から出てきて大王になりますが、この人の動いた足跡、その範囲は、越前はもちろん、近江、尾張、美濃から河内、摂津あたりにまでおよんでいます。そして最後にヤマトに入ってくるわけで、継体は非常に広い範囲にわたって動いており、しかもそれぞれの地域に妃を持っているのです。

たとえば、尾張には目子媛（めのこひめ）という妃がいますが、そういう各地の妃のところを大王は歩き回っていたのかもしれないともいわれており、ある時点で大王のいるところに妃たちをいっしょに集めたともいわれています（門脇禎二、森浩一、網野善彦『継体大王と尾張の目子媛』小学館、一九九四年）。

いずれにせよ、越前から琵琶湖に入り、近江をぬけて河内へ出るルート、あるいは越前から川をさかのぼり、山をこえて美濃、尾張へ出るルートなどを、多くの人びとが動いていたことは確実だと思います。

このようにこの時期になると、海と川を使ったルートによって、各地はさらに緊密に結ばれる状況になっており、そういう状況を背景にして、越前からヤマトに入った継体が新たな大王（おおきみ）になったような、広い地域を舞台とした王朝の交代といわれるような事態がおこっています。

これは物と人、情報の交流が、さきほどの列島横断ルートをはじめ、きわめて広域的、かつ活発になっていることを前提としてはじめておこりえたのだと思います。しかもヤマトは、瀬戸内海、北九州を通じて、朝鮮半島、中国大陸につながっており、越前も日本海を通じて大陸に結びついていますから、このような継体の動きも日本列島の中だけで孤立して考えることはできません。

実際、それからしばらくして、ふつう「磐井(いわい)の反乱」といわれている戦争がおこります。これまでこれは「反乱」といわれてきましたが、「反乱」ということばは、ひとつの中心があることを前提としており、その中心はヤマトということになります。しかし、このころはヤマトのみが中心ではないので、この戦争は「反乱」ではなく、ヤマトの王権と北九州の王権ともいうべき磐井との戦争と考えたほうがよいと思います。

しかもヤマトの王権は朝鮮半島の百済と手を結び、磐井は新羅と同盟を結んで対立したわけで、この戦争も日本列島内だけにとどまっていません。列島内の王権の対立が朝鮮半島の王権の対立と結びつきながら戦争が行われているのです。これは、瀬戸内海から北九州を経て、朝鮮半島、中国大陸への緊密な交通ルートのあることを前提にしなくては理解できないことです。

このような政治的な動きだけを見ても、この時期すでに海の交通ルートがいかに太く、安定したものになっていったかがうかがえるのではないかと思います。

また日本海についても、山陰から北陸、東北、北海道に向かう海上交通のルートが、この時期にはきわめて活発になっていたと思われます。このころ、佐渡や越後に玉造(たまつくり)の集団がおり、さかんに玉がつくられています。この玉はヤマトにも運ばれ、また出雲などの山陰一帯にも相当量の玉が運ばれていることが明らかになっています。これももちろん、日本海の海上交通のルートを考えなければ理解できないことです。

また太平洋側も、海の難所が多いといわれますが、意外なほど早くから海上交通が活発だったのです。ごく最近までは、遠州灘は大変に波が荒く、これをこえるのは難しいので、太平洋の海上交通のルートは江戸時代にならなければ安定しないというのが常識でした。

ところが、すでに古墳時代に、浜名湖の辺りでつくられた須恵器(すえき)が、大量に関東に流入していることが、はっきり確認されるようになりました。

茨城県の三和町史の編纂にあたって、古墳などから採集したすべての器片を綿密に分析したところ、湖西の窯で焼かれた須恵器が、量的にいちばん多かったことがわかったのです。これは遠州灘をこえて運ばれたことになります。焼物の大量の輸送は、陸路は無理なので海と川のルートを使うのがふつうですから、この事実は、太平洋の海のルートが古墳時代に早くもかなりの程度安定していたことを物語っていると思います。

また、南の沖縄方面から北上してくる人や物も相当あったと思われます。弥生時代のころ、ゴホウラ貝という腕輪をつくる貝が北九州に流れこんでおり、しかもその風俗の影響はヤマトにまでおよんでいるとのことです。

このように、海で四方にひらかれた日本列島の社会は、つねに周囲の地域との交流関係の中で考えることが必要なのです。

さらに、さきほど縄文時代から交易が行われ、弥生時代には市庭が各地にあったといいましたが、古墳時代になれば、貨幣経済といってもよいほどの動きが現われてきていると

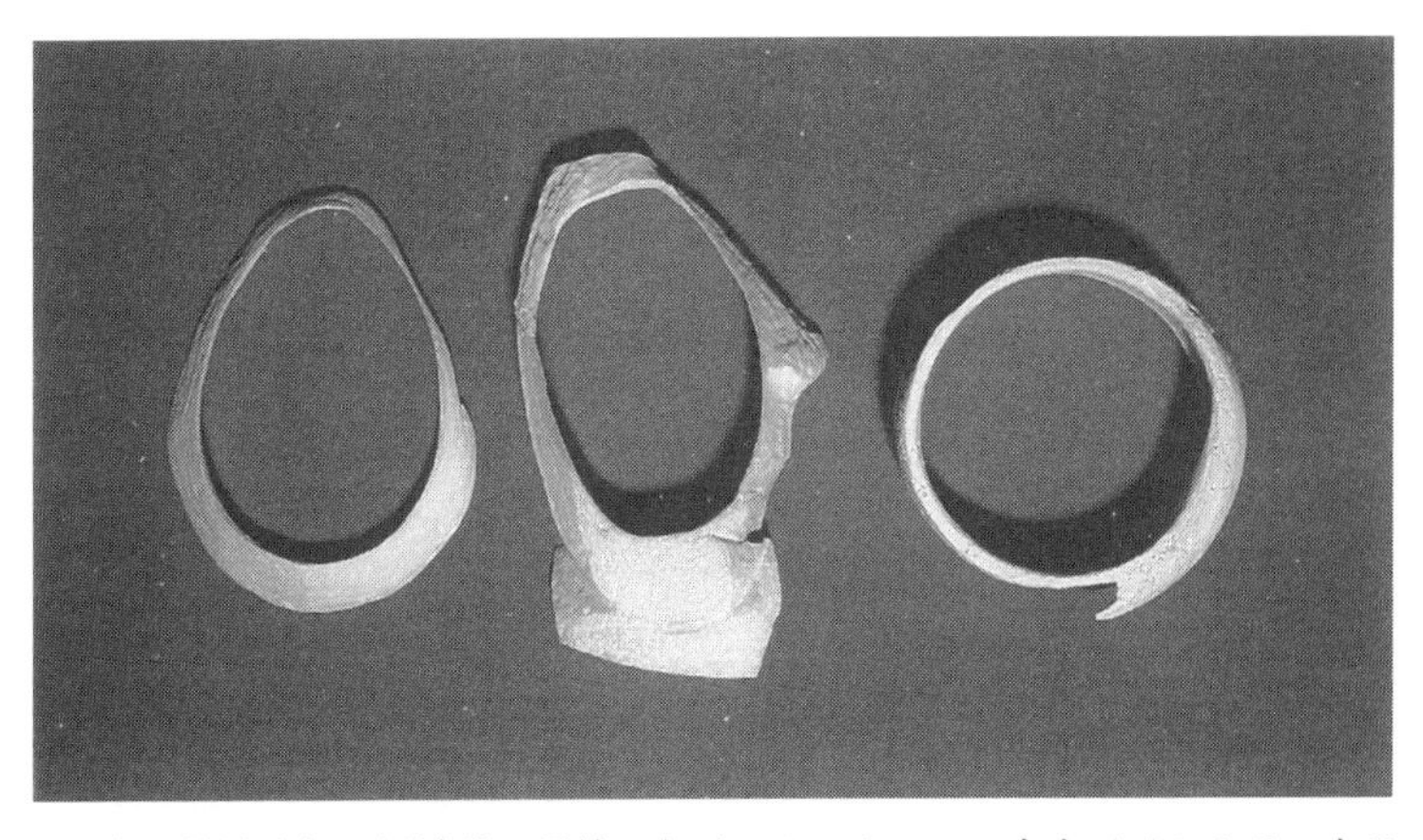

鹿児島県枕崎市松ノ尾遺跡の貝輪。左がオオツタノハ、中央がゴホウラ、右はイモガイ製（『図説日本の古代』4、中央公論社より）。

思います。原初的な貨幣は、この時期にはっきりと姿を見せているのです。もちろん多様な物品貨幣を、交換手段、支払手段、価値尺度として使うということですが、これを貨幣経済ということも決して無理ではないと思います。

貨幣の発生についてはいろいろな議論がありますが、この時期、交換手段として使われたと推定できる物品は、列島西部では主として米だと思いますし、列島東部では布と絹がおもに用いられたと思います。

米は神に捧げる神聖な穀物ですし、逆に神からあたえられるものという性格も持っています。布や絹の場合も同様で、神に捧げられるもので、衣料を神に奉り、あらためて神からあたえられることによって、布や絹は貨幣になるのだと思います。これが世俗の人間同士の贈与・互酬のさいに用いられますと、衣料などはとくに、人と人との関係をきわめて緊密にしますが、米や絹を神に捧げることによって、これが一般的な交換手段となり、貨幣として機能することになったのではないかと思います。ですから古墳時代には、このような物品がすでに貨幣として用いられていたということができると思います。そのほか、塩、鉄、牛馬も、貨幣の機能を持ったことがあります。

『日本の歴史をよみなおす』ですでに細かくふれましたが、原初的な金融である出挙——神に捧げた初穂、上分（じょうぶん）を資本とし、これを種籾として貸し出して、収穫のとき利息の稲を取る——は、この時期には確実に行われていたと思います。こうした上分物（じょうぶんもつ）をたくわえる蔵を管理したのが当初は首長だったのだと思いますが、そうした金融を行う富裕な人びとも現われていたようです。原初的な金融である出挙は、この時期には、列島西部で米や酒、東部では絹、布などを資本にして行われていたと考えることができると思います。

また、第一章でもふれましたが、とくに注意しなければいけないのは、縄文、弥生時代はもちろん、このころの地形が現在とまったく違っていることです。海が内陸部に深く入っているのです。古墳時代には岐阜の大垣のあたりも海に接していたようで、掘ると海の砂が出てくるのだそうです。

また、南関東も水浸しの水郷だったと考えられます。さきほどあげた三和町はいまでは完全に内陸部で、水の気配もありませんが、古くは大きな沼や川があって、戦国時代には船いくさ、水軍の戦争をやっているのです。

ですから、船は川を通って内陸部に深く入っていたと考えなくてはなりません。濃尾平野の水田地帯ができるのも、かなり時代がくだってからのことですし、伊勢湾台風の時に水に浸かったゼロメートル地帯はすべて海だったのだと思います。弥生期の遺跡のあるところだけは水に浸(つ)からなかったといわれています。

日本海についてみると、海に川の流れこむところには、かならず大きな潟があったのです。これもいまの地形からは想像できません。能登半島も邑知潟(おうちがた)地溝帯に半島をほとんど横断するぐらいの海が入っていたようです。こうした、平野が少なく、山野河海の比重が圧倒的な日本列島の自然条件を前提にして、社会の動きを考えなくてはなりません。

「日本国」の誕生

さて、七世紀後半から八世紀初頭にかけて、ヤマトといわれたのちの畿内を中心として、東北と、南九州をのぞいた本州、四国、九州を支配下に入れた本格的な国家が、初めて列島に成立することになります。この国家が「倭」にかえてはじめて「日本」という国号を定め、王の称号も天皇としたので、それ以前に「日本」、あるいは「天皇」の語を使うのは事実にそくしてみれば、完全な誤りといわなくてはなりません。

たとえば、「旧石器時代の日本」「弥生時代の日本人」という表現は明らかな誤りですし、『日本の歴史をよみなおす』でもいったように、「聖徳太子は倭人であっても日本人ではない」ということを、これからも強調しておかなければならないと思っています。

実際、この国家、「日本国」が確立すると、これまでとは、ようすがガラッと変わってきます。この国家の支配層が、とくに六世紀以降の中国大陸や朝鮮半島との交流を前提にして、初めて本格的な「文明」を体系的に日本列島に持ちこみます。中国大陸に成立した大帝国、唐の制度を本格的に導入したのです。

当時の日本列島の社会は、まだかなり「未開」であり、逆に柔軟な社会だったと思うのですが、そこにきわめて硬質な中国大陸の文明的制度が受けいれられることになりました。まず戸籍制度を実施し、すべての人民に氏名、姓と名前をつけて、年齢までふくめてこれを戸籍に書き載せます。それを台帳にして、六歳以上の奴婢までをふくむすべての人民に一定の基準を定めて水田をあたえ、それを基盤にして租、庸、調、雑徭などを徴収する租税制度を確立します。さらに戸籍によって定まった戸を基礎に、五十戸を一里（郷）とし、国・郡・里（郷）という地方の行政制度をつくり、令に定められた中央の官庁をふくめ、すべての行政を文書で行うという、徹底した文書主義の原則で制度を運営します。漢字はこの制度を通じて広く日本列島にゆきわたっていくことになります。

もちろん、水田を基盤とした租税制度には、原初的な金融である出挙の制度が取り入れられていますし、調庸もそれまでの交通の発達を前提とした「みつぎ」―貢納であり、この国家のできる前からの実態を前提にしてはいますが、ここで非常に強力な求心力が畿内の宮都にできますので、各地域の特産物が都に集中して運ばれるようになります。

一方、都の官庁や国・郡の官衙には、それまで列島の社会に蓄積されてきた技術を持つ工人、芸能民も組織されたのですが、とくに注意すべきは、この国家の交通体系が陸上交通を基本にしていることで、都を中心にして幅十数メートルの舗装された道路を、できるだけ真っ直ぐにつくっているのです。

東海、東山、北陸道は東に、山陰、山陽道が西に、南海道が南に、都から四方にそうした直線的な道路がつくられ、それを軸に広域的な地方制度としての道ができているわけです。九州だけは、大宰府を中心にした西海道になっていますが、このような直線的な道を基盤にした陸上交通が、この国家の交通の基本になります。

それまでは、海上交通、河川の交通が中心だったのですが、この国家はそれを無視するように、強烈な意志で陸上の道に基本をおいた交通体系をつくるのです。

交通の施設である駅家もこの道にそって、四里の間隔で設けられていますが、河川の多い列島の地形にもかかわらず、水駅がほとんど見られないのです。辺境の出羽の最上川にわずかに水駅が見られる程度で、少なくとも制度的には河川の交通は配慮されていないといわざるをえません。

なぜこのような不自然な制度をつくったのか、理由はいろいろあると思います。唐・新羅と戦って敗れたばかりのこの国家にとっては、軍事的な理由が非常に大きかったと思いますが、そうした当面の必要というだけでなく、より本質的にはこの国家が、小さいながら古代帝国を志向していたからだと考えられます。

古代の国家は、帝国主義的に四方に勢力を広げていく志向を共通してもっており、ローマ帝国の道も、ペルシア帝国の道も、インカ帝国の道もみな、できるかぎり真っ直ぐにつくられています。「日本」を国号とした律令国家も、これらの国家と同様に、古代帝国的な文明の特質を備えていたことは、このことからもよくわかります。

そして、この国家の諸制度の基本にあるのは農本主義で、「農は天下の本」、「農は国の本」ということがくり返し強調されています。水田を基礎にした租税制度をとっている以上、これは当然のことで、このような儒教を背景にした農本主義的な文明が、畿内を中心に西日本を主要な基盤とするこの国家の制度を通して、日本列島の社会にたいして、強い影響をおよぼすようになってきます。

またこの時に初めて、朝鮮海峡が国境の意識をもって考えられるようになったことも注意すべきで、対馬に、朝鮮半島に向かって防人の護る城がつくられているのです。

ただ、津軽海峡はまだ決して国境にはなっていません。この国家の支配者にとって、中部から関東までの「東国」は異質な地域であり、半分は征服、半分は連合のかたちで支配をしてきたところなのです。そのため、最初から東国には非常に気をつかっているのですが、関東地方までは、この国家の行政制度がゆきわたっています。

「日本国」の範囲

しかし、東北のほぼ全域、さらに新潟――「越（こし）」の北部は、この国家の支配層の立場に立つと「蝦夷（えみし）」という異種族の住んでいるところで、国家の外にある地域なのです。北海道はもちろんのことですが、南九州も、「隼人」といわれる異種族の住む地域と考えられていました。ここも「日本国」の外部だったわけで、この国家は成立後、ほぼ百年をかけて東北と南九州を侵略し、征服してこれを領土としたわけです。「日本」の侵略はなにも、秀吉や近代以後の朝鮮半島や中国大陸にたいしてだけ行われたわけではありません。古代の「日本国」は、東北人、南九州人を侵略によって征服しているのです。

ここに、この国家の古代帝国的な意識がよく現われています。日本国は自らの勢威を広げるために、これらの地域を侵略して、自分の支配下に入れようとしたのですが、東北人はきわめて頑強にこれに抵抗したため、ついにその最北部は最後までこの国家の支配下に入りませんでした。

この国家の行政制度のおよんでいるところには、国・郡・郷の制度がしかれますが、東北の最北部、津軽半島、下北半島に郡のできるのは、十一、二世紀になってからなのです。それまでは公的な制度の外の単位である「村」しかこの地にはありません。ですから東北最北部はそのときまで、厳密な意味では「日本国」の中には入っていないので、津軽海峡はやはり「国境」にはなっていないことになります。

北海道は、本州の大部分が弥生文化になったころも縄文文化がつづいており、これを続縄文といっていますが、こうした南からの動きの中で、七、八世紀ごろから擦文文化、擦文土器という独特な土器をもち、鉄器を使い、若干の農耕も行いつつ、とくに漁撈を非常に発達させた文化の段階に入ります。この擦文文化については、まだアイヌ文化とはいえないというのが最近の考古学の一般的な理解であり、いろいろな議論はあるようですが、この文化は東北北部にも入っていると考えられています。

また、これとほぼ並行して、北海道の東海岸には、アムール河の辺りに根拠をもつツングース系の種族で、女真族ではないかといわれ、ギリヤークともいわれる人びとのオホーツク文化が入ってきます。この文化はそれまでの日本列島の文化とはまったく異質で、その担い手は、北東アジアのヴァイキングといわれるぐらい航海術が巧みで、海獣を捕るのがきわめて上手な人びとだったようです。

のちのアイヌに伝わる熊祭りはこの文化の影響といわれていますが、擦文文化人も交易を活発に行っており、北東アジアとの交流もさかんで、こういう動きを通じて、北方系の文化が東北から関東にまで影響をおよぼしています。

たとえば、九、十世紀のころの東北南部には、大規模な〝鋳物工場〟と評されるほどの鋳造遺跡が、最近発掘されています。これまでは、鉄の鋳造の技術は西から東に入ったといわれてきました。たしかに文書の世界だけを見ていますとそのように見えるので、十二、三世紀ごろに西の鋳物師が東に移住して技術を伝えたと考えられてきたのですが、西日本の鋳造遺跡と比べて、はるかに巨大な鋳造遺跡が東北南部にあらわれますし、東北北部にも製鉄遺跡がさかんに発掘されています。また、北東アジアの狩猟民が用いたといわれる内耳式の鍋が、東北・関東・中部にまで入っています。こういう状況を見ますと、北方からの本州への文化の流入を考えないわけにはいかなくなってきます。

また前にもふれましたが、関東に都から下ってきた貴族や官人たちが、蝦夷と交易をして、馬をさかんに買い入れていることが中央政府の問題になるのは、八、九世紀のころからのことです。とすると、そのころすでに東北地域には馬が多く飼育され、馬の文化が、非常に発達していたと考えなくてはならないわけで、これも北方から入ってきた可能性がありうると思います。このように北方からの文化の流入はこの時期にも無視しがたいのです。

一方、南の方の沖縄についても、この時期になると、中国大陸との交流がかなりはっきりわかってきます。沖縄の考古学はまだまだこれからのようですが、農耕の形跡はこのころはまだ見られず、貝塚文化といわれている時期にあたるので、漁撈が非常に活発に行われていたことは間違いありません。しかし中国大陸との交流の形跡は、八、九世紀から陶磁器などの出土によってぼつぼつ確認されているようですから、これからの研究が大いに期待されるところだと思います。

このように見てきますと、八、九世紀の日本国の範囲は、北は東北北部を境界地帯としており、南は喜界島までと考えられます。

その範囲の日本列島の社会にたいして、この国家が実施した諸制度はみな、八世紀にはいるとすぐにあやしくなりはじめ、とくに陸上交通中心の交通制度の無理がいちはやく表面化し、八世紀前半には、重い物を運ぶための川と海の交通が公的に認められはじめます。

この国家の当初の制度では、公的な交通はすべて陸の道というのが原則だったので、調、庸にしても、すべて百姓が食料自弁で都まで陸の道を運ぶことになっていますし、国司などの官人（かんにん）が都と任国とを往復する時にも、陸上の道を利用することになっていたのです。しかし、八世紀前半にはたちまちその例外が認められはじめ、八世紀末になると、陸上の大道はだんだん荒れて、道の幅が狭くなり、部分的には使いものにならなくなってくることが、考古学の発掘によって確認されています。そして九世紀には、ふたたび海と川の交通が交通体系の主軸になる状況が生まれているようです。

また、この国家ができるころは、遣唐使などによる中国大陸との国家間の交流が活発に行われていましたが、これも九世紀になると間遠になり、むしろ国家とかかわらない列島と大陸、半島との交流がふたたび表に出てきます。たとえば、九世紀に入ると、朝鮮半島の新羅の人と、肥前（長崎県）の豪族とがいっしょになって武器をつくり、対馬を支配下に入れようとするような動きがおこっています。もともと朝鮮半島と北九州とは「倭人」の世界として古くから緊密な関係をもっていたのですが、そうした関係が国家の枠をこえて、ふたたび表面にあらわれてきたと考えられます。

この国家は、また当然、商業・流通を統制下におこうとしており、都の東西の市、各国の国衙（こくが）の市を、公的な交易の場として公認しています。しかし前にもふれましたように、国家成立以前から行われていた、交易、商業、金融の活動は、このころ国家の統制をこえてさらに活発になっていますが、非常に興味深いことに、そうした商業や金融にたずさわっている人のなかに、女性と僧侶が多いということです。

仏教の功徳を説いた『日本霊異記』という説話集は、八世紀のころのことを記述していますが、そのなかには、酒や米を出挙するとき、小さな升で貸して大きな升で取り立てるという、不法な利息を取った田中真人広虫女（たなかのまひとひろむしのめ）という女性の話がでてきますし、大安寺の仏物（ぶつもつ）の銭を人に貸し、利息を取って、豊かになった女性の話もあります。さらに同じように大安寺の仏物を持って、奈良から越前の敦賀に下って商売をしている僧侶もおり、女性と僧侶が金融や商業の担い手になっていたことを確認することができるのです。

その理由は簡単にはいえませんが、ひとつにはこの国家が、基本的な租税、調・庸などの負担者を、二十歳以上の成年男子に定めたことに理由があると思います。つまり、成年男子が公認された国家の成員で、女性や僧侶はいわば基本的な国家の成員からはずれることになったわけです。

このことは後々まで、日本列島の社会における商業、金融のあり方の特徴になっていきます。女性と僧侶はこれ以後も、こうした分野で非常に大きな役割を果たしていくようになりますが、それがこのころから文献の上ではっきり確認できるのです。しかし女性、とくに海民、山民の女性が商業にたずさわるのは、おそらく古墳時代、さらに弥生時代にまで、さかのぼることができるのではないかと思いますので、これは国家の制度の問題だけでなく、『日本の歴史をよみなおす』でのべたように、女性の性そのものの特質にもかかわるのではないかと考えられます。

それはともあれ、このような人たちを担い手として、河海の交通による人と物の流通が、この時期、非常に活発になっているのは間違いないことで、都と各地域の人と物の流通だけでなく、地域間の独自な交易、流通もさかんに行われたと考えられます。

この時期に調として都に運ばれてきた各地域の特産物を見ますと、それぞれの地域の手工業の技術が相当発達していたことがうかがわれます。調はあとでもふれますが、交換手段になりうるもので、塩、絹、布、鉄、馬などは、みなそういう機能を持っていたと考えられます。ただ米は調にはなっていません。

また、調には海産物が多く、カツオとアワビ、海草、それに鮭が都に大量に運びこまれています。これらは神饌(しんせん)、神にたいする捧げ物になるのですが、一般的にも贈物とされて

『粉河寺縁起』より、領主への納め物（粉河寺蔵）。

います。いまでも熨斗鰒（のしあわび）は贈物を象徴していますし、海苔や鰹節もよく贈物にされていますが、その源流はきわめて古いのです。

　こうした特産物を調達するために、それぞれの国で交易が行われ、その上で、品物を調えて都に持ってくるのですから、各地域の商業は、この時期、衰えたどころか、活発化したことは確実だと思います。

海の交通と租税の請負

　さて九世紀から十世紀になりますと、事態はさらに大きく変わってしまいます。というのは、さきの国家の制度は、形式は残っていますが、九世紀にはほとんど実質がなくなり、十世紀前半には、それ以前とはまったく異質な制度になってしまったからです。

　まず、十世紀前半に、ごく短時間で滅びてしまうとはいえ、関東八カ国と伊豆を基盤に、太平洋の海の交通を前提にした平将門の王国、東国国家が誕生します。また西国の瀬戸内海を中心とする「海賊」といわれた海の領主たちの活発な活動の中で、藤原純友がやはり王朝から自立した動きを展開します。

このころ新羅でも海賊が動いていますが、純友の勢力は、これと連動していると推測してよいと思います。つまり、瀬戸内海から北九州、さらに朝鮮半島との間の緊密な海上交通を基盤とした、大きな政治的な反逆がおこったわけです。

前にものべましたように、太平洋の海上交通は早くから安定して活発だったので、将門と純友の間に情報の交流のあったことは十分に考えられますが、西国の藤原純友の勢力は淀川をさかのぼって、都にも姿をみせており、将門は東北までおさえようとしていました。朝廷は未曾有の危機におちいっていたので、もしも将門が軽率な戦争の仕方をして早死しなかったら、京都の王朝はふっ飛んでいたかもしれません。ところが、将門の王国は二、三カ月しかもたなかったので、どうやらこの国家は王朝国家として命脈を保つことになります。

しかしこの大事件を境にして、この国家の租税制度や地方制度の実態は大きく変わってしまいます。ひとことでいうと、国守、受領(ずりょう)による租税の請負体制、それぞれの国の長官が国家に納めるべき一定額の租税の納入を自分の責任で請負う体制が、このころ軌道にのり、これまでの官僚制的な地方制度は、まったく実質がなくなります。

こうした体制の形成が可能であったのは、その前提に、安定した海や川による交通の列島全域での活発化があり、さまざまな物資や人びとが自在に動ける状況が発展していたからだったのです。

国守は、もちろん現地にも行きますが、都の周りの交通の要地、たとえば淀、琵琶湖の大津などに納所(なっしょ)とよばれる蔵を設定しており、その蔵に、国で集めた物資を独自に河海の交通を利用して運んで集積しておきます。そして朝廷や寺社などに要請されると、そこから一定額の物資を政府や寺社などに納めるというやり方をしているのです。

このように、諸地域の物資は独自な海上交通ルートを通り、受領とかかわりのある専門の運送業者、梶取(かんどり)や綱丁(ごうてい)によって運ばれて、都の周辺に集まってくるわけです。調・庸を、百姓が陸の道を担いで持ってくるような無理な体制がくずれ、列島の自然にそくした本来の交通のあり方、海や川の交通に依拠して諸国の物資が都の周辺に集まってくるようになりました。そして国守は、蔵、納所の運営も専門の金融業者や商人などの財力を持つ人に任せています。

こうした納所に集まってきた物資は、都の近辺の市庭で多様な品物に交換することのできるもの、つまり、貨幣の機能を持ちうる米、絹、布、塩、鉄、馬などで、国守はそれによって朝廷の必要とするいろいろなものを市庭で交易、調達しているのです。

一方、中央の官庁には、それまでの制度では、工人や芸能民たちが職員として組織されていましたが、この時期になると、官庁は財政困難のため、みな自前でその費用を調達しなくてはならなくなり、職能民たちもみな独自な組織を持ち、自立した職能集団として活動するようになります。

たとえば、鋳物師は、典鋳司（いもののつかさ）、内匠寮（たくみのりょう）に所属していたのですが、十一世紀になると、蔵人所（くろうどどころ）という官庁に所属し、殿上の燈炉を貢納しながら、鋳物師としての独自な組織を持ち、燈炉供御人（くごにん）といわれて諸国の自由通行の特権をあたえられ、鋳造の仕事にたずさわるとともに、鋳物などの鉄器を持って全国を交易のために遍歴しています。

これは他の手工業者も同じで、檜物師（ひものし）、鍛冶などもみなそれぞれの職能集団に属して活動していますが、こうした職能民の活動も列島全域の交通の発達が前提になっており、中央の官司もまた、そうした職能集団の活動を前提として成り立っているわけです。

ですから、十世紀以降になると支配者の意向にかかわらず、独自に展開している活発な商工業、流通、河海の交通を前提にして、はじめて国家体制が成り立っていることになります。

中国大陸、朝鮮半島との交易についても同様で、この時期になると、国家間の交流、つまり遣唐使のような交流は行われなくなってしまいます。しかし、民間の社会の間の交流はむしろ以前よりも活発になっているのです。

当時の中国大陸は宋、朝鮮半島は高麗の時代ですが、この宋や高麗から、十世紀以後になると商船がきわめて活発に日本列島に来航してきます。列島側からも高麗、宋に商船が行っており、こうした交易を通じて、膨大な「唐物（からもの）」が列島に流入してきます。このように国家とかかわりなく、活発な交易が行われ、支配者はそれぞれこれに依存して唐物を入手していたのです。

このような体制の変化とともに、京都の性格もまったく変わってしまいます。それまで京都は碁盤の目のような街路を持ち、左京と右京とに分かれた都城（とじょう）制の下にあり、貴族、官人の住む都市だったのですが、じつは、平安京の建設が中途半端で終わったため、右京は建設されないままに田園になってしまいました。

『一遍聖絵』より、京都の堀川を木材の筏を組んで上る（東京国立博物館蔵）。

そして十世紀以降には、周辺を流れている川が京都に不可欠な役割をするようになり、鴨川、淀川、大堰（おおい）川、桂川、宇治川、さらに山をこえた琵琶湖などに依存して、京都ははじめて都市として機能するようになってきます。いわば、京都は河川の交通体系の上に乗った「水の都」になっていったのです。

金融業者のネットワーク

また、さきほどふれたように、受領の倉庫は、その管理・運営を専門にする人が請負っていますが、こうした人たちの多くは、金融業にたずさわっており、十二世紀になるとそうした人々の金融活動の実状がよくわかるようになります。

保延二年（一一三六）の明法博士たちが連署した文書によりますと、日吉神社の大津神人といわれる人びとは、「借上」といわれる金融業者であり、受領は、請負った租税、国家への納物を調達する時に、倉庫の管理にもかかわりをもっていたと思われるこれらの神人たちから、米を借り入れています。受領はそれによって朝廷から命令されたものを調達して納めているのですから、国守の請負といっても、その実質を担っているのは蔵を管理している金融業者であり、そのネットワークが国家の体制を支えているわけです。

それが日吉大津神人の組織なのですが、その金融のための資本は、「日吉上分米」という、日吉の神様に捧げられた初穂米で、これが、国守や官人に貸し付けられるのです。これにたいし、国守は担保として切符などといわれた国司庁宣、国符などの徴税令書を神人にわたしており、官人も同じように切下文という徴税令書を借上にわたしています。

日吉大津神人は、北陸諸国から瀬戸内海を経由して北九州にいたる非常に広いネットワークを持っていました。このころの神人といわれた金融業者、海運業者、商人たちは、みなそういうネットワークを持っているのですが、その力、神仏の権威を背景に持った実力で、神人の組織が自力で税金の調達をやっているのです。つまり、担保としてとった国司や官司の徴税令書を持って、神人たちがそれぞれの国に行き、現地の蔵から物を出させているわけで、そういうかたちで当時の徴税は行われていました。

注意すべきことは、この切符、切下文などの国司や官庁の出す徴税令書、あるいは国司の請取―返抄(へんしょう)が、金融業者同士の間で動いているようで、これらの文書は原初的な手形の役割を果たしていたと考えられます。そしてこの手形の取立てを保証していたのが、金融業者、神人のネットワークであったことが、さきほどの保延二年の文書で非常によくわかるわけです。

ですから、この時期の国家の徴税は、こうした河海の交通の発達を前提にした金融、商業のネットワークの力ではじめて実現されており、それは原初的な手形の流通によって可能になっているということができます。この時期の経済はすでにそこまで発展していると考えなくてはなりません。

それを支えた海上交通についても、このころには早くも「廻船」のシステムができていたと考えられます。その史料上の初見は十二世紀ですが、私は、十一世紀には廻船のルート、廻船人の組織が日本列島全域にわたってできあがっていたと考えてよいと思っています。

とくに日本海の海上交通は非常に活発で、北からの船は敦賀に入って、短い陸の道をこえて琵琶湖に入り、湖を通って大津に着き、大津からまた陸の道をこえて京都に入ります。また、山陰から来た船は若狭の小浜に入り、これも琵琶湖の大津に出て、都に入る。このルートは、瀬戸内海から北九州に行く日本列島を横断する水の大動脈にもつながるわけです。

このころになると、中国大陸からわたってくる「唐船（からふね）」は、北九州にはもちろんたくさん来ていますが、北陸の敦賀、小浜、能登などにも入っており、こうした北陸に入った「唐船」の舶載した陶磁器や唐物は、この琵琶湖経由のルートを通って都に入ったのです。もちろん、北九州から瀬戸内海を通って都に入ってくる海の道が、もっとも太い動脈だったことは間違いありませんが、中国大陸につながる海のルートはさまざまであったことを考えておく必要があります。

ごく最近の発掘でわかってきたことですが、津軽半島の十三湖といわれている潟湖（せきこ）の出口にあたる十三湊（とさみなと）には、早くから都市が形成されており、たくさんの中国製の青白磁や列島内の各地の焼物が発掘されていますので、平安時代の末から、十三湊にも中国製の青白磁が流入していたと考えられます。十二世紀からかなりの量が出ていますので、平安能登半島の珠洲焼も十三世紀に入ると十三湊に入っており、北海道の上ノ国や余市にも珠洲焼が流入しています。このように、日本海の交通ルートは早くから安定していたのですが、十三湊はその大きな拠点だったと考えられます。

太平洋の海上交通も同様で、これまで考えられていたよりもはるかに安定的で活発だったことが、最近の平泉の柳之御所跡の発掘によってはっきりわかりました。ここは奥州藤原氏の滅びた時の秀衡、泰衡の居所だったと見られているところですが、この遺跡から、やはり大量の中国製青白磁が出土しているのです。平泉は十二世紀末に滅びてしまうわけですから、十二世紀以前に、中国大陸からの青白磁が太平洋を通って平泉まで流入していたわけです。

平泉で出土した常滑焼の大甕。

また、この遺跡からは膨大な量の常滑、渥美の焼物が、出土しています。これは知多半島、渥美半島で焼かれた焼物ですが、巨大な渥美焼の甕も出ており、これらが太平洋を船で運ばれて、北上川をさかのぼり、平泉に来たことは間違いありません。これだけ大量に焼物が運ばれていたとすれば、太平洋側の海上交通も、この時期になれば「廻船」といってもよいほどの安定した状況になっており、伊豆半島、房総半島、犬吠埼を、船が十分通過しえたことは確実といわなくてはなりません。

しかも常滑焼は、紀伊半島を回って瀬戸内海に入り、さらに土佐沖を通って九州にも入っています。紀伊半島を回って西に行く航路は、十一、二世紀には確実に開かれており、これもおそらく、もっとさかのぼることができると思います。ですから、一艘の船で回るというのではないでしょうが、津々浦々で連絡しながら、日本列島全体を廻る船、廻船のルートは、十一世紀には確立していたと考えて間違いないと思います。

対馬にも、こうした廻船や唐船が恒常的に来ていたことが、十二世紀末、あるいは十三世紀初頭には確認できるのです。このように、恒常的、安定的な廻船の交通を前提にして、先ほどのような、金融業者、商人のネットワークが動いており、それに依存することによって、はじめて国家の徴税は可能になったのです。

また、十二世紀になると、沖縄にも大量に中国製の青白磁が入ってきます。おそらく日本列島の中で、沖縄がもっとも大量に中国製青白磁が入っており、古くは唐の時代までさかのぼるようですが、とくに十一、二世紀ごろからたくさん流入するようです。そしてこのころには、本州、九州からの文化の流入も顕著になり、農耕も若干行われ、それに伴って、グスク（城）という、宗教的、政治的、軍事的な中心が、各地の聖地に構築されはじめます。このようにして、沖縄にも国家形成に向かう動きが胎動するようになってくるのです。

諸地域での都市の成立

そのころになると、本州、四国、九州でも地域の中心、あるいは交通の要衝に都市が成立してきます。京都はもちろんですが、東北の平泉もまぎれもない都市ですし、十三湊、秋田、多賀城をふくむ陸奥の府中など、あちこちに都市ができてきます。

関東でも、源頼朝がそこに根拠をおく前から、鎌倉は都市としての性格を多少とも持っており、東国国家の中心、「東国の都」になっていきますし、それと結びついた六浦津（むつらのつ）も港町になっていきます。霞ヶ浦や北浦には、鹿島の大船津など津がたくさんありますが、これもみな都市的な性格を持つ場所でした。

北陸の三国湊、敦賀、小浜、琵琶湖の大津、坂本、海津、塩津、堅田（かただ）、船木など、みな都市といってもよいと思います。さらに宇治川、淀川では、宇治、山崎、淀、吹田、江口、神崎など、みな都市的な場ですし、瀬戸内海に面した倉敷、尾道、竈戸（かまど）、北九州の博多、宗像（むなかた）、有明海の神崎、南九州の坊津（ぼうのつ）など、ちょっと数えあげただけでもきりのないほど多くの都市が各地に現われつつありました。

それ故、この時期の支配者たちも、当然このような商業や流通の実態を考慮に入れて支配体制をつくっていきます。十一世紀後半ごろから、天皇家、摂関家、あるいは東大寺、興福寺、延暦寺などの大寺院、上下賀茂、伊勢、日吉、春日、石清水八幡などの大神社は、それぞれ諸国に荘園や知行国を確保して、年中行事となっていた法会や祭りなどの費用をまかなうため、年貢・公事などの租税を、特定の田畠、荘園や公領から、それぞれ独自な支配組織によって自前でとりたてるというやり方がはじまります。

そうした動きの中で、荘園と公領＝国衙領の区別がしだいにはっきりさせられ、十三世紀前半までに荘園公領制という土地制度が確立し、貴族や寺社はその上に自分たち独自の経済体系をつくり上げていくことになります。しかし、そこにいたるまでの貴族や寺社の荘園や公領の設定の仕方を見ますと、じつによく考えていることがわかります。

たとえば摂関家についてみますと、頼通の時代に宇治に邸宅があり、平等院が有名ですが、そのほか巨椋池に富家殿、岡屋殿などの殿舎があります。宇治川、巨椋池は、京都に入る河川交通の要衝ですが、まずそこを押さえており、さらに淀川にそって、山崎、楠葉、淀などに拠点を持ち、瀬戸内海にも交通上の重要な拠点を押さえています。

天皇家の場合、院政期にその拠点にしたのが鴨川の東、河東の白河で、山をこえるとすぐ琵琶湖に出ることができる交通の要地ですが、そこに白河殿という宮殿をおき、法勝寺など、六勝寺といわれる寺院をつくっていることは周知のとおりです。

それから十二世紀には鳥羽殿をつくります。これは鴨川、桂川の合流点で、宇治川、淀川にもつながる水郷地帯で、ここには大きな宮殿がつくられただけでなく、殿人や雑色などといわれる職能を持つ人びとが宮殿に属しており、政治・経済の拠点になっているのです。天皇家も京都周辺の河川交通の実態を十分に見きわめており、海上交通についても、北九州の宗像社、有明海に面した神崎荘など、大陸との貿易の拠点になるところも院は押さえているのです。

『一遍聖絵』より、馬借と車借。

寺院や神社の場合も同様で、神護寺は若狭国の西津荘を所領にしているのですが、その本体からかなり離れたところに多烏浦、汲部浦という港になる浦をおさえていますし、新日吉社領の倉見荘は内陸部の荘園なのですが、常神半島の突端近くの御賀尾浦を所領にしているのです。このように、浦々が荘園の飛地になっている場合がしばしば見られるのですが、これはこの時期の支配者が、いかに海上の交通を考慮して所領を集めたかをよく示しています。

平氏も同様で、鳥羽殿にある院の厩の管理者、御厩別当になります。そうすると、厩に属している牛馬、それらを駆使する職能民である牛飼、車借、御厩舎人・居飼にもなっている馬借を統轄できます。また院の厩の所領は川ぞいの牧が多く、京都の南の巨椋池の周辺に、美豆牧という、津でもあり、牧場でもあるところが厩の所領になっています。淀川にはそういう牧・津があちこちにありますが、厩別当になると、そういう所領が自分の手中に入ることになります。

また平氏は、瀬戸内海の要衝厳島をはじめ、多くの荘園を持ち、九州では宗像社を支配し、大宰大弐になって大宰府をおさえ、博多を支配しています。そして有明海の神崎荘も院の下で管理者になり、宋との貿易を掌握しているのです。

これまで、荘園、公領というと、われわれは土地、田畠の問題だけを考えてきたのですが、自らの立場を保つためにそれなりに必死だった当時の支配者、貴族や寺院や神社は、決して田畠のことだけ考えて所領を集めていたわけではありませんでした。もちろん、荘園の田畠に賦課されている年貢や公事、いろいろな特産物も、十分考慮に入れていますが、それだけではなく、津、泊、浦など、河海の交通、山野なども計算にいれ、総合的に考えて荘園を設定しているのです。

しかも『日本の歴史をよみなおす』でも少し触れましたが、神社、寺院、天皇家、摂関家などは、廻船人、商人、職能民の集団を、神人、供御人、寄人などの称号をあたえて独自に組織しています。

このように、この時期の支配者は土地だけでなく交通体系を独自におさえ、さらに一方では多様な職能民集団を組織しており、平安時代末のころに確立した中世国家は、王朝国家にせよ東国の国家にせよ、このようにしてはじめて成り立ちえたのです。

これまで歴史家は、中世社会を、もっぱら農業を基礎にした封建社会と考えてきましたが、この社会はそれだけの定義ではとうていとらえきれないものがあります。まして、荘園制は本来、自給自足経済であったという、一時期まで通説だった見方にまったく根拠がないことは明らかです。

そして、まだ神仏と結びついているとはいえ、商業資本、金融資本が動いており、米、絹、布などは、交換手段、支払手段、価値尺度の役割をはたす貨幣として機能し、本格的に流通しているわけで、十二世紀にはこうした経済のあり方が軌道にのっているのです。王朝国家はそれを、荘園公領制と神人・供御人制として制度化しているのですが、この制度やこうした社会を、人類社会の中でどのように規定することができるのか、これはすべて今後の問題といわなくてはなりません。

第三章　荘園・公領の世界

荘園公領制

十一世紀後半から十三世紀前半までの間に、中世の土地制度、荘園公領制が確立します。そのうち、公領には、郡・郷（ごう）・保（ほう）・名（みょう）という名称の単位があり、荘園は荘ですが、これまでは荘園というと、田畠を対象とした大土地所有で、その所有者が、下人（げにん）や百姓を駆使して農業経営を行う経営体だと考えられてきました。

しかし、実際には荘園も公領も、基本的には租税―年貢・公事（くうじ）の請負の単位なので、郡・郷・保・名などの公領は、国衙を通じて知行国主に租税を納め、荘園は天皇家、摂関家、あるいは大寺社などに、それぞれ直接租税を納める単位なのです。

そして郡・郷・保・名・荘には、郡司、郷司、保司、名主、荘司などに任命されている有力者がいて、この人たちが一定の面積の田畠についての租税の納入を請負い、それを知行国主、あるいは荘園の支配者に納入している、これが荘園公領制とよばれる制度です。

郡・郷・保・名や荘の成立や分布は、国ごとに個性があって一様ではありません。とくに東国と西国、九州ではかなりそのあり方がちがいます。東国、九州では単位が大きく、郡がそのまま荘になっていることもあり、畿内の周辺では田畠があちこちに分散している荘もありますが、土地制度としては、これが本州、四国、九州全体をおおっているといってよいと思います。

ですから、荘園は農業経営の単位ではありません。これまでは荘園を、田地を中心とした自給自足の経済単位で、米の年貢、山野河海の産物や手工業製品などの公事を、地代として領主に納めていたとされていたのですが、これは大間違いだったのです。

荘園・公領の百姓が負担する年貢は、決して米だけではありません。非常にさまざまなものが年貢になっており、伊勢（三重県）、尾張（愛知県）、美濃（岐阜県）から東の国―東国の荘園・公領のほとんどが、絹・綿か布を年貢にしています。そのほか、中国山地では鉄、但馬では紙、陸奥では金や馬、瀬戸内海の島では塩が年貢にされており、米は決して多数派ではないのですが、これらの物品は米をふくめて、交換可能で貨幣にもなりうるようなものだということができると思います。

しかしなぜこれまで年貢は米、と考えられていたかといいますと、年貢が田地に賦課される原則になっていたからなのです。つまり、田地の一反別に鉄五両、あるいは一町別に絹二疋のように、米以外の物品も田地を基準に計算されているわけです。もちろん、田地からは米しかとれませんから、鉄や絹などを年貢にするためには、なんらかの交易を前提にすることになります。たとえば、水田一反に鉄が五両賦課されているとすれば、水田一反からとれる米と五両の鉄とをなんらかの方法で交換しなければなりません。この交換のシステムはいろいろな形がありうるのですが、ともあれこの体制は交易を最初から前提にしており、自給自足の経済だなどという説はまったく成り立たないのです。

塩の荘園、弓削島荘

瀬戸内海に伊予国弓削島荘（ゆげしまのしょう）という荘園があります。この荘園は島ですから田畠はごくわずかで、百姓たちはもっぱら塩づくりと網を使う漁撈に従事しており、

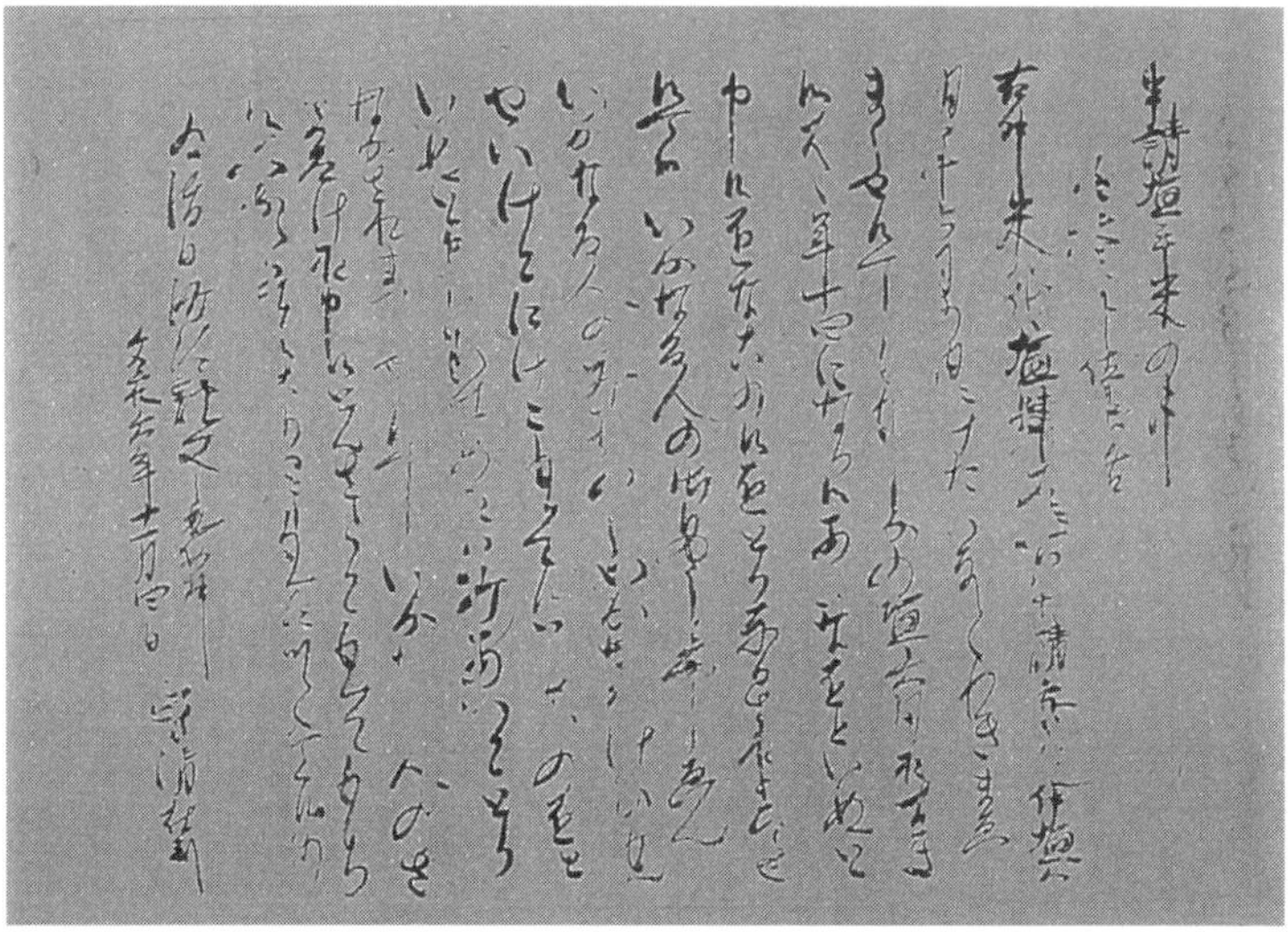

伊予国弓削島荘百姓守清塩手米請文（案文）。
「東寺百合文書」ル函五号（京都府立総合資料館蔵）。

年貢は主として塩、公事として海産物を負担しています。

この島の代官は、百姓から、夏には畠地から麦を、秋には米を年貢として田地からとりますが、これらをみな塩手麦あるいは塩手米として百姓に貸しつけてしまいます。実際には麦や米を百姓の手元にそのまま残しておくのでしょうが、きちんとした借用証文を取り、これを塩で返済させるという形で、塩年貢をとっています。

これは麦・米と塩の交換でもあるわけで、実際、交易といわれていますが、こういうやり方でこの島は塩を年貢として負担しており、塩の荘園として有名でした。

塩手米と同じように、鉄を年貢とす

る荘園では、「鉄手米」とでもいうべき米を百姓にわたし、そのかわりに鉄をとっていると思いますし、絹手米や金手米、紙手米などもあったと思うので、このような貸借、交易によって、荘園・公領の年貢ははじめて徴収されることになっているのです。

また、これまで、弓削島荘は島なので、田畠が少なく、非常に貧しい荘園だと歴史家は考えていました。ここがわれわれの頭の切り替えが決定的に必要なところなので、農業が発達していない、また水田がなくて米がとれないと、すぐに貧しいと考えてしまう。この場合も島は周囲から孤立した離島だから、田畠が少なく貧しいため、やむなく塩浜で塩を焼くような過酷な労働にたずさわらざるをえなかったのだという評価が長年されてきました。

ところが、よくよく弓削島の百姓の実態を調べてみますと、この評価はまったく見当はずれなのです。一例をあげますと、鎌倉時代の末、この島の清左近という百姓の財産が代官によって差し押さえられます。清左近は小百姓(こびゃくしょう)ですから田畠はごくごくわずかしか持っていないのですが、差し押さえられた財産は、牛が十頭、下人が五人、それに絹、小袖をはじめ、たくさんの家内の雑具などであり、大変豊かだったことがわかります。

もちろん、このような人を貧しいなどとはとうていいえません。この牛は、塩浜で塩を焼く燃料にする塩木を運ぶために使われていたのだろうと思いますが、それにしても相当の値段がするはずですし、それを十頭も持っている小百姓がいたのですから、これだけを見ても、この島の百姓が豊かであったことがよくわかります。

海にとりかこまれた島だから孤立しているのではなく、逆に、島は海を通じて広く四方と結びついており、田畠が少ないから島は貧しいのではなく、それ以外の生業と交易で豊かになっていることも多いのです。弓削島の塩は瀬戸内海を通って、淀川をさかのぼり、淀から鳥羽に行き、そこで車借の車につみかえて京都まで運ばれるのですが、この塩を運ぶ船は、島の百姓たちが梶取といわれる船頭になり、自分たちの船で運んでいます。年貢は領主である東寺にわたしますが、淀で百姓自身の塩を売買して、取引きをしていることも確認できるのです。

また、十五世紀ごろの弓削島荘の塩は大量に兵庫の港に入津(にゅうしん)しており、この島は中世後期にも塩の生産地として非常に有名でしたし、江戸時代にも、弓削島の港には遊女がいたといわれるほどににぎやかだったといわれています。弓削島荘の百姓を、離れ小島の貧しい百姓などと考えるのは、まるで事実からかけ離れた考え方であり、こういう荘園を、自給自足経済などということは、まったくの妄想にすぎないことは明らかです。

鉄・紙・漆の荘園、新見荘(にいみのしょう)

もうひとつ事例をあげてみますと、いまの岡山県、備中国に新見荘という荘園がありま す。倉敷の辺で瀬戸内海に注ぎこむ高梁(たかはし)川をさかのぼって、出雲・伯耆との境までいったところにある内陸部の山奥の荘園で、伯備線の新見の駅がその中心です。

この新見荘には、かなりの田畠が谷筋にひらかれており、鎌倉時代の土地台帳がきわめてよく残っているので、百姓が請負っている田畠、百姓名の状況が非常によくわかる点でも有名な荘園です。弓削島と同様、新見荘も鎌倉末期には京都の東寺が荘園支配者になっ

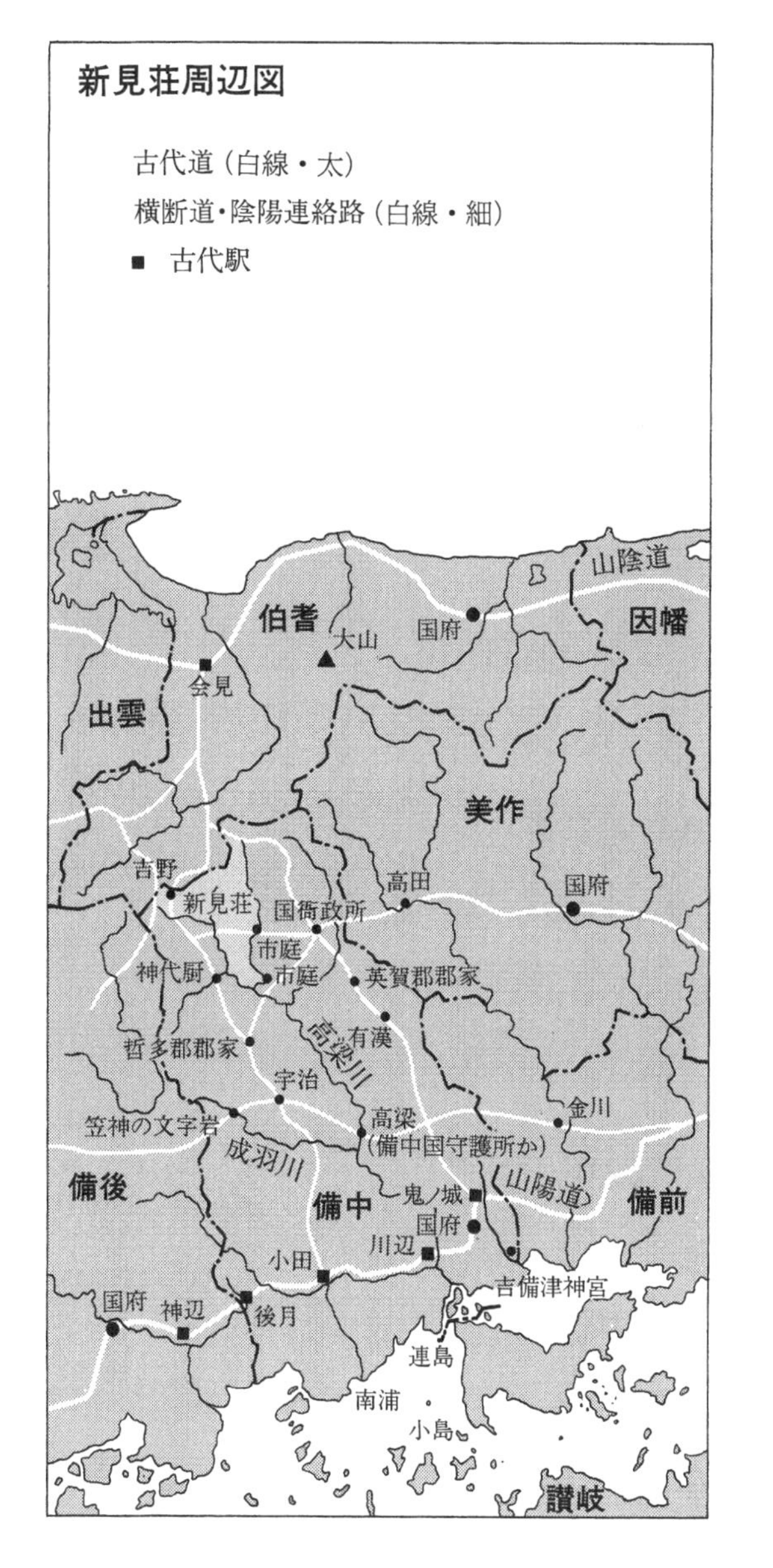

ており、関係文書が東寺にたくさん残っているので、昔からよく研究されている荘園ですが、ここも従来は内陸部で山奥の交通の不便な荘園、というとらえ方がされてきたと思います。

実際、高梁川をずいぶんさかのぼった山間部にあり、荘園全体の領域の中では、田畠より山地の方がはるかに多く、焼畑を最近までやっていたところですから、山のなかの辺鄙な荘園というイメージを、多くの学者が抱いてきたのは当然だったともいえます。

しかし、冒頭でお話ししたように、百姓は農民とは限らないのだということを念頭におきながら、あらためてこの荘園の文書を読みなおしてみたところ、この荘園についての私のイメージは決定的に変わってしまいました。そのことを少しのべてみたいと思います。

まず、この荘園の、もっとも山奥の中国山地に近いところの地域は吉野（高瀬村）といわれていますが、そこの百姓は、十三世紀後半まで鉄を年貢として出しているのです。さきほどのべたように、田地一反ごとに鉄五両という割合で現物の鉄を負担しているのですが、この吉野の地域に行ってみると、いまでも「金くそ」、鉱滓がいっぱい残っており、戦争中、この金くそからもう一度鉄をとろうとして会社をおこした人がいたというぐらいの量が残っていたのだそうです。

また、鉄器関係の仕事をする人のまつる金屋子神社もあり、ここに製鉄民の集団がいたことは明らかです。もちろん、若干の田畠は所持していますが、基本的には生活を製鉄で支えている人びとだったと思います。考古学の発掘が行われれば、製鉄炉もでてくるのではないでしょうか。

こうした製鉄民を背景として、この荘には「職人」として公認されている鍛冶の集団がおり、百姓の中には鋳物師もいます。鋳物師も、供御人、神人になった「職人」だけでなく、百姓の鋳物師もいたのです。この時代の鍛冶は刀もつくりますが、むしろ釘や鎹をつくる建築工で、番匠、つまり木工の職人と結びついており、この荘園には給田畠―給与を保証された「職人」としての鍛冶集団と番匠のいたことがわかります。

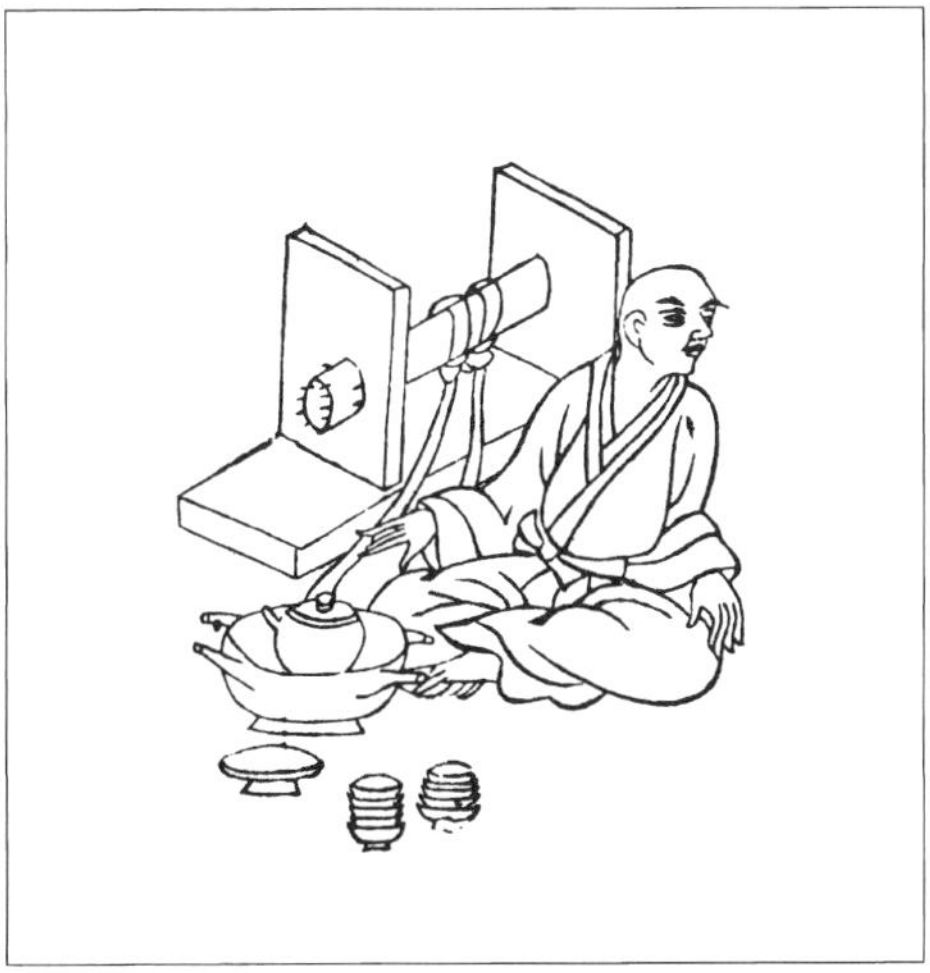

轆轤師（『七十一番歌合』より）。

また新見荘は現在でもそうですが、中世から紙の特産地であり、荘園の全域で紙が生産され、百姓名ごとに一定量の紙を公事として負担しています。こうした百姓たちの製紙を背景に、高級な紙、檀紙をつくる「職人」もこの荘にいたことがわかっています。しかし、その背景に百姓たちによる製紙の技術が広くあった事実を見おとすことはできません。

さらに、新見荘には漆の木がたくさんあり、百姓たちがそれを育てています。そして漆の木一本について、百姓は漆一勺二才五厘の割合で公事の漆を負担し、京都に現物で送っています。ですから、百姓が漆掻（うるしかき）をやっていたのだと思いますが、こうした漆の生産に結びついて、木器の工人である轆轤師（ろくろし）、つまり木地屋の集団がこの荘にはおり、漆を木地に塗る塗師と一緒に漆器をつくっていたこともわかります。この轆轤師も、公認された給田畠を保証された「職人」です。

　このように、新見荘では鉄を生産して鉄器をつくり、紙もつくり、漆をとって木器・漆器の生産もやっているわけです。しかも「職人」の集団だけでなく、全荘域で百姓たちがこのような生産を行っていたのです。それだけでなく、雉、薪、炭、鹿皮、茸など、非常に多彩な山の幸を狩猟、採集したり、加工したりしているのですが、こういう多様な生業を営み、生活しているところを、これまでのように〝農村〟といっただけでは、とうてい、その実態を表現できないことはいうまでもありません。

　これからわれわれは、さまざまな性格の村について、その規定のしかたをいろいろ考えなければいけないと思うのですが、渋沢敬三さんの表現を拝借すると、新見荘は、農村であるとともに、色濃く山村的であり、同時に、手工業に従事する人の多い工村という性格をあわせ持っているといってよいと思うのです。こうした「工村」という用語は、これまでの学界には通用していませんが、日本の社会には鍛冶屋村、金屋村などの、まぎれもない工村がたくさんありますので、こういう用語は十分に使うことができると思います。

また、この荘の田畠でつくられる米、麦、大豆をはじめ、鉄、紙、漆などは、年貢・公事として都に運ばれたのですが、それだけではなくて、こういう品物は早くから、市庭で商品として売却され、十三世紀後半以降は銭にかえられていたことは間違いないと思います。

この荘には高梁川の中洲——だいたい市庭は中洲に立つことが多いのですが——に、少なくとも二箇所の市庭、領家方と地頭方の市庭がありました。ここで売却された産物は船に積み、高梁川を下って倉敷まで運ばれ、瀬戸内海を通って、都をはじめ各地に運ばれていったのだと思います。

実際に、この荘には、こういう舟運を担う職人集団、船人がかなりの数いたのです。船人たちは、公文、田所などの荘官よりも多い給田畠を保証されていますから、人数も相当多かったのだと思います。

しかもこの船人たちの船の水手になる人たちの食糧が、全荘の百姓たちに水手米として賦課されているのです。海辺の荘園の百姓たちが水手米を負担している例はよくあるのですが、このように内陸部の山奥の荘園の百姓たちが水手米を負担しているのは珍しい例で、高梁川の舟運がいかに活発であったか、この新見荘の市庭で、商品の売買がいかにさかんに行われていたかをよく物語っています。もちろんこの中洲の市庭に、商人たちがあちこちから多様な品物を持ってやってきて交易、取引をしていたことは間違いありません。

ここで強調しておきたいのは、弓削島荘（ゆげしまのしょう）もこの新見荘も、決して特別な荘園ではないということです。これまで東寺領の荘園として、もっとも研究がよく行われてきた荘園で、十三世紀から十五、六世紀にかけての日本の社会を知るための、よい事例とされてきた荘園なのです。ですから逆に、どこの荘園をとりあげても、この時期の百姓たちが非常に多様な生業に従事しており、それを背景とした「職人」もいたと考えることができます。荘園が田畠を耕す農民のみによって構成される自給自足の世界だなどとする見方は、まったくの誤りなのです。

また、山奥だから、あるいは離れ小島だから辺鄙だというとらえ方、これもまったく現代流の感覚で、前近代においてはむしろ、「離島」であるがゆえに海によって周囲にひらかれ、交通の要衝である場合はいくらでもありますし、川と山の道を動く人々の立場から見ると、山奥は、思いのほか人の往来が激しい場合が多いのです。また、コメが食べられず、アワやヒエしか食べられないから貧しいというのも完全な思いこみで、そうした地域がむしろ大変に豊かな場合はいくらでもあるのです。

銭の流入

さて、十二世紀からはじまっていた中国大陸からの銭の流入は、十三世紀に入ると、さらにいっそう、大量になってきます。どのくらいの量の銭が入って来たかがわかる事例は

新安沈没船から引き上げられた青磁、白磁。

非常に少ないのですが、十三世紀前半、西園寺家が宋に派遣した唐船が、十万貫の銭を持ってきたという記録があります。一貫が千文ですから、十万貫は一億枚の銅銭ということになり、その厖大さを推測できますが、こうした銭は船底に入れ、船の安定を保つバラストにされて運ばれてきたことは間違いないと思います。

少し時代が新しくなりますが、十四世紀の前半、元亨三年（一三二三）に、朝鮮半島の西南岸の新安（しんあん）の沖で沈んだ唐船が、最近丸ごと引き上げられました。新安沈没船とよばれているこの船の底には、二十八トンの銭が積みこまれており、これは十万貫をさらにはるかにこえる量だと思います。

このような大量の銅銭を積んだ船が、十一世紀後半以降、中国大陸から日本列島の各地に絶え間なく来着し、列島側からも唐船が大陸に発遣されており、北九州の博多や今津、南九州の坊津、日本海の敦賀などは、宋人が唐人町のような居留地をなして住むほどになっているのです。

こうした唐船が中国大陸から運んでくる輸入品のうち、最大の量を占めていたのが銭と陶磁器でした。さきほどの新安沈没船からも、完形品の青磁、白磁が何万個も引き上げられています。これはきわめて珍しい貴重な例ですが、この船は、京都の東福寺の造営費を得るために、中国に貿易に行った船であることもわかっているのです。

それはともかく、このように中国大陸から流入した大量の銭が、社会に貨幣として浸透し流通するのは、東日本では十三世紀前半、西日本では十三世紀後半ごろからです。

たいへん面白いことに、十二、三世紀ごろまで貨幣として絹と布が流通していた東国—東日本では、西日本よりも早く銭貨が流通しはじめます。銭十文を一疋といいますが、「疋」という単位が、絹や布の単位であることを見ても、絹・布がただちに銭に変わっていったことをよく理解できます。

これにたいし、畿内・西国—西日本では米が早くから貨幣——交換手段、価値尺度として用いられており、平安時代の末には替米(かえまい)という米の手形も現われています。つまり、現物を動かさないで、手形で米の支払いをすることも行われているほどですから、貨幣として十分有効に機能していたと思われます。それだけに西日本では銭の流通がおくれ、米の貨幣としての機能が根強く残ります。ですから東日本では、十三世紀前半には、絹・布にかわる銭の流通は幕府も認めていますが、西日本では十三世紀後半から、銭が交換手段、支払手段として本格的に流通するようになります。

浪岡城跡から発見された大量の銭。

こうして十三世紀後半から十四世紀になると、鎌倉幕府は百貫文の所領、五百貫文の「土貢」の所領というように、地頭や御家人の所領の年貢・公事――「所出」を、銭一貫高で表示するようになり、関東公事といわれる御家人にたいする課役も、銭で徴収されているのです。

そのころになると、富の象徴としての銭の蓄蔵もさかんに行われるようになります。これに関連して鎌倉末・南北朝期、十四世紀以降、大量の銭が土中から掘り出される事例が非常に増えてくるのです。これについては、「埋納銭」あるいは「備蓄銭」とよばれていますが、いろいろな議論があって、決着はついていません。

いままではこれは、富の蓄積のためと考えられていたのですが、地下の世界は他界ですから、土の中に物を埋めると、人間の手から離れて神仏の世界のものになってしまうのです。地下のものは無主物ですから、だれのものでもなくなってしまうのです。ですから、銭を甕に入れて地中に埋めることを、単純な富の蓄積と理解することはできないと思うのです。

まだよくはわからないのですが、土に埋めて、神仏に捧げてその土地を使わせてもらう、あるいは、無主物にして、あらためて上分物、神物（しんもつ）として、金融の資本にしていたということも十分考えられます。それはともかくとして、このころ銭が富のひとつの象徴となり、資本としても用いられていたことは間違いないと思います。

このように、十三世紀後半、日本列島の社会には銭貨が完全に浸透し、貨幣経済の発展に一時期を画したといってもさしつかえないと思います。それだけでなく、信用経済も軌道にのり、為替手形も活発に流通しはじめています。

たとえば、銭十貫文は一万枚の銭になるわけで、相当の重量になります。一さしは百文、ふつう九十六枚ですが、それだけでも相当重いし、これが十本で一貫、十貫文になると百本になりますから大変な重さです。しかも現銭の輸送は危険もともないますから、おのずと、安全で手軽な手形で送られるようになったのです。これは、広い範囲で商人・金融業者の取引きが行われ、そのネットワークが形成されていることを前提としています。

請負代官の業務

こうした状況を新見荘にそくして見てみましょう。この荘園は鎌倉中期に中分され、地頭方と領家方に分かれていますが、建武元年(一三三四)、建武新政の年の地頭方の代官尊爾(そんじ)が、前年の年貢、雑物の送進状況を報告し、決算したときの文書が東寺に残っていますので、それによって代官の一年間の業務を紹介しておきたいと思います。

元弘三年(一三三三)は、後醍醐天皇が建武政府を樹立した年になりますので、異例なことがいろいろあったと思うのですが、東寺は年貢の前納――「来納(らいのう)」を望んだので、尊爾はこの年の三月、五月、七月に、十貫文ずつを商人から借り入れ、それを為替手形にして京都に送っています。為替のことを当時は替銭(かえぜに)、あるいは割符(さいふ)といっていますが、興味深いことに、為替手形はこのころ十貫文の額面がふつうであり、その手数料は夫賃といわれ、新見荘から京都への送料は、基本的に貫別五十文にきまっていたことがわかるのです。

南北朝期の初めごろ、播磨国(兵庫県)の矢野荘から京都までの手形送進の手数料は貫別三十文ですから、やはり距離によるのだろうと思いますが、送料が一定しているということは、為替手形の送進がいかに安定していたかをよく示しており、備中の山奥の新見と京都との間にも、商人たちのきわめて安定した信用のネットワークができていたことがわかります。もちろん鎌倉と京都の間でも同様で、全国的に為替が用いられ、このような十貫文の額面の為替手形が有価証券のような形で流通していたと見てよいと思います（桜井英治「割符に関する考察」『史学雑誌』一〇四編七号）。

さて新見荘では、十月ごろまでに田地から米、畠地からは大豆、粟、蕎麦などの雑穀が納められてきます。代官はそれを蔵に納めさせますが、そのとき百姓たちと酒宴をひらいています。正月二日にもこうした酒盛がひらかれており、豆腐や魚が肴にされていますが、そうした経費の一部は米、大豆の現物から必要経費としておとされます。そのうえで代官は、市庭で和市（わし）を見定めてこれらを売却するのです。

和市とは相場のことで、米や雑穀は市庭で、三日、十三日、二十三日と三の日に、それぞれのときの和市で売却されています。どの程度の範囲かは明らかでありませんが、ある範囲の市庭には相場が立っており、代官はこれを十分に見定めて、できるだけ高いときに売却します。安いときに売ったり、高く売ったのを安いと報告したりすると、代官としての義務を怠ったことになり、あとで監査によって罷免されてしまうことになります。

漆や紙はごくわずかですが、現物で京都に送られています。しかし鉄については、このころの吉野、高瀬村の百姓たちは、自分たちで市庭で鉄を売却し、代官にはその代銭を納めています。つまり、田地に銭が賦課される銭納になっています。

注目すべきは、十四世紀初頭の新見荘の地頭方の市庭が、制度的に早くも都市になっている点です。高梁川の中洲の市庭の在家は、検注されており、公認された屋敷が十四軒と十七軒、あわせて三十一軒ありました。おそらく道にそって両側に家が並んでいたのではないかと思いますが、検注されない借屋(かりや)もあり、実際にはかなりの数の家があったと考えられます。

そしてこの市庭には保頭(ほうとう)といわれる人が二人いたことがわかります。保は、荘園・公領の単位の名称でもありますが、もともとの保は、京都の行政単位で、鎌倉にも保は導入されていますし、豊後の府中や山城の山崎にも保の単位があったことがわかります。つまり保は都市の行政単位なのですが、新見荘の市庭にも十四世紀初めには保が設定され、保を統括している保頭がいたのです。そのうちの一人が荘園の支配者から市庭沙汰人とされていますが、これによって新見荘の市庭が、十四世紀初頭までに制度的に都市になっていることがはっきりとわかります。

都市の土地は「地(じ)」といいますが、地からは地子(じし)が徴収されています。京都も、鎌倉もみな同じですが、新見の市庭の三十一軒の屋敷とその「後地(うしろじ)」からは、やはり地子が徴収されており、これもこの市庭が都市として扱われていたことを証明しています。これが現在の新見の町の源流なのです。

そうした市庭の地子銭や、さきほどの米・雑穀の売却代銭などをふくめ、手元に集まった銭をまとめて代官尊爾は、九月には二十貫文、十二月には五十貫文――十貫文の額面の為替手形二枚、あるいは手形五枚を買って、京都に送っています。夫賃は九月には貫別六十文ですが、十二月はやはり五十文でした。

　こうした収支の決算はふつうは年末にやるのですが、元弘三年（一三三三）は戦乱の年だったために、翌年に行われています。

　このとき尊爾のつくった決算書が残っています。尊爾はまず収入の部に、米・雑穀の売却代金、鉄年貢の銭納された額、市庭の公事銭、桑代銭、反別五升の加徴米を五十文に換算した段別銭などを、項目ごとに書いています。注目すべきは、米・雑穀の代銭は、鉄の年貢銭よりも少なく、全体の四一パーセントにすぎない点で、この荘園が「農村」とはいえないことをよく示しています。

　つぎに支出の部として、尊爾は、さきほどの前納した三月、五月、七月の各十貫文について、十月を決算月にし、月利六分の利子（六文子）を加え、手形送進の手数料（夫銭）を加えた総額を書き、内訳を別紙に書いて添付します。

　さらに、九月、十二月に京都に送った二十貫、五十貫の手形に夫賃を加えた額を記入し、荘内の諏訪社の祭りや弓の事の神事、正月の祝いや倉に年貢を納められたとき百姓と酒宴をした費用を、公認された必要経費としておとします。

　さらに接待費として、元弘三年（一三三三）十二月に、建武新政府が任命した国司の使いがこの荘に検注のために入ってきたときの費用をあげています。代官尊爾は、たぶん三(みっ)日厨(かくりや)などをやったのだと思いますが、米や、馬の餌の大豆などを用意し、清酒・白酒、つまり澄んだ酒と濁り酒とをそれぞれ市庭で買い、さらに、スルメ、大根、大魚、そしてうさぎや鳥（雉子だと思います）もみな市庭で購入し、これを肴に酒宴をひらいています。

こうした接待費や国司への引出物は、必要経費としてやはり公式におとせるわけで、現代とまったく変わりありません。尊爾はその明細も別紙に記して添付しています。こうして最後に残った残余銭をやはり手形にくんでおくり、支出の総計を出します。尊爾はちょっと計算違いをしていますが、これは収入と同額になるはずになっています。

このように、収入と支出の総額がぴたりと合うような決算書をつくるためには、かなり精密な帳簿が基礎台帳としてつくられなくてはなりません。そうした作業を十四世紀のころの代官はみごとにこなしているわけです。

この尊爾という人がどういう僧侶かはよくはわかりませんが、このころこういう経営上の仕事をこなせる人には、禅宗、律宗、浄土宗の僧侶、そして山臥が非常に多いのです。

山臥の代官

このように、荘園を請負う代官は相場をよく知っており、帳簿もつくれるなど、相当の経営能力を持っていなければならなかったのです。また、経済的にもかなりの資力を持っている必要がありました。接待や交際の仕方も上手でなくてはならなかったと思います。

このときは国司の使いの接待だけでしたが、十五世紀初頭、応永八年（一四〇一）の、同じ新見荘の代官が現地で支出した毎日の銭の状況を、一年を通じて知ることができる珍しい文書が東寺に残っています。これを書いた人は、荘園を請負った宣深（せんしん）という山臥が現地に派遣した代官で尾崎という人なのですが、この支出をまとめて見ると、市庭での日用品や食物の購入費、あちこちへの使者の交通費、荘に訪れる遍歴民、絵解（えとき）や千秋万歳（せんずまんざい）への布施のほか、近隣の国人や守護の被官（家臣）、有力者たちとの酒宴の接待費が非常に多いのです。

たとえば、市庭で狸を買って狸汁をつくり、豆腐や小魚を肴にさかんに酒をのんでいます。狸を市庭で売買するということは、〝隠狸〟という狂言にもみられることで、ふつうのことだったのですが、この市庭はさきほどいったように都市になっているのですから、これは料亭、呑屋、あるいは屋台での酒宴であったと考えることもできます。この年のそうした交際費は相当の額になっています。

このような交際費が増えれば、荘園支配者である東寺の収入は減ることになりますから、東寺側はできるだけこれをおさえようとしていますが、代官は、それが必要経費であることを強調していろいろな駆引をしており、このころの代官は相当の資産家であるとともに、こうした交渉能力も持っている必要がありました。

しかし、十四世紀ごろには、百姓の有力者のなかにも、このくらいの実力を持っている人も現われており、丹波国宮田荘は、やはり山奥の荘園ですが、商品貨幣流通が活発で、米百石、銭二百貫文をすぐに調達できるような富裕な百姓がいたことが知られています。ですから、その隣の大山荘の百姓たちは、百姓自身がこのような複雑な業務を全部請け負い、百姓請を行っているのです。新見荘にも、そうした百姓はかなりいたに相違ないので、こういう人たちが代官を補佐したものと思われます。

注目すべきことは、備中の山奥の新見荘の市庭で、十四世紀前半に、海産物であるするめや大魚を買うことができただけでなく、十五世紀初頭には、鯛、小魚、和布(わかめ)をはじめ、昆布もこの市庭で売買されている点です。

いうまでもなく昆布は北の産物です。北海道や東北北部の昆布が日本海を船ではこばれ、山陰から山をこえてか、瀬戸内海から高梁川を遡ってか、新見の山奥まで入ってきているのです。十五世紀なかばにはカズノコも畿内に入っています。このように、列島を廻る廻船がこのころ完全に軌道にのっており、さきほどの代官の経営もそれを前提として行われていたのです。

それとともに重要なことは、このころの市庭に在家―屋敷を持っている人たちの中に、僧形の人が非常に多いことです。たとえば、行阿弥陀仏、法阿弥陀仏のように阿弥号を名乗っている人がみえますが、この人びとは身分的には百姓で、僧侶ではないと思います。しかし、出家した紀左衛門(きのさえもん)入道のような人とは違って、浄土宗、時宗系の在家の僧侶と考えることができる人びとです。しかし、百姓、名主でも、法橋(ほっきょう)、法眼(ほうげん)のような僧位を持つ専門の僧侶になる人もおり、市庭や都市の住人、代官になるような商人・金融業者には、僧侶、あるいは僧形の人の多いことは間違いないところです。これは、このころの商業・金融業を考えるうえで、注意すべきことだと思います。

また、十四世紀初めに、関東御免津軽船二十艘のうちの一艘の大船の持主で、廻船を業としている本阿という人が越中の放生津にいますが、これは時宗と関係のある人ですし、若狭小浜の借上や問丸、金融業者や倉庫業者にも、道阿、本阿のように阿弥号を名乗る人が多く、石見房覚秀のように山臥で、のちに法眼にもなる僧侶であるとともに、借上―金融業者でもあった人のいたことがわかります。

このように日本の社会では、商業や金融業にたずさわる人びとには古代から僧侶が多かったのですが、この時期になると、鎌倉仏教といわれる浄土宗、時宗、禅宗、律宗、さらには山臥の系統の僧侶が、金融や商業、廻船に従事している事例を、非常に顕著に見ることができます。

第四章　悪党・海賊と商人・金融業者

悪党と海賊

このような十四、五世紀の新見荘の状況は、決して例外ではなく、日本列島の北の端から南の端まで、全域でこうした状況が見られたのです。

たとえば北方を見ますと、第二章でもふれた津軽半島の安藤氏の拠点、十三湊は、十四世紀には都市として最盛期をむかえており、西の博多に匹敵するといってもよいほどの繁栄をしていたことが、最近の発掘によって明らかになりました。町並みをもつ都市であり、中国大陸の銭や中国製の青白磁が大量に出ますし、高麗青磁も出てきます。十四世紀から十五世紀にかけて、十三湊が北の国際的な都市になっていたことは間違いありません。

また南方では、薩摩の坊津にも十二世紀から中国大陸の船が入っていますし、有明海に面した神崎の辺りからは、やはり中国製青白磁が大量に発掘されています。新見にも青白磁が発掘されており、さきほどの新見荘の人びとの生活も、東アジアと深く結びついていたのです。

ただ、十三世紀後半以降の為替手形の流通が、どのような組織の力で保証されていたのかは、大きな問題です。当然、不渡り手形、「違い割符」の出る場合もありえますが、このような場合や、手形をめぐる紛争がおこったとき、だれがどういう方法で保証し解決してくれたのかという問題です。

この時代の公権力は、このような手形の流通についてはほとんど保証していません。京都の王朝政府も、鎌倉幕府も、荘園や御家人の所領など、土地問題についての訴訟は非常に熱心にとりあげ、その解決のための手続きも整備しています。たしかにこの時代の大きな社会問題のひとつは、所領、土地をめぐる争いでした。とくに鎌倉幕府は御家人を基盤にしていますから、御家人の生活の基礎である所領の問題についての訴訟は、所務沙汰といって、きわめてていねいに扱い、熱心に制度を整備しています。

ところが、銭の貸借や商業・流通関係の訴訟は、雑務沙汰といわれて、鎌倉幕府の訴訟制度のなかで、制度があまり整っていない部門であり、史料もほとんど残っていないのです。雑務沙汰という名前自体、この分野の訴訟が重要視されていなかったことをよく示しています。

これは古代以来のことで、国家の「農本主義」がここによく現われているのですが、前にものべたように、十一世紀ごろまでは国制の外にあった神人、寄人たちは、自立的な金融・流通のネットワークをつくり、裁判も自分たちでやり、判決を自らの実力、武力で執行していたのです。

もちろんこれは公権力としては具合のわるいことで、王朝国家は、神人、寄人の活動にたいする統制を強化する一方、神人・供御人制を公的な制度とし、十二世紀から十三世紀初めのころまでにこれを軌道に乗せ、その活動に枠をはめたのです。

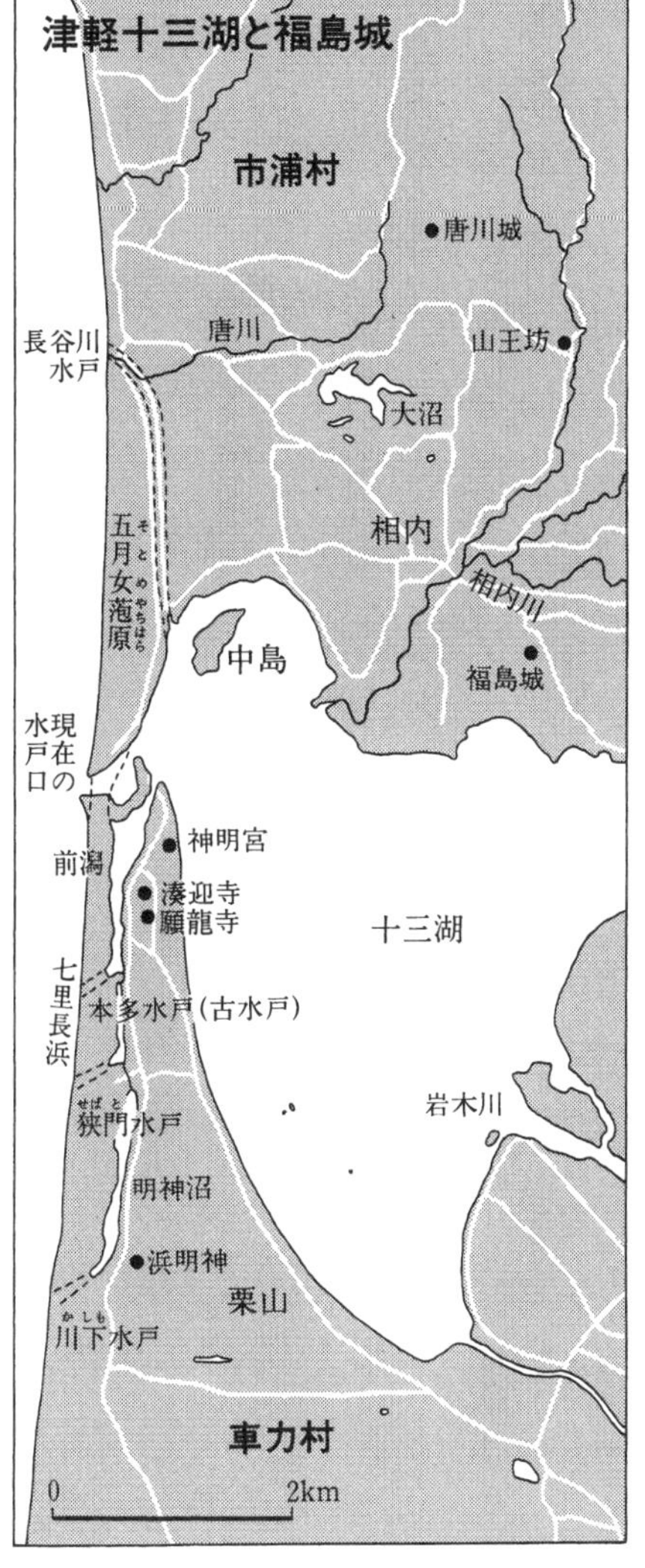

しかし十三世紀後半から十四世紀にかけて、貨幣経済がさらに一段と発展してきますと、金融・商業の組織や、廻船のネットワークは、前よりもずっと規模が大きく、また濃密になってゆきます。供御人、神人、寄人の組織は、さらに広域的に広がり、緊密の度合も強くなって、公権力の枠をこえて独自な動きを強めていかざるをえなくなってきます。

こうして、交通路、流通路を管理する人びとの組織の新しい活動がこの時期に目立ってくるのですが、このような人びとの動きが、権力の側から悪党・海賊といわれたのだと思います。

たとえば、時宗の開祖の一遍上人の遊行を描いた『一遍聖絵』という絵巻の中に、尾張の甚目寺で一遍が行法を営んだときの有名な話がでてきます。そのとき時衆たちの食糧が尽きて、いささか疲労のようすが見えたところ、萱津宿にいた二人の徳人、お金持ちが、同時に同じ夢を見て、一遍に施しをすることを毘沙門天に命ぜられたので施しをしたという話があります。

この徳人が、絵の中の高足駄を履いて団扇を持ち、総髪の変わった姿をした「異形」の人なのではないかと『日本の歴史をよみなおす』でふれましたが、この絵のあとの詞書には、尾張、美濃の悪党たちが、一遍上人の布教にもし妨げをする者があったら、きびしく処罰をするという高札を立て、その結果、三年の間、一遍たちはこの地域での布教を、山賊や海賊による妨げを受けることなく、平穏にすることができたと書いてあるのです。

当時の尾張、美濃の地形はいまとは大変ちがって、海が深く入りこんでいますので、悪党の中に海や川にかかわる海賊もいたと思うのですが、そのような海賊、悪党たちが、公権力とかかわりなく自立的に高札を立てて、一遍たちの交通路の安全を保証しているわけです。

これらの悪党や海賊の実態は、「海の領主」、「山の領主」のような、交通路にかかわりを持つ武装勢力をはじめ、商業・金融にたずさわる比叡山の山僧や山臥などであったことがわかっています。このように、交通路の安全や手形の流通を保証する商人や金融業者のネットワークは、十三世紀後半から十四世紀にかけて、悪党・海賊によって保証されていたと考えられます。

これらの人びとはみな、もともとは「遊手浮食の輩（ともがら）」などといわれ、博奕などにもたずさわっていた人びとですが、このころの悪党・海賊は広域的な組織を持っており、何かもめ事がおこると、賄賂、礼銭をとり、訴訟を請負って、トラブルを自力で解決しています。公権力がとりあげてくれない訴訟を請負って解決してくれるわけですから、紛争の当事者も積極的に代償をはらって悪党にその解決を依頼するわけで、事前に賄賂をとるのは「山ゴシ」、事後に礼銭をとるのを「契約」といったといわれています。

この組織の中には女性もいたことは確実で、この時期の金融業者・商人の中には女性が多いことは明らかですし、遊女がかかわっていたことも考えられます。十四世紀初めに、兵庫関に乱入した悪党の大集団がいますが、この悪党を「籠め置いた」、庇護した人の中に、女性が見えるのです。これは、商人・金融業者、あるいは遊女である可能性が大きいと思います。

「悪」とは何か

もちろん、国家権力が、このような動きを無視しているはずはありません。とくに、地頭・御家人たちの所領を基礎にしている鎌倉幕府にとって、こういう動きが活発におこり、地頭・御家人がこれにまきこまれ、所領の秩序が混乱することは、とうてい黙視できない事態でした。

それゆえ、十三世紀後半から十四世紀にかけて、幕府は執拗なまでに悪党・海賊禁圧令をくり返しくり返し発しています。モンゴルが襲来し、外敵と戦争しなければならない時に国内にこういう動きがあるのはたいへん具合が悪いので、幕府は海の領主や山の領主、流通路の領主たちの自立的な組織を、悪党・海賊として武力的に禁圧し、統制下にいれようとしたのです。

とくに幕府の中で、地頭・御家人の所領を基礎とする「農本主義」的な政治路線に立ち、将軍の家臣である御家人勢力を背景にして、理想的な政治、徳政を行うことを標榜する立場に立つ人びとの、悪党・海賊にたいする禁制はきわめてきびしいものがありました。

銭、貨幣の魔力にとりつかれ、利潤や利子を追求する商人や金融業者、交通路である山や河海にかかわりつつ、狩猟や漁撈のような殺生を好み、博打に打ちこむような人たちは、田畠を基本と考える農本主義的な政治路線に立つ人たちにとっては、まさしく「悪」そのものだったのです。

この時代の「悪」ということばは、日常の安穏を攪乱する、人の力をこえたものとのつながりをもって考えられており、利潤や利子を得る行為そのもの、商業・金融業そのものを悪ととらえる見方がありました。さいころの目で事を決める博打や、「好色」＝セックス、さらに穢れそのものも、人の力をこえたどうにもならない力として「悪」ととらえられたわけです。

ですから、異様なほどの力を持っている人について、人の力をこえたものがその人を動かして、異常な力を発揮させているとして、悪七兵衛（あくしちびょうえ）、悪源太（あくげんた）、悪左府（あくさふ）のように、「悪」をつけてよぶのも同じ「悪」の用法です。金融業者、商人、海の領主、山の領主の組織が「悪党」といわれたのは、「悪」にたいするこの時期のこうしたとらえ方が背景にあったと思います。

このように、十三世紀後半から十四世紀にかけての、鎌倉幕府の悪党にたいするきびしい弾圧は、公権力からはずれた商人や流通・金融業者のネットワークをいかにしておさえつけるかにあったのですが、逆に、幕府の内部には、むしろこうした金融業者や商人の組織、流通の組織を積極的に支配のなかに取りこんでいこうとする、もうひとつの政治路線がありました。

このころ、鎌倉幕府の中枢部で最大の勢力になった北条氏の家督—得宗(とくそう)の家臣の御内人(みうちびと)たちは、むしろ商人や金融業者と結びついて、河海や山野の交通路を積極的に支配しようとしていたのです。

所領を自分の家臣に分けあたえ、主従関係で結ばれた組織によってこれを支配するというのが、本来的「農本主義」的な領主の支配の仕方と考えられていたのですが、御内人は、金融業者の代官に所領の経営を請け負わせてしまいます。さきほどの新見荘の代官のような僧侶、山僧や山臥を代官にして、契約した分を収入にするとともに、必要な銭を融通させて、豊かな消費生活を志向する。さらに北条氏は、海上交通の要衝である各地の重要な津・泊を所領にして、そこに出入りする船に特権をあたえ、廻船交易の上前を取っています。

たとえばさきほどもふれましたが、関東御免津軽船といわれ、関東=北条氏によって特権をあたえられて、津軽まで往復し、交易を営んでいる大船が、十四世紀初めごろ二十艘あります。越中の放生津(ほうしょうづ)や、若狭の多烏浦(たがらすのうら)などにこのような船がいたことがわかっていますが、このように流通・廻船交易の組織を、北条氏は積極的に容認することによって掌握しようとしていたのです。この路線は、さきほどの農本主義的な路線と真っ向から対立することになります。

実際、鎌倉時代後半から南北朝前半の政治情勢は、このふたつの政治路線の激しい対立の中で動いています。いちばん有名なのは、弘安八年（一二八五）の霜月騒動で、農本主義的な政治路線、御家人勢力を代表する安達泰盛が、北条氏の御内人の勢力を代表する平頼綱と戦って敗北し、滅ぼされた事件です。これを境にして、幕府は悪党・海賊のネットワークをひたすら弾圧する方向だけでなく、むしろそれを支配組織のなかに取りこんでいこうとする方向にも動きはじめます。

たとえば、中国大陸との貿易、唐船の派遣についても、十四世紀になると北条氏がほとんどこれを独占してしまいます。それまでは西園寺家などの貴族や有力な御家人が中国大陸に唐船を派遣して貿易をしていたのですが、十三世紀末には、「唐船」発遣は北条氏の独占になりますし、有力な港はほとんど北条氏が所領としておさえてしまいます。

このようにして、北条氏は日本列島のなかの商人・金融業者のネットワークのほとんどを自分の統括下に入れ、さらに列島外との交易のネットワークも、統括下に入れて統制する方向で政治を進めていこうとしたのですが、やがてこの政治路線も、海上勢力の強烈な反発をうけることになります。

十四世紀に入ってまもなく、西国、西海で熊野海賊の大反乱がおこります。実態はよくわからないのですが、紀伊半島から瀬戸内海、九州にかけて、強力な力を持っていた熊野神人が、北条氏のこのような専制的統制に全面的に反発し、北条氏が十五カ国の軍兵を動員し、二、三年かかってようやくこれを鎮圧できたといわれるほどの大反乱をおこしたのです。このときの十五カ国の軍兵の動員は、承久の乱や、幕府が滅びるときの楠木正成との戦争のときの動員に匹敵するぐらいの大兵力で、この反乱が、これだけの武力ではじめて弾圧できたほどに、深刻で大規模だったことがよくわかります。

しかも同じころ、北でも「蝦夷(えぞ)」の反乱といわれる、北海道の海上勢力と北条氏との大衝突がおこっているのです。アイヌはこのころ活発な交易活動をしているのですが、北方の都市津軽の十三湊(とさみなと)に根拠を置き、日本海から北海道にいたる商業、貿易のネットワークをおさえている安藤氏の一族内部の対立もからみ、アイヌもまきこんだ、北条氏にたいする大反乱がおこります。何回かくり返しおこったこの反乱を、北条氏は結局滅びるまでついに鎮圧しきれませんでした。

こういう状況のなかで、後醍醐天皇が登場してくるのです。後醍醐は、このような北条氏に反発する悪党・海賊の武力にも依存して鎌倉幕府を倒します。それゆえ、後醍醐の政治は、得宗と御内人の推進した政治を、さらに極端にまでおし進めたと考えることができます。

後醍醐は、新政府を樹立する前から京都の酒屋に税金をかけ、京都の商人たち—日吉社、春日社、石清水八幡などの神人を全部供御人にして、天皇直属にし、京都の土地を自らの直轄下におこうとしているのです。また、地頭の所領の所出―収入を銭で換算し、その二十分の一を税金として取り、それを京都の金融業者―土倉(どそう)にわたし、政府の財政をまかせています。

さらに後醍醐は、銭を鋳造しようとし、とくに紙幣の発行を計画しています。これは結局実現しなかったのですが、為替手形が活発に流通していることを考えますと、紙幣の発行は決して非現実的ではなかったと思います。このように後醍醐の政治は、まさしく非農本主義的で、商業・金融業者に基礎を置いた政治だったわけで、このような方向の政治は否応なしに専制的な方向になっていくと考えられます。

十三世紀から十四世紀の政治は、農業中心の農本主義的な政治、土地を基盤にして租税を取る体制を軸にして政治を進めていく路線、地頭・御家人の所領を基盤にした体制を保持し、荘園・公領の田畠からの年貢、地子を取ることに重点を置く政治の路線が一方にあるのにたいして、新しく発展してきた商人や金融業者、廻船人の活動を積極的に組織し、流通に基盤を置き、西方、北方に向かって列島外の地域との貿易を発展させ、それにも基盤を求める政治を推進しようとする方向が他方にあります。

この二つの政治路線、社会の動きがきびしく対立し、大動乱がおこる結果になるのですが、大まかにみると、後者の路線がその中で次第に優位をしめていきます。そして十四世紀末の足利義満の政権は、後醍醐がやろうとして失敗したことを、ほぼ実現することに成功したのです。これ以後、農本主義は背後にしりぞき、しばらくは、商業・金融を肯定する風潮が表にでてきます。

一遍の教え――都市的な宗教

しかし、こうした二つの潮流の対立は政治の舞台だけでなく、宗教の分野でも大問題となり、さきほどお話しした「悪」の問題が避けがたい対立の焦点になってきます。

親鸞は、善人ですら往生できるなら、悪人が往生できないはずはないという悪人正機説を唱えて、悪を積極的に肯定する姿勢を早くから示しています。また、親鸞より少しあとに生きた一遍の思想は、信・不信、浄・不浄、つまり穢れているものも穢れていないものも、善人でも悪人でも、南無阿弥陀仏という念仏を書いた札を受け取ればすべての人が救われるという、徹底した一元論だといえます。

つまり、絶対者である阿弥陀にたいする信仰を通じて、善も悪も問わず、すべて肯定されるという立場に立っており、いわば悪を正面から肯定しているわけです。それゆえ、一遍の支持者には、「悪党」がいるとともに、「徳人」といわれて銭を持つ富裕な人びと、商人、金融業者も一遍を支持しています。さらに一遍の教えにたいして、このころ、徐々に穢れた存在にされつつあった女性が大挙して信者になっているだけではなく、教団に入り尼として遊行に加わっている女性もいます。さらに『日本の歴史をよみなおす』でもふれ

『一遍聖絵』より、関寺・中島の踊屋。

たとおり、非人も一遍を支持しています。

　重要なことは、一遍の教えが津・泊などの都市的な場所に広まっているということです。『一遍聖絵』を見るとよくわかりますが、一遍は遊行という方法で、遍歴―旅をしながら布教をしているわけですが、これは交通のネットワークが安定していなければできないことだと思います。津・泊や宿などのネットワークができているからこそ、遊行は布教の方法になりえたのです。

　また一遍は「六十万人決定往生」、つまり六十万人にたいして札を配る「賦算」を目標にしていますが、六十万人という数は、当時の人口を考えると相当の比率になると思うのです。これも不特定多数の人間がたくさん集まる場所、つまり都市的な場がいたるところにできているからこそはじめて可能だった、だから一遍が目標にしえたのだと思います。

さらに踊念仏も一種の芸能で、桟敷や舞台をつくって多くの人が見物することをねらっているわけで、これもやはり、多くの人の集まる都市的な場の成立を前提にしてはじめてできたことだと思います。実際、『時宗過去帳』という史料によって時宗の信徒の往生した地を調べてみますと、津・泊などの海辺の都市、市庭などの都市的な場所に広くひろがっていることがよくわかります。

十三世紀の末に描かれた『一遍聖絵』は、これまでは田畠の耕作の場面がほとんど描かれず、やや変わった絵巻だと思われていたのですが、この絵巻は当時の都市、都市的な場そのものを描いているわけで、むしろこの時代の社会の潮流のひとつをよく表現していると思います。一遍の教えはまさしく都市的な宗教なのです。商人や金融業者、それと結びついている女性、さらに「非人」といわれた人びと、一方の見方からは「悪」といわれ、穢れているとされつつある人びとのなかに、一遍の教えは広がっていったのだと思うのです。

しかし逆に、こういう動きを我慢ならないと考えている勢力も当然あったのです。大寺社の僧侶や貴族、武家、とくに「農本主義」的な路線に立つ人びとは、一遍の布教や教団のあり方を天狗の所業だとして真っ向から非難を加えます。この見方は『天狗草紙』という絵巻や『野守鏡(のもりのかがみ)』という歌論書によってはっきりわかりますが、穢れた女性たちを加えて集団をなして遊行をし、「非人」を従えていることをきびしく批判しています。

そこでは一遍の教えは、「悪党」に支持されており、穢れた人びとを教団のなかに迎え入れ、女性と旅をともにするみだらな宗教で、天狗にあやつられているのだというきびしい批判が展開されているわけです。これが「農本主義的」な政治と結びついていることはいうまでもありません。

貿易商人、事業家としての勧進上人(かんじんしょうにん)

この時代には、「非人」や「悪党」、商人などのなかに自ら飛びこんで布教した一遍と同じようなやり方で布教をした親鸞や日蓮などの新宗派の創立者もいたのですが、それだけではなく、律宗や禅宗の僧侶たちのように、一方で非人の救済などにもたずさわりつつ、新しい社会の動きに積極的に対応し、荘園の経営などにきわめて有能な力を発揮するとともに、十三世紀後半以降、商業、流通に積極的な北条氏と結びつき、一種の冒険的な貿易資本家として活動するようになった僧侶もいました。

これらの律宗、禅宗の僧侶たちは、まず勧進上人として、北条氏、あるいは天皇の許可を得て、重要な津・泊に関所を立て、そこを通る船から津料(つりょう)などの名目で関所料を取りたてます。これは交通が活発化して、都市的な場が形成されていなければできないことで、本来の勧進は家々を歩きまわり、ひとりひとりから施しをもらって歩かなければならないのですが、この場合は人や船のたくさん通る場所、つまり港や宿に関所を設け、そこを通る人や船から通行税を取るというかたちで寄付金を集めたわけです。

また、北条氏や天皇の許可を得て、守護を通じて在家一軒ごとに十文ずつの銭を出させる方法で勧進を行うこともあります。これが棟別銭（むなべちせん）で、いわば強制寄付ですが、十四世紀ごろの勧進は、このように関所を立てるか、棟別銭を賦課するか、いずれかの方法で寄付金を集めて資本を蓄積するのです。

このようにして蓄積された資本で、すぐに寺社を修造する建築工事をやることもありますが、とくに十四世紀以降に顕著なのは、「唐船（からふね）」という大型構造船を建造し、中国大陸に行って貿易を行い、さらに資本を増殖させることがしばしば行われました。前章でふれた新安沈船（しんあんちんせん）も、私はたぶん日本列島でつくられた船ではないかと思っています。材木はタイワンアカマツという南方の木材を使っているので、中国大陸で建造されたとする主張もありますが、十三世紀以降、日本列島のヒノキなどの材木が海をわたって中国大陸に大量に運ばれていますから、逆に江南あたりから材木が列島にきてもおかしくはないのです。実際、「唐船」を筑紫でつくっている事実も確認されています。

しかし、このように堅固で大きな構造船をつくるためには、さまざまな職人を組織・動員しなければなりません。船大工や鍛冶などを組織して「唐船」をつくり、水手を雇い、航海と交易を専門の船頭、綱司（ごうし）・綱主（ごうす）に請負わせます。綱司・船頭には日本人もなりますが、宋人もたいへんに多かったのです。

新安沈船からは、銭や青白磁だけでなく、木簡がたくさんみつかりました。そこには日本人とみられる「いや二郎」のような名前が書かれていますので、日本列島で雇われた水手がたくさん乗っていたことがわかります。また綱司もおり、教仙という勧進聖(かんじんひじり)も乗っていました。この船が列島側から行ったとすれば、たくさんの品物、真珠や太刀、砂金、水銀などの貿易品を積んでいったはずです。

北条氏が勧進上人を派遣したときは、北条氏一門の品物を積んで中国大陸にわたってこれを売却し、厖大な中国製青白磁と銭などを購入してきます。勧進上人はそれを日本列島に持ち帰り、列島内の各地で陶磁器を売って大変な利益をあげるとともに、銭をそれ自体、資本として運用したのです。新安沈船の勧進上人が京都の東福寺の造営を目的としたことについてはすでにお話ししたとおりで、この船は東福寺造営料唐船といわれていたとみて

新安沈没船の木簡。
上、「綱司私」銘木簡。
下、「教仙」銘木簡。

間違いありません。

このほかに、建長寺、勝長寿院（しょうちょうじゅいん）、称名寺（しょうみょうじ）、鎌倉の大仏などの造営の資本を得るための唐船が、北条氏によって派遣されたこともわかっています。ただ新安沈船は京都の寺のためですから、北条氏による派遣だったのかどうかはわかりません。私は、後醍醐天皇が派遣したのではないかとひそかに考えていますが、この船は沈没してしまいましたから目的ははたせませんでした。

しかし無事に帰着すれば、その資本で東福寺の建築という大土木建築をやることになります。土木建築のためには、勧進上人は非人・河原者も動員しなければなりませんし、建築工である番匠、鍛冶、壁塗、檜皮師（ひわだし）、銅細工などの職人、鋳物師、石工などを雇い、これらの職人たちを動かして、設計にもとづいた大寺院の建築をするわけです。こうした勧進上人をなんと規定したらいいのか、なかなか適当なことばがないのですが、現代流にいえば、多少とも冒険的な貿易商人であるとともに、土木建築事業を経営する事業家ということになるでしょう。

そして、律宗と禅宗の僧侶にこういう人が多かったことが大変大事な問題で、北条氏や後醍醐天皇などは、禅律僧を保護、援助し、この方向を推進した政治権力でした。

十四世紀の動乱、いわゆる南北朝の動乱は、日本の社会自体の大きな転換にともなっておこった激動で、それまでとは違ったレベルで商品、貨幣、信用経済が展開しはじめ、政治・宗教のあり方にも大きな転換をせまったところからおこった動乱だと考えられます。

この意味で私はこの時期を、文明史的な転換期ということができると思っています。また、日本、琉球、アイヌがそれぞれ自らのアイデンティティを自覚しはじめるという点から、民族史的転換ともいえると思いますが、いずれにせよ、十四世紀を境に、列島社会は大きく転換していくわけで、それに応じて、政治・宗教も非常に大きな変化をとげていったのです。

村と町の形成

そしてこの動乱が終わり、十五世紀に入ると、日本列島の社会と朝鮮半島や中国大陸との緊密な交易関係は、足利義満の貿易推進政策によって安定した軌道にのります。このころは、アジア全体の交易の流れのなかに日本列島も入っており、十五世紀の初め、若狭の小浜にスマトラのパレンバンから「南蛮船」が入港していますが、これは決して偶然の来着ではなく、毎年来船しているのです。

そしてこのときの船はパレンバンからの公式の使者で、「日本国王」=足利義満に国書をささげており、このとき、日本列島にはじめて象が日本国王への貢献品として運ばれてきました。この象は将軍義満が一度見たことは見たのですが、飼っておくことができないのでまた送り返してしまったようです。

それにしても十五世紀のごく初頭、象がパレンバンから運ばれてくるほど、この時期の日本列島は、中国大陸、朝鮮半島はもちろん、東南アジアまでをふくむ広い東アジアの貿易圏のなかに入っていたのです。このころに確立する琉球王国はこうした交易活動を基礎にしており、琉球の船はこの広域的な貿易ルートを東西南北に活発に動いていました。

一方、北方でも、北東アジアとの関係が緊密であったことが明らかになっており、さきにあげた津軽の十三湊は日本海を西方に向かう貿易ももちろんやっていますが、北東アジアとの貿易港にもなっていくような状況がみられたのです。このように十五世紀の日本列島の社会は、東アジア全体との緊密な関係のなかで理解されなくてはならないと思います。

さて、そのころの列島内部の状況を考えてみますと、本州、四国、九州の海辺、河川交通の要所には、大小の都市が無数といってもよいぐらい形成されていました。信用経済、貨幣経済も社会により深く定着し、荘園や公領についてもさきほど説明したような代官の請負が一般的になっており、その中で熊野の山臥や荘主(しょうす)とよばれた禅宗の僧侶が金融業にたずさわるとともに、荘園の請負を専業的にやるようになっていきます。

そういう状況のなかで、十五世紀という時代は、政治的には相対的な安定期であり、自治的な村と町がこの時期に形成されてきます。荘園公領制の形はまだ残っていますが、社会の実質は村町(むらまち)制といってもよいような実態になり、現在は大きく変りつつありますが、高度成長期以前の村落と都市の基礎はこのころにできあがってくるわけです。いずれも自

『一遍聖絵』より、鎌倉時代の貨客船。

治的に運営されており、堺のような自治都市は有名ですが、村の場合も村請といわれ、村の責任で年貢を請負うのがふつうになります。これは町や村の中に、さきほどの代官のような業務をこなすだけの能力が蓄積されてきたことをよく物語っています。

十五世紀から十六世紀にかけては、このような村町制を基盤として、「戦国大名」といわれる地域の小国家がはげしく相互に競合する戦国時代に入りますが、これまであまり注意されてこなかった問題として、この時期に海の領主、商人や廻船人の縄張り、ネットワークが、われわれの予想をはるかにこえて組織化され、活発になっていることに注意しておく必要があります。

たとえば、琵琶湖の湖上交通は昔から非常に活発ですが、この時期の湖上交通は堅田の湖の領主、廻船人によって統制されているのです。廻船人は琵琶湖のいたるところの津や浦に根拠をもっていますが、これらの廻船人が琵琶湖を航行するときには、かならず堅田の人を「上乗(うわのり)」として船に乗せることになっています。「上乗」には当然礼銭を出しますから、これが堅田への通行税、関所料になるので、これによって航行の安全は保証されます。実際、『本福寺跡書(ほんぷくじあとがき)』という真宗の僧明誓(みょうぜい)の書いた本にも、堅田の「上乗」の旗をひらひらさせながら湖を行けば安全に航海ができると書かれています。

ところが、もし堅田にたいしてなんの挨拶もしないで、かってに航行していると、その船は、堅田の人たちによって積荷を差押えられてしまいます。まさしくこれは海賊で、堅田の人たちは、関銭、礼銭を支払わない船にたいしては、武力を行使して積荷を差押えるだけでなく、船に乗っていた人たちを子どもまですべて殺してしまったという話が伝えられているほど、残酷なこともやったようです。しかし堅田に挨拶をしておけば、むしろ安全に湖上交通ができるように警固してくれたわけです。

海の慣習法

また十五世紀前半に、朝鮮の使者として日本を訪れた宋希璟(ソンギヒョン)という人が『老松堂日本行録(ろうしょうどうにほんこうろく)』(岩波文庫)という旅行記を書いています。当時の西日本の社会・風俗を知るうえで大変おもしろい史料なのですが、その中に海賊についての詳しい記述もみられます。

この人の一行が、安芸国の蒲刈島に泊まったときの話は、さきほどの堅田の話とそっくりなのです。東から来た船は東の海賊をひとり乗せておけば、西の海賊はそれにたいしていっさい口を出さないし、逆に西からの船は、西の海賊をひとり乗せておけば、東の海賊は襲撃をしないというのです。つまり、この蒲刈島を境に西の海賊と東の海賊の縄張りがあったわけですが、そこでこの人は東の海賊に銭七貫文を支払って船に乗せ、西に向かって安全に航海したとこの記録に書いています。

このような海の作法はこのころ一般的になっており、海の領主、湖の領主の縄張りができていて、関所料、警固料を支払えば、縄張りの中については船の航行の安全が保証されたわけです。こうした海の領主はこの時代、肯定的な意味で「海賊衆」とよばれました。山の道でも同じことがあったのですが、山の領主をプラス評価でよぶ場合は「山賊衆」ではなく「山立」といったのだと思います。このころの「海賊衆」ということばにはマイナス評価の意味はなくて、水軍、海の領主の表現として使われ、十五、六世紀にはこれで通用するようになります。

このような縄張りをおさえるために、海の領主、「海賊衆」は、港を見下ろす岬、船がかならずそこを通らなければならない航路にあたる島などに、「海城」ともいえるような城を構えていました。これは警固所であるとともに見張り所でもあり、そこで航行する船を監視しているわけです。

たとえば、紀伊半島の南端の太地や潮岬あたりの岬の先端に、城山（じょうやま）などとよばれる山があります。江戸時代、こういう山は鯨の見張り所になっており、鯨が沖を通ると狼煙を次々に上げ、知らせが鯨組の親方のところまで伝わってくると、親方は手旗で鯨取りの船を動かし、鯨を包囲してこれを捕えたのです。

これは完全に海賊の伝統を引いた手法で、見張り所はかつての「海城」で、そこで海の領主は通行する船を監視していたのだと思います。きちんと挨拶をして関所料を置いていけば攻撃はしませんが、もしなんの挨拶もなしに通行したときには、狼煙を上げて、領主の指揮の下に小舟が取囲んで船を襲い、積荷をおさえてしまうわけです。

こういう海城は、瀬戸内海や日本海にもたくさんありますし、北海道にも上ノ国町の勝山館（だて）のような港を睨んだ城や館が多く見られます。これまで、城というともっぱら内陸部の山城だけが考えられていましたが、日本列島の城を考える場合、こういう「海城」を度外視しては、ほんとうの理解はできませんし、山城についてもこれと同じような視点が必要だと思います。

一九九三年の冬にはじめて沖縄に行きましたが、沖縄の城、グスクもみな海を睨んでいます。本州の海城と、意外に似たところがあると思いましたが、グスクと聖地であるウタキはときに重なっており、これは本州・四国・九州でも同じで、岬はしばしば神が祭られる聖地で、それに通行する船が捧げる上分、初尾（はつお）が関所料の起源なのだと思います。

このように、海を舞台とした商人や領主のネットワークは、十五、六世紀には非常に緊密に組織化されており、廻船人の慣習法が定着していたと考えられます。古くから寄物(よりもの)は神仏のものとして、寺社のためにつかうとか、船が衝突したとき、遭難したときにはどのようにするかなどの海の慣習法があったことは、文書、記録からもわかるのですが、おそくとも十六世紀には、そうした海の慣習法の集成が行われます。「廻船大法」、あるいは「廻船式目」とよばれ、三十一カ条が基本で、江戸時代にも追加法が十何カ条加えられ、列島海辺の津々浦々で、書写され大切にされているのです。

この法がだれによって、どのようにしてつくられたのかは、まだよくわかっていません。ただ形式だけみれば、これは一種の偽文書で、鎌倉時代、北条義時が執権だった貞応二年(一二二三)に公布された法、あるいは後堀河天皇が発した綸旨という形をとっていますが、実際は十六世紀にできたもので、廻船人たちのあいだの慣習法を成文化したものだと思います。薩摩の坊津、土佐の浦戸、摂津の兵庫の人がまとめたことになっており、たしかに土佐がこの法をまとめる上で重要な役割をしている地域のようですが、まだどういう経緯でつくられたか、どのような実効力があったかはわかっていません。

しかし、商人たちも「商人道の故実」を強調しており、「商人裁き」という言い方もあって、これもまだよくわかってはいないのですが、商人たちのあいだの慣習法が体系化される動きもあったと思います。『秤の本地』や『連釈之大事』のような由緒書にその片鱗が見られますので、これからさらに研究してみる必要があります(「中世商人の世界」『列島の文化史』9、日本エディタースクール出版部、参照)。

十六世紀になると、各地域に戦国大名といわれる地域権力、小国家が現われ、それぞれ国法を定めていますが、商人・金融業者あるいは廻船人のネットワークは、そういう大名の権力から自立しており、それぞれの慣習法によって自己規律を保ち、日本列島の外部との関係をも持ちながら活発に動いていたのが十五、六世紀の状況だったと思うのです。

第五章　日本の社会を考えなおす

　このような動きのなかで、「農本主義」とは逆に、農業を蔑視する考え方が日本の社会に、十五世紀のころには生まれてきたと思われます。さきほど強調しましたように、百姓は農民を意味することばではないので、それとは別に古くから「農民」ということばも使われていますが、注意して文献を見ていると「農人」という語が意外に古くから使われていることがわかります。

「農人」という語

　これは『日本後紀』の弘仁二年（八一一）の記事が最初で、天長元年（八二四）の官符にも「農人」という語が出てきますし、『庭訓往来（ていきんおうらい）』（三月状往）には、「開作すべきの地あらば、農人を招きすえてこれを開発せしむ」とあります。さらに降って江戸時代後期の、

『防長風土注進案』という毛利氏のつくった地誌でも、「百姓」のなかに「農人」が何軒、「商人」が何軒、「鍛冶」が何軒などという分類統計をやっています。百姓＝農民ではないことはこれでよくわかるのですが、このように「農人」は古代から近世まで一貫して使われた、これこそ農民を表現することばなのです。

重大な問題だと思いますのは、十五世紀後半につくられたと推定される『三十二番職人歌合』という「職人歌合」があり、三十二種類の「道々の者」「職人」が描かれているのですが、その中に「農人」がでてくるのです。いわゆる「職人歌合」の中では、これが唯一の事例です。

しかも注意しておかなくてはならないのは、この歌合には、このころ賤しめられはじめていることとの確実な、千秋万歳と絵解の番からはじまり、鉦叩、猿曳、鳥さしなど、やはり賤視されるようになりつつある職能民を描いており、実際、その序文には、「我等三十余人、いやしき身しなおなしきものから」と書いてあるのです。

もちろんこれを作ったのは貴族で、当時賤しめられはじめている職能民たちに歌合をやらせるという形にしているのですが、重大なことは、この中に「庭掃き」と番になって「農人」が出てくるのです。とすると、ここでは「農人」が賤視されつつある職能民の一種とされていることになるといわざるをえないので、たしかに番とされた「庭掃き」は御庭者ともいわれ、土木工事にたずさわり、庭園をつくる河原者といわれた人びとをさしていると思います。

善阿弥は将軍直属の「公方御庭者」として有名ですし、天皇に直属する「禁裏御庭者」もおり、御庭者＝山水河原者は貴人とつながりをもった人びとではありますが、この時期には確実に賤視されていると思います。そしてここで庭掃きと農人とが番にされているのは、両者とも土とかかわるからだと思います。大地に変化を加えることを穢れとする見方は古くからあったのですが、このころになると、土をいじること自体が穢れており、それは汚れた仕事だという理解のしかたがあったと考えられますので、この絵巻物では、そういう見方から農人をむしろ賤視する立場で描いていると考えざるをえないのです。

しかし、十五世紀後半にそういう見方が出てくるのは、十分ありうることです。同じころのものですが、さきにもあげた『本福寺跡書』という本があります。これは、琵琶湖の

『三十二番歌合』より、農人の図。

堅田にある真宗寺院の本福寺の住職明誓の書いたもので、堅田に来たことのある蓮如の動きもふくめて、このころの堅田をめぐる状況をいろいろな角度から記しており、この時代の真相を考えるうえで非常に重要な史料なのですが、そのなかで明誓は「田作にまさる重い手はなし」――田畑をつくる農業ほど苦しい仕事はないと強調しているのです。

そしてその反面で、鍛冶屋、桶師、研屋、番匠はみな分限者、お金持ちであり、そういう人びとや、穀物や食品を売る商人は、「悲しき年、飢え死なぬもの」――不作でたいへんに難渋する年でも餓え死しないともいっています。このように商人や工人を、農人よりも高く評価する姿勢を『本福寺跡書』の著者明誓が持っていたことを、ここからはっきりと窺うことができます。

また、「士農工商」ということばの用例の早い例は、蓮如の『御文』で、そこで蓮如は「侍能工商」と表現していますが、武士を高い身分とし、工商を見さげるような見方は、蓮如にはまったく見られません。農は耕作に身をまかせ「つくりを本と」する人びとで、商業は、「朝夕は商いに心をかけ、あるいは難海の波の上に浮かび、恐ろしき難破にあえることを顧みず」に商売をする、と非常に高く評価しています。むしろ工にあたるところで、「芸能をたしなみて人をたらし、狂言綺語を本として浮世をわたる」といっており、「能」もふくめているようにみえますが、のちの「士農工商」の見方とは大変ちがいます。

しかし、この時期の真宗の信者の中には、さまざまな職能のなかで、農業を低い生業と見る人もいたことは確実で、少なくとも農業を尊重せず、むしろ商工業に高い評価をあたえる見方があったことは、とくに注目すべきです。このように、十五、六世紀に日本の社会のなかにあらわれてきた「重商主義」的な思想のなかで、真宗がとくにその先端をいっていたと見てよいのではないかと思います。

堅田の本福寺。

これまで、一向一揆は、国人と農民の一揆とされ、ときには「農民戦争」とまでいわれてきました。加賀は、加賀国の守護富樫氏を一向一揆が滅ぼして、「百姓の持ちたる国」になったといわれたことは事実ですが、そこから加賀は「農民王国」になったなどととらえるのは、百姓イコール農民という思いこみにひきずられた、たいへんな間違いだと私は思います。すでに亡くなった井上鋭夫さんは、真宗の基盤を「ワタリ」という水運業者、漁撈民に求め、その中には廻船問屋として巨富をつんだものもでてくるといっておられますが、まさしくそのとおりだと考えられます。

「重商主義」と「農本主義」の対決

　実際、十五世紀以降の真宗の拠点になったところは都市が多いのです。近江の堅田はそのひとつで、ここに蓮如は一時期、根拠を置いたのですが、堅田は当時の琵琶湖最大の都市です。また越前の吉崎も蓮如自身は、自分が道場を置くまでは狐や狸がいるような場所だったなどといっていますが、おそらく実態はそうではなく、吉崎は北潟という潟に近く、港としても非常に条件のよいところだったので、蓮如が根拠を置いた理由もそこにあるのだろうと思います。

　本願寺のあった山科もやはり都市的な場ですし、石山はもちろんのちの大坂ですから、間違いなく都市といってよいでしょう。伊勢の長島も川と海にかこまれた都市でしたし、安芸の広島も同様です。その他、北陸で大きな真宗寺院があるところを調べてみますと、非常に海辺が多いのです。

　また、能登の柳田村という山の中にも、福正寺という巨大な真宗寺院があるのですが、ここは合鹿塗(ごうろくぬり)という漆器が非常に活発に生産されているところで、やはり都市的な場といってよいと思います。また真宗寺院は、和泉の貝塚や大和の今井などのように、その境内、寺の周辺に商人・職人を集住させて、寺内町(じないちょう)をつくっており、寺自体が都市の中心になっているのです。

ただ注意すべき点は、十五世紀になると、社会の大きな転換のなかで、神や仏にたいする畏れや、穢れにたいする恐れがうすらぎ、非人、河原者、遊女、博打のような人びとにたいするきびしい賤視が社会に浸透してくることです。これは『日本の歴史をよみなおす』でふれましたが、そのなかでこうした人びとに一時期、強い影響力を持った時宗のように、一元論の立場に立って、善悪もろともすべてをすくおうとした宗教が力を失い、真宗のように善と悪とを鋭く対決させ、そのうえで、むしろ悪を積極的に肯定する思想の方が強力になってきます。

実際、十五、六世紀、時宗の地盤は一向宗にとって代わられていったのではないかと思うのですが、時宗がそうだったように、真宗も色濃く都市的な宗教ですし、日蓮宗も同じだと思います。法華一揆と一向一揆が対立し非常にはげしく競り合うのは、両方とも同じ地盤に教線をのばそうとしているからなのです。少し遅れて入ってくるキリスト教も同じ方向で布教をしており、宣教師が自分たちにとっていちばんの競争相手と見たのは、やはり真宗と日蓮宗だったのです。これは当然のことで、この時期に大きな発展をとげた商人や手工業者などの集住する都市に教線をのばしていこうとする宗教がはげしく競合していたのですが、これらの宗教は、いずれも「重商主義」的な勢力に支えられていたのだと思います。

こういう商人、廻船人たちの動きは「倭寇」のように列島外の地域とも結びついており、東南アジアから南アメリカにいたる広いネットワークができつつあったのですが、これにたいして、織田信長のように、各地の戦国大名―地域小国家を併合して、「日本国」をもう一度再統一しようという動きが出てくるわけです。この動きが商業に高い価値を置く「重商主義」的な宗教と真っ向からぶつかったのが、一向一揆と信長の衝突です。キリスト教と秀吉・家康の対決の根底にあるのも同じ対立だと考えられますが、「日本国」を再統一しようということになると、どうしても、土地を基礎とした課税方式を取ることになり、古代からの「農本主義」の伝統が、ここで再び生き返ってくることになります。

秀吉は御前帳（ごぜんちょう）という名目で、全国の大名から検地帳を天皇に提出させ、石高制にもとづく年貢―租税を徴収する方式を固めようとします。家康も同様ですが、こういう農業、土地中心に「日本国」を固めていこうとするやり方と、海を舞台にして商業や流通のネットワークをつくり、日本列島の外にまで広がる貿易のネットワークをつくっていこうとするような動きとが、ここで真っ向から対決することになったのです。

この衝突は、大変な流血の末、結局、前者の路線―信長・秀吉・家康の路線の勝利に終わり、後者の勢力の海のネットワークはあちこちで断ち切られて、海を国境とする「日本国」という統一体がふたたびできあがります。

これが近世の国家なのですが、この国家の下で、商工業に高い価値を置く重商主義的な思想は、社会の表面には出なくなり、農本主義のたてまえが主要な潮流になっていきます。

その中で百姓は農民という思いこみが、しだいに社会に浸透していくことになるのです。

これまでの歴史像は、こうした思いこみの上に描かれてきたのですが、このような思いこみをすてて、農業以外の生業にも目をそそいで歴史を見直してみると、日本の社会がずいぶん違った姿に見えてくることは、これで多少はおわかりいただけたと思います。

新しい歴史像

これまで日本の社会は、全体として非常に農業的な色彩が強く、近代以前は完全な農業社会と考えられていました。しかしこの理解は、百姓＝農民という誤った思いこみのうえに立った完全な誤りで、日本列島の社会はこれまで考えられていたよりもはるかに非農業的な色彩が強かったことについて、ここでさまざまな角度からお話ししてきました。

とくに鎌倉時代後半、十三世紀後半以降の社会は、銭貨の流通が活発になり、信用経済といってもよいような状況が展開し、さまざまな形態の資本——金融資本、あるいは商業貿易資本、さらに土木建築に投資される大きな資本が動くようになっています。少し大胆にいえば、これは資本主義的といってもよいぐらいだと思うのです。

さらに私は、こういう状況は朝鮮半島や中国大陸にも見られたのではないか、と考えています。中国大陸を中心とする儒教の農本主義的な思想が、非常に強烈に東アジアをおおった結果、その影響でわれわれはこれまで、社会の実態の少なくとも一面を見落としてしまっていたのではないかと思います。

　たとえば朝鮮半島の場合、南辺の多島海をはじめとして、海辺には海民的な要素が強いのではないかと思います。十三世紀、モンゴルが朝鮮半島の高麗王朝を征服しようとしたとき、最後までモンゴルに抵抗した三別抄（さんべつしょう）という軍団がありますが、この軍団は江華島や珍島、済州島などの島々を根拠に動いており、海に強い水軍ではなかったかと思うのです。

　ところが、朝鮮半島の歴史全体の流れを見ますと、海にかかわりをもつ海民、漁撈民は賤視されており、社会的には賤民身分とされたといわれています。朝鮮半島には儒教が日本列島以上に浸透しており、農本主義のイデオロギーが強烈なのでこのようなことになっているのでしょうが、ひと皮めくって見ると、じつは、朝鮮半島の社会もかなり非農業的要素が強かったのではないかと思います。

　中国大陸でも、とくに江南については、宋代以降、商業、貿易が非常に盛んだったことがわかっているのですが、まだまだ研究の余地があるように思います。たとえば、蛋民（たんみん）という海民がいますが、この人びともやはり多少の賤視をされており、研究もあまりされていないようです。しかし、こういう「少数民族」だけでなく、その背景にはもっといろいろな海にたいして積極的な人びとの動きが、中国大陸にもあったはずだと思うのです。

　そういう大陸、半島の動きを、日本列島の動向、さらには東南アジアまでをふくめて、海に視点をおいてもう一度考え直してみると、アジアの歴史そのものの捉え方も大きく変わってくる可能性が十分にあると私は思います。
十六、七世紀になると、日本も朝鮮も、明、清の中国大陸の帝国も、これまで「鎖国」ともいわれていた海禁政策をとり、いずれの国家も、自らの社会の内部の商工業的な要素を賤しめ、過小評価し続けてきたと思います。それが近代にまで受け継がれ、われわれ自身が、日本について最近まで思い違いをしてきたように、儒教イデオロギー、農本主義の影響下にあった地域では、同じような誤解をしているのではないかと思います。
韓国の学界のようすを聞いてみても、非農業的な側面、海民についての研究は非常に少ないようです。中国も同様のようで、やはりこれまでの日本の学界と同様に、頭からそういう非農業的な要素は社会の中での比重が小さいというきめつけが大勢をしめているようです。

このように、全体として東アジアの社会は現代にいたるまで、自らの社会内部の非農業的、商工業的な要素を過小評価してきたといえると思うので、それを正当に評価したとき、どのような社会像、あるいは国家像が新たに見えてくるかは、今後の大きな問題になりうると思います。

もちろん日本にそくしても、百姓を農民と思いこまないで史料を読み直す作業はいまははじまったばかりですから、新しい社会像が鮮明に浮かんでくるまでには、まだまだ時間がかかると思いますが、当面これまでわれわれが思い違いをしていた問題のいくつかをさらに加えておきたいと思います。

飢饉はなぜおきたのか

そのひとつは飢饉の問題です。飢饉が本格的に問題になりはじめるのは十三世紀ごろからだと思います。もちろん古代から凶作はあったと思うのですが、社会にそれが決定的な意味を持ち、政府が飢饉そのものを正面から取り上げなければならない状態になるのは、有名な寛喜（かんぎ）の飢饉（一二三〇年）や、正嘉の飢饉（一二五八年）からではないでしょうか。

それ以後、室町時代に入り、十五世紀なかばに寛正の大飢饉があり、江戸時代になると、まず寛永・延宝の飢饉が有名ですし、享保・天明・天保の三大飢饉についてはあらためていうまでもありません。

気候の変動による凶作がその原因であるのはいうまでもありませんが、それが飢饉という現象になってあらわれてくる理由については、あまり煮詰められてこなかったと思います。それゆえ、あらためて飢饉の実態を、本気で追求してみる必要があると思います。

一例をあげてみますと、『妙法寺記（みょうほうじき）』という、十五世紀後半から十六世紀にかけての、甲斐国の富士吉田の状況を非常に詳細に書いた記録が残っています。甲州では国中（くになか）にたいして郡内といっていますが、都留（つる）郡の吉田のそのころの事情が細かくわかる大変おもしろい記録です。

これを見ますと、しばしば小規模な飢饉がおこっています。売買が高いと飢饉がおこり、売買が安いと世間が富貴すると記録されていますが、売買されているのは、米、大麦、小麦、アワ、ヒエ、大豆という穀物です。だから食料の物価があがると飢えるといわれているわけです。また、「銭けかち」というおもしろいことばがあり、十六世紀になると銭不足がおこっています。これは撰銭が行われて、悪銭が通用しなくなったため銭が不足して、そのためにせっかく売買が安いのに代銭がないということもおこっています。

それはともかく、これまで郡内は、記録にも飢饉がしばしば出てくる非常に貧しい地域だと多くの学者は考えてきたと思います。実際、郡内地方は、いまでも水田はきわめて少ないのです。水田がないと貧しいという常識からいうと、山梨県全体が水田が少ないので貧しいとされるのですが、国中の平野地域は、山梨県の中では水田が多いからやや豊かなほうで、郡内は山の中で水田がないから貧しい所だとこれまでは考えられていたのです。

ですから『妙法寺記』に、「けかち」「世間が詰まる」のような記事が出てくると、吉田には田地がなくて貧しいから飢饉がおこったのだと考えられてきたのですが、さきほどいったように、穀物の値段が高いと飢饉がおこっているのですから、この地域は食糧を他から購入している地域であったと考えなくてはなりません。

だからこそ、穀物の値段が下がると豊かになるという状況がみられたので、郡内は、貨幣—銭で食糧を買っている地域だったのです。どうしてそのような銭を儲けているのかを調べてみますと、富士参詣の道者がたくさんの参詣人を吉田に連れてくるのですが、そうした人たちが吉田の宿坊にとまり、銭をおとしていくわけです。つまり、十五、六世紀ごろの吉田は、都市的な地域だったと考えられるのです。

飢饉はまずこのような非農業的な地域、都市的な場におこるのだと思います。この地域では、有名な郡内騒動が幕末におこりますが、これもやはり凶作、食糧不足が原因なのです。これについて、すぐれた近世史研究者の山口啓二さんが『鎖国と開国』(岩波書店)でふれておられます。

山口さんは幅広く、柔軟な歴史家なので、この本も大変教えられることが多いのですが、郡内騒動や、三河の加茂一揆などにふれて、こうした一揆は、「飯米購入農民」が主体になっていると表現しておられるのです。

私は、これは大変おかしい用語だと思います。食糧を生産している農民自身が飯米を購入しているわけですから、極度に貧しい農民を当然考えざるをえなくなるのですが、じつはこの人びとは農民ではないのではないでしょうか。郡内は中世から都市的な場で、吉田の人びとは食糧を買っているわけですから、これは飯米を購入している都市民と考えなくてはなりません。

三河の山間部も同様で、海辺と同じく山民が食糧を買っているので、これは決して農民とはいえないと思います。こう考えないと、この飢饉も騒動も理解できないと思います。

つい最近、時国家の文書を読んでいましたら、能登半島の時国家の近くで、海岸べりの曾々木という地域に関する延宝九年（一六八一）の文書で、四軒の頭振、つまり水呑が「ひしとかつゑに及び申し候」、飢えてしまったので、ぜひお救い米をいただきたいという願書がありました。たしかにこのころは凶作だったのですが、もし十年前にこの文書を見ましたら、私は、貧しい農民が飢饉になったので救い米の援助を願いでたと理解していたに相違ありません。

しかし前にのべましたように、水呑はただちに貧農とは考えられないことがわかっていますので、この四軒の頭振がどういう家かを調べてみました。ある家は船を二艘も持っており、塩の売買をする豊かな頭振でした。このように、この四軒の頭振が貧しいという証拠は何ひとつないのです。むしろ、非農業的な生業に従事していて、貨幣的な富を豊かに持つ人びとだったと考えられます。

もともと曾々木は製塩と廻船を生業としている都市的な場なので、凶作になると米の値段が高くなり、食糧が買えなくなる。そのため救い米、あるいは救い銀をもらって、別の地域から米を買い入れなければならないことになっているわけです。貧しいから飢えたわけでは決してありません。われわれはこれまで、飢饉に関してはこういう誤りにおちいってきたと思います。

とすると、寛喜のころから飢饉がおこったということは、十三世紀前半には、鎌倉や京都などはもちろん、各地に都市的な場所が顕著に現れており、まずそういう場で飢饉がおこったのだと考えられます。われわれ自身の、戦争中から敗戦後にかけての経験からいっても、実際に食糧をつくっている地域はそう飢えるものではありません。そこから切り離されて食糧を購入している都市民がまず干上がるのは、考えてみればあたりまえのことです。

そうなりますと、江戸時代の三大飢饉とされている享保・天明・天保の飢饉、東北に餓死者が大量に出たとされている飢饉も、単純に東北が貧しいからだとはいえないのではないでしょうか。農村地域に壊滅的な飢饉がおこったと考えてよいかどうか、この点は徹底的に再検討の必要があると思うのです。つまり東北は、意外に都市的な性格を持つ地域だったのかもしれません。だからこそ、作柄の不況によって決定的なダメージをあたえられた可能性も充分あります。

このように、飢饉の問題もこれまでとは違った視角でとらえなおす必要があるのです。これまで、江戸時代の貧しさと悲惨さを飢饉で象徴させてきたと思いますが、じつはまったく逆で、都市的な世界が広くひろがっていて、そうした都市的な人口が高い集中度を持っていたがゆえに、不作・凶作がそういう地域に決定的なダメージをあたえたのだと理解しますと、むしろ飢饉のひどさは都市化の進行の度合いを示すという捉え方も可能になってきます。

そういう角度でもう一度、江戸時代史を考え直してみる必要があるのではないでしょうか。これまで当然のこととして疑われなかったことを、もう少し綿密に史料を読み直し、考え直してみる必要があります。

封建社会とはなにか

最近、やはり奥能登の旧家の上梶(かみかじ)家に保存されていた、手製の手習のお手本を調査する機会がありました。その中で、たまたま元禄十三年(一七〇〇)の手本を見ていましたところ、「此三四年打続、餓死及、人民共難儀仕候、喰料(くいりょう)御(ご)才覚(さいかく)頼(たのみ)入(いり)候(そうろう)」という文章のあるのをみつけました。もちろんこのころに飢饉がおこっていたわけではないのです。これは百姓の願書の文例集ですから、困ったときはこのように書くのがふつうだったのだと思います。ですから、百姓の申状に飢饉で餓死しそうだとあってもすぐに信用するわけにはいかないのです。これは中世でもしばしば見られることで、百姓のこうしたしたたかさを十分に計算にいれて文書を読む必要があるのです(橘川俊忠氏「史料としての手習本」『歴史と民俗』12、平凡社)。

このように考えてくると、見直しの必要な問題として、封建社会という規定そのものの問題が浮かび上がってきます。これまで江戸時代はもちろん、鎌倉時代までさかのぼって、封建的な領主による農民の支配が社会の基本的生産関係であり、封建社会であったとする捉え方が一般的に行われてきたと思います。もっとも戦国時代までの中世と、織豊期以後の近世は、社会の仕組や国の制度が基本的に違っていることははっきりしており、同じように、農業中心の社会で農民を支配している領主の構成する国家が成立していたとしても、中世と近世ではかなり異なっていると考えられてきました。

ですから、安良城盛昭さんは中世は家父長的家内奴隷制の社会で、近世になって初めて封建社会が成立したと主張されたのです。この安良城さんの見方によると、中世は封建社会よりももっとおくれた社会で、奴隷制の社会ということになりますが、この家内奴隷は農業に従事していると考えられていますので、理解の仕方にさほど違いがあるわけではありません。いずれにせよ、中世も近世も隷属的な農民にたいする封建領主の支配を基本とした封建社会であるという見方が広く行われ、教科書にもそのように記述されてきたと思います。

そしてその前提には、領主は農民を経済外的な強制によって土地に緊縛し、移動の自由を奪うことによって、地代を収取してきたという考え方がありました。ところがこれまで強調してきたように「百姓」の中には農民だけでなく、海民、山民や商工民がおり、土地を持つ必要のない「百姓」もたくさんいたということになると、緊縛すべき土地をもともと持たない百姓がかなりの比重をしめることになり、移動しなくては生活できない人たちが多かったことにもなります。とすると、このような経済外的強制、土地緊縛という概念そのものが、はたして有効かということが大きな問題になってきます。

そもそも武力、暴力で威嚇して農民を土地に緊縛するという程度の装置で、さきほどのように多様な生業に従事し、しかも、したたかで、担当高度な知恵を持つ百姓を支配できると考えるのは、あまりにも単純すぎる考え方ではないでしょうか。このことが非常にはっきりしてきたと私は思います。

たとえば中世社会の場合、領主の館を中心に、その周りに正作（しょうさく）や佃という領主の直営地があって、その耕作は領主の直属の下人・所従（しょじゅう）の労働力で行われ、さらにその周辺には一般の百姓の耕作する田畠があり、領主は直営地を基盤とする実力で百姓たちを押さえて、地代を収取しているというのが、これまでの中世の領主のモデルだったと思います。

そして近世になると、そういう農村の領主が都市―城下町に集められ、兵農分離が行われ、都市に集住する領主たちの組織的な支配として、近世の大名支配は成り立っているというのが、常識だったわけです。

この捉え方のすべてが無効になるわけではないと思いますが、さきほどのように考えてきますと、非常に大きな修正をせまられることは間違いありません。そうした修正をした場合、中世社会を単純に農村を基本とする封建制度といい、近世社会を農業中心の封建社会といいきるだけですむのかどうか、私は大変に疑問ではないかと思うのです。

まずさきほどお話ししたように、鎌倉時代ですら非常に活発な海上交通が展開しており、その後半以降になると、信用取引までが自由自在に行われるほど商品流通が活発になっているという事実があります。こういう活発に動いている社会を支配して、税金を取り立てている支配者が、館に居すわっているだけですむはずはありません。

たしかに商業・流通にたいする支配は、中世の領主はそれほどにうまくはないと思います。思想的には「農本主義」が一方には強力で、土地に基本的な税金が賦課されているわけですから、それほど要領はよくないと思いますが、しかしこれほど発達している商業、流通について、まったく無関心ですましているはずはありません。そう考えて、あらためて史料を見直してみますと、いろいろな新しいことがわかってきます。

すでに前にもこのことについてはかなりふれましたので、ここでは事例をいくつか補足してみたいと思います。

これまで荘園は私的な大土地所有、あるいは大農場経営で、実質は現地の豪族がこれを私有して農業経営をやっており、その土地にたいする私有権を守るために、都の高い地位の貴族にこれを寄進し、名目上は貴族の私有地にして、自らの土地私有権を守ってもらったと理解されていました。ですから都の貴族は地位が高ければ、地方の豪族が競って寄進をしてくるので、あちこちから荘園が自然に集まってくるという見方が、これまでの通説だったと思います。

しかしよく考えてみますと、全国のあちこちに分布している荘園を獲得するのに、中央の貴族が積極的な動きをなにもしていないと考えるのは、あまりに非現実的です。当然、荘園を集めるうえでの支配者側の意思、戦略、プランが、なんらかの形で動いていたに相違ないのです。そういう見方に立って、あらためて荘園の分布を調べてみると、京都や奈良の寺院・神社、そして天皇家や摂関家などの貴族の意思、支配者としてのそれなりの戦略が、荘園の集積の仕方にはっきりとうかがえることがわかってくることは前にものべたとおりです。

西園寺家の所領

こうした神社、寺院、貴族の荘園の分布から、その戦略を確かめてみますと、たとえば、賀茂社、鴨社の荘園、御厨は確実に海を目指しており、それも、瀬戸内海、北陸の浦や津・泊を持つ場所に確保されていることがよくわかります。伊勢神宮は東海道の太平洋岸に御厨を多く持っていますし、石清水八幡宮も、瀬戸内海から山陰に荘園・別宮(べっく)を持っています。

天皇家、摂関家、さらに平氏についても同じことがいえますが(三一六〜三一八ページ参照)、最近調べていて非常におもしろかったのは西園寺家の所領の分布です。この家は中世、東の王権である鎌倉幕府にたいする京都の王権―朝廷の窓口の役、つまり、朝廷側で東の王権にたいする「外交」の窓口になっている関東申次(もうしつぎ)という地位を世襲した貴族の家で、大変な財力をもち、権勢をふるったことが知られています。
この家の所領の分布を調べてみますと、まず別邸を、宇治の槇島（真木島）や淀川の入口の吹田に持っています。こういう別邸の置かれている所には当然、家政の機関があり、船人をはじめ、さまざまな職能民が属しています。それが宇治川と淀川入口に設けられていることに注目すべきだと思います。

そのほか宇治川につづいて巨椋池という大きな池があったのですが、そのほとりから淀川にかけて点々とある牧を、西園寺家はその所領にしています。牧は川の屈曲部に柵を設けて馬や牛を飼うので、都のそばの近都牧は、諸国から貢上されてきた馬や牛をそこでしばらく飼育したのですが、こうした牧は、院の厩や朝廷の左馬寮・右馬寮が管理していました。西園寺家は平氏と同様に院の御厩別当になり、それを世襲するとともに、左馬寮を知行官司（知行国と同じように、その長官を推薦、任命できる官司）として自分の支配下に入れており、淀川や巨椋池の周辺にある美豆牧や、河内の福地牧、会賀牧などをすべて押さえています。

また、厩には馬借や車借が属していますから、西園寺家はこうした交通業者にも支配をおよぼしていますが、牧は川辺にあり、かならず港と結びついていて、水上交通と陸上交通の接点になっています。このように馬や牛と船はセットになっており、牧と河海の交通の結びつきは非常に強いのです。

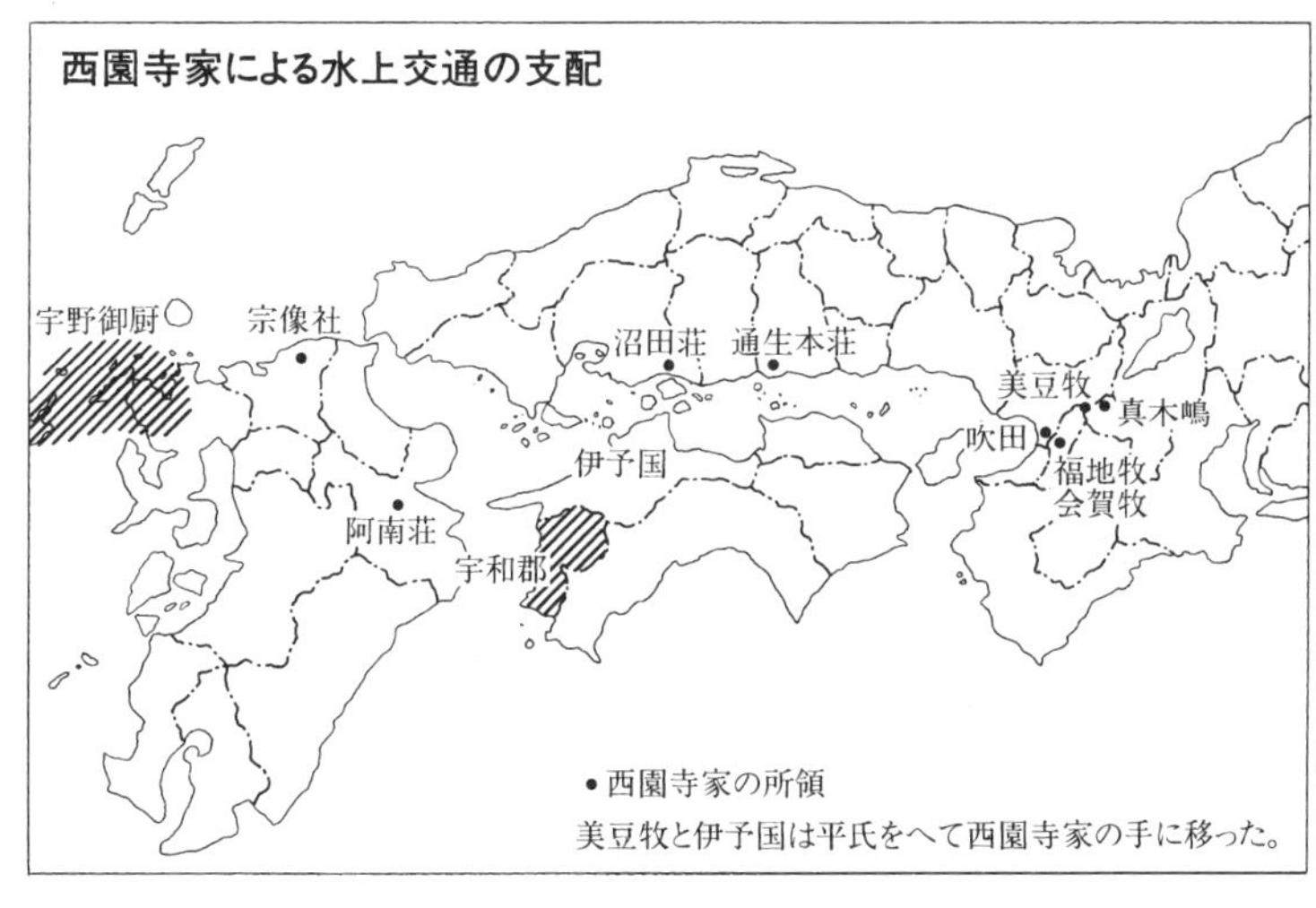

さらに西園寺家の独自な所領も、宇治川、巨椋池、淀川沿いに点々とあることがわかります。そのうえ鴨川と桂川の合流点で、淀川にも近い所に院の大宮殿、鳥羽殿がありますが、その管理者にも西園寺家はなっており、鳥羽殿に付属する所領もその支配下に入っています。たとえば、淀魚市（よどのうおいち）は鳥羽殿領ですから、西園寺家は淀川の最要衝を押さえていることになりますし、鳥羽殿の近くにある荘園もすべて西園寺家の管理下に入っています。

さらに淀川から大阪湾に出て瀬戸内海にいたる海の道を見ますと、瀬戸内海への入口、摂津・播磨あたりにも所領を持っていますが、要港下津井を持つ備前国通生荘（かようのしょう）や、安芸国沼田荘（ぬた）も西園寺家領でした。沼田荘は沼田市庭でも有名ですが、その海辺には、最近まで家船（えぶね）といわれる海上生活者として有名だった能地の漁民、海民の大拠点がありました。そこも西園寺家が押さえています。

そのうえ、鎌倉前期から伊予国を事実上、世襲的な知行国にしており、建武新政の一時期をのぞき、室町時代を通じて伊予国は西園寺家が知行国として押さえています。とくに伊予の中でも、藤原純友が根拠にした日振島（ひぶりしま）のある宇和郡が西園寺家の拠点で、ここを押さえれば、豊後水道を睨むことができますから、瀬戸内海から北九州への出入口を支配することができます。

さらに宇和郡の真向かいにあたる豊後（大分県）の阿南荘（あなみのしょう）も持っており、豊後水道を両方から睨める所に荘園を獲得しているわけです。それから、沖ノ島で有名な筑前の宗像社は、宋人の女性が二代にわたって大宮司の妻になっているように、大陸と非常に密接な関係のある所ですが、その宗像社の領家に西園寺家はなっていますし、肥前の海の領主として著名な松浦党（まつらとう）の根拠地、宇野御厨（うののみくりや）もその所領としています。この御厨の中には松浦郡の多島海の浦々、津・泊がふくまれており、その牧は馬だけでなく、御厨牛という有名な牛の産地でもありました。この牛を毎年、都に送らせているのですが、これは西園寺家が厩を管理していたからだと思います。

このように見てきますと、宇治川からはじまって淀川、瀬戸内海を通って北九州、さらに肥前の松浦郡、五島列島までを、西園寺家は自らの所領として、河川、海上の交通を押さえていることになります。

前にものべたように、西園寺公経は中国大陸、宋に唐船を独自に派遣して貿易をやり、十万貫という銭を鎌倉時代の中ごろに輸入しており、西園寺家の財力は大変なものだったのですが、これはこのように列島内の海上交通を支配していたから、こうした貿易ができたともいえるのです。これによっても明らかなように、このころの貴族は、じつに用意周到に交通の要地を押さえていたのです。

のちに西園寺家の一族は戦国大名になり、伊予国の宇和郡に松葉城などの城を構えていますが、ここでは表面採集だけで中国製の青白磁がたくさん拾えるようですから、本気で発掘してみたらいろいろなことがわかると思います。

海上交通への領主の関心

西園寺家のみに限りません。左馬頭（さまのかみ）、院御厩（いんの）別当をやると、淀川沿いの牧、さらには肥前の宇野御厨を押さえられるし、伊予守になると、瀬戸内海と北九州の出入口を押さえることができますから、左馬頭で伊予守を兼ねると、この海上交通を支配できるのです。そうした地位にはまず平氏がなっていますし、木曾義仲、源義経も同様でした。このころ源頼朝が東国を支配したのに対抗して、西国を押さえようとすると、この二つの官職、左馬頭と伊予守になって西国の交通を押さえるのがもっとも有効だったようです。

木曾義仲は、越後守に任命されるのですが、嫌だといって伊予守になっており、選択をしてこの地位を獲得していますから、荘園、国衙領の獲得、支配も、やはりそれなりの意図、戦略があって集められているので、決して偶然に分布しているわけではないことをよく知っておく必要があります。

ですから、どこかの荘園の所領、ポストがあくと、それをめぐって多くの人たちが競合している事例も実際に見られます。考えてみればあたりまえのことですが、好い条件の荘園の領家職、地頭職が空いたということになると、貴族や武士たちはそこを獲得するためにさまざまな工作を行い、努力していることもわかります。

そうだとすると、これまで封建領主といわれていた御家人・地頭のような在地領主も、さきほどのように、館や政所にいすわって、そこを中心とした同心円的な構造の領地を押さえているような支配の仕方だけにとどまっていなかったことはいうまでもありません。

たとえば、小早川氏は相模国が本拠地で、そこに屋敷地を持っており、こうした館を中心とした支配をしていることも間違いないのですが、一方で安芸国の沼田荘、都宇・竹原荘などを所領としており、やがて相模の屋敷地を放棄して安芸へ移住してしまいます。しかも安芸に移ってからの小早川氏は、海の領主になっているのです。もちろん相模にいたときから海にたいする関心を小早川氏が持っていたことは間違いありませんが、領主のこうした一面を十分に考えておく必要があります。

また三浦氏は、もともと海上交通の要衝である三浦半島に根拠を持つ有力な御家人ですが、最初から海上交通の拠点を意識的に所領として押さえています。三浦氏はまず、河内・和泉・土佐など、海にかかわり深い国の守護になっており、さきほどの宗像社の地頭、さらに有明海に面した海上交通の要地、肥前国神崎荘の地頭にもなっています。これは太平洋の交通、中国大陸の交通を意識した所領の配置といってよいと思います。北条氏がそれを上まわる海上交通への関心を持っていたことは、前にのべたとおりで、北条氏と三浦氏とはこうした海上交通の支配をめぐって、はげしく対立したものと考えられます。

鎌倉時代の地頭・御家人はみな、そのように海や山の交通路を強く意識していますが、室町時代になれば、海上交通・貿易はさらに活発になっており、商品流通も本格的になっているのですから、この時期の守護大名が、そういう分野を意識していないはずはないのです。

江戸時代になっても同様で、大名が領地を獲得するさいに、河海の交通を意識していたに相違ないと私は思います。室町時代の守護大名や江戸時代の大名についての、そういう視角からの研究はほとんどないのですが、江戸時代の仙台の伊達氏が、霞ヶ浦の潮来(いたこ)に飛地を持っているのは、間違いなく水上交通の要地を押さえるためだと思います。

また、能登半島に土方氏という、一万石の大名の領地が江戸時代のごくはじめに設定されています。土方氏は譜代大名ではありませんが、家康に非常に近い大名なのです。しかし加賀・能登・越中に百万石を持つ前田氏にたいして、わずか一万石しかない土方氏は弱小の大名に見えるわけで、実際これまで土方氏は、能登半島の前田家の領内に、お恵みで土地をあたえられたと考えられていたのです。もともと土方氏は越中に一万石を持っていたのですが、前田の殿様が参勤交代に行くときに、土方氏の領地を通らなくてはならないのがおもしろくないからというので、能登半島に領地をあたえ、土方氏をそこに移したという話になっていたのです。

私もはじめはそうなのだろうと思っていたのですが、ためしに能登半島における土方氏の領地のすべてを、時国家の調査を一緒にしている及川清秀さんにたのんで地図に落としてもらってみると、みごとに海辺の重要な拠点にその所領が分布していることがわかりました。とすると、一万石といっても決して小さい大名とはいえなくなります。

海村や都市には頭振・水呑が多いから、たしかに石高は少ないのですが、海上交通にそくしてみると、土方氏は大変に重要な港を系統的に押さえることになっているわけで、もちろんこの所領の分布には、それ以前の中世以来の歴史があるとは思いますが、土方家一万石は、前田家百万石の中に江戸幕府が打ちこんだ楔のようにも見えてくるのです。

家康の意向で土方氏は領地をもらったようですが、百万石の前田家は江戸幕府にとって非常な脅威ですから、土方領に楔としての役割をさせたと考えると、この分布のあり方を一応理解できると思います。

能登の時国家は、最初、前田家と土方家の「双方共の御百姓」、入会の百姓だったので、前田家が百石、土方家が二百石と石高も分かれていたのです。ところが土方氏が幕府の権威を背景に、時国家の下人・牛馬や船のすべてを自分のものにしようとしたので、慶長・寛永期の当主藤左衛門が、家を二つに割ることを決心して、土方領の上時国家と前田領の下時国家が分立することになります。これで、両時国家が現在までつづくことになるのですが、そういう引っぱり合いを土方氏と前田氏とはやっていたわけです。

このように、江戸時代の大名の飛地の領地が、さきほどの伊達藩のように、交通上の拠点になっている場合も大いにありうるので、そうした視角から江戸幕府の大名の配置を見直してみると、これまでと多少は違った大名像が見えてくるのではないでしょうか。

大名は城にいて、領内を「殿様」として支配しているのではなくて、一種の経営体のトップとして領国の経営をしているので、徴税、財政、人事などの経営的能力を持った家臣をたくさん抱えて、はじめて領国を支配できたのです。こういう捉え方から、江戸時代を考えてみると、まだまだおもしろい問題がたくさんでてくると思います。

「重商主義」の潮流

もうひとつ考えておきたいことは、前章でもふれましたが、十三世紀後半ごろから、土地にたいする租税だけでなく、商工業者にたいする課税を、支配者も意識的にやりはじめています。とくに後醍醐天皇は、商工業者に全面的に依存した王権を構築しようとしたと思います。たとえば酒屋に税金を賦課したり、土倉に徴収した税金を任せてその運用をやらせたりしていますし、関所の廃立の権限を掌握して、関所料―交通税・入港税を徴収する権限を掌握しており、またそれぞれの領主の所得の価値を銭で表示し、その貫高にたいして二十分の一の税金を賦課しています。

室町幕府も同じように五十分の一税を賦課し、酒屋・土倉役を徴収するなど、その先例にならった税金の取り方をしています。このように、商人・金融業者に依存し、商工業・金融業にたいして積極的に課税しようとする方向は、鎌倉時代後半の得宗専制期からはじまり、後醍醐天皇の建武新政を経て、室町幕府でほぼ制度として安定しますが、これは「重商主義」的政治、商業に重点を置いて支配を維持する動きということができます。

おもしろいことは、そういう政権、王権が、専制的といわれるような支配におのずとなっている点です。たとえば鎌倉幕府の場合、評定衆という有力御家人の合議体があって、この合議体の討議・決定によって政治を動かしていくやり方が執権政治の原則だったのです。ところが北条氏はそれを骨抜きにし、評定をほとんど無視して、自分たちの自由になる側近たちによる「寄合」に依拠して政治をしており、得宗専制といわれる専制政治を行っています。

後醍醐も同様で、古代以来、一貫して続いてきた有力貴族の合議体、太政官の公卿会議を破壊して、自分の意志どおりに動かせるような貴族・官人を官職に任命し、これを駆使して自らの専制的な意志を貫こうとしています。さらに室町幕府の将軍たちの中で、足利義満、義教は、有力守護の重臣合議を無視して自分の意志をとおそうとする将軍専制を貫きます。そしてこのような政権はみな、商工業、流通、外国貿易に依存した王権なのです。これは決して偶然ではないと思います。

少し話を広げると、十六、七世紀から十九世紀前半ごろまでのヨーロッパのいわゆる絶対主義王権は、やはり封建領主の合議体を無視して、商工業に依存しながら王権が専制的な支配を行っています。これまでヨーロッパについては絶対王政をめぐるいろいろな議論が展開され、それが明治国家に関連して問題にされてきたのですが、日本の社会については、そういう視点をもっと早く、十三世紀後半ごろから取り入れて考える必要があると思います。

そのように考えてみたときに、日本の近世社会、あるいは中世後期から江戸時代にかけての時代がどのように見えてくるか、またそれをどのように規定すべきかについては、まったくの未知数、未開拓の状態で、私にもいまは積極的な意見を出すことはできません。確かに江戸時代の社会の建前は徹底した「農本主義」であり、租税は土地に賦課されていますから、なかなかその実態をつかみにくいところがあります。これまでの研究の中でも、江戸時代のこうした「資本主義」的な側面を指摘し、これを「経済社会」と規定する議論もあったのですけれども、この主張者たちもやはり百姓は農民という思いこみに立っており、人口の圧倒的多数が農民だということになると、迫力が弱くなってしまっていたのです。

敗戦後まもなく服部之総さんが、桃山時代を初期絶対主義と規定されたのは的確だったと思いますが、結局、江戸時代に「絶対主義は流産した」ということになってしまいましたし、その後もこの説はほとんど無視されていました。しかしこういう見方は、これからもっと大きくのばすことが充分に可能で、今後、確実に深められていくと予測できます。

こう考えてきますと、「明治維新」やそれ以後の「近代化」の問題も、これまでとは全然違った見方ができるようになると思います。「明治維新」を推進した薩摩、長州、土佐、肥前の諸藩は、辺境のおくれた大名などではなくて、みな海を通じて貿易をやっていた藩だと思います。薩摩が南に北に密貿易をやっていたことは明らかで、他の藩も同様な動きをしていたのではないでしょうか。だから坂本龍馬のようなタイプの人も出てくるので、江戸時代末までに日本社会に蓄積されてきた商工業・金融業などの力量、資本主義的な社会の成長度は決して過小評価できないと思うのです。

その一例として、現在使われている商業関係の用語が、みな中世以来の歴史的な語彙を用いている事実をあげることができます。たとえば、「相場」は中世から使われていることばで、「場」は「庭」で、市庭で出会って値段を決めることからはじまったことばだと思います。

また、小切手の「切手」や「切符」は、平安時代からあることばです。「切る」ということばに重要な意味があり、当時の徴税令書は、切符・切下文などといわれていますが、金融業者は国守や官長に貸した米などを、この切符で取立てています。ですから、切符、切手は、平安時代から手形の意味を持っていたことになります。その「手形」も非常に古いことばですし、「仕切」も同様です。

株の分野のことばも同じで、「株式」の「株」はおそくても江戸時代以来の語、「式」は「職(しき)」で中世以来の語ですし、寄付(よりつき)とか大引(おおびけ)など、おもしろいことばがたくさんあると思います。そういう商業用語を収集して、歴史的、民俗的にその意味を追究してみると、かならずおもしろい発見があると思います。

このように、日本社会の古くからのことばが現在でも商業用語として用いられているということは、欧米経済と接触したとき、この分野では翻訳語を用いる必要がなく、自前のことばを使って十分通用したということだと思います。

商業だけでなく、工業の方にもそういうことはありえたのではないかと思いますが、これまでの研究は、日本の社会のそういう面の力量を過小評価して、ヨーロッパをとくに進んだ世界と見て、「脱亜入欧」、ヨーロッパのほうばかりに目を向けて、足元の日本の社会、つまりはアジアの社会の持っている豊かなものを最初から見ようとしない。むしろそれをつぶす方向で政治や学問をやっていたきらいが、明治以後の国家の政策や学問の中にあったのではないかと思うのです。

経済学者や歴史学者はみな、翻訳語を学術用語としており、さきほどのようなことばはあまり使いません。そして翻訳学術用語には農業、農村の要素がきわめて強いのです。アジア全体についてもあるいは同じことがいえるかもしれないのですが、この問題を現在でもまだわれわれは引きずっていると思います。

敗戦後五十年たって、農地改革についても考えてみるべき時点になっていると思います。これも完全に百姓＝農民の思いこみの上に立ち、列島の地域差をほとんど無視して行われた改革であり、その後遺症はいまもあると思いますし、コメの問題も簡単ではありませんけれども、やはりこれまでの農本主義的なものの見方からでは、ほんとうにことの本質はわからないと思います。そのために、対外的にも的確な対応ができていないと思うので、米を食糧の自給自足の問題として扱うことはまったく的がはずれていると思います。米が日本列島の社会の中で持ってきた歴史的な意味を、経済、政治を動かしている人はもちろん、自由化反対の立場に立っておられる方々までが、どれほど正確につかんでおられるのか。これには歴史家の責任もきわめて大きいのですが、怪しげで根拠のない常識の上に乗った論議が行われているような気がしてなりません。

われわれが今後の国際社会で生きていくため、その中でほんとうになすべき使命を果たしていくためには、日本の社会について正確な理解を持ち、自らについて正確な認識を持っていなくてはなりません。そうでないと、伸ばすべきものをつぶし、無駄なエネルギーを使い、とんでもないところに日本人がいってしまう危険があると思うのです。

そのような意味で、現在ほど歴史を勉強することが大切な意味を持っている時代はなく、また歴史学の担う責任の大きい時代はないといってもよいと思います。しかしまた、新しいことがどしどし明らかになり、これまでとまったく違う歴史像が見えつつある大変おもしろい時代でもあるのです。若い方々が大きな志をもってこの課題にぶつかってくださることを心から期待します。

あとがき

十五年間勤めてきた神奈川大学の短期大学部をこの三月に辞めて、同じ大学の特任教授として〝隠居〟のような身分になってからもう一年になろうとしている。

短大をやめるころには、『日本の歴史をよみなおす』を刊行したころと比べて、多少は若い人たちに話すことにもなれたように思うが、反面、学生たちと老人になった自分とは、基本的な生活体験が大きく異なっていることを痛感させられることも多かった。例えば学生たちは木炭に関わる知識を持たず、「石(こく)」がなんの単位かも知らない。逆に私はコンピュータについてまったくの無知なのである。

現在進行中の社会の転換の深刻さがここによく現われているともいえるので、それだけに自分の話の内容がどれほど学生たちに理解してもらえているのか、まことに心許ないまま、講義を終える場合も少なからずあった。ただ、いくつかのテーマについては、テストの結果などによって、まちがいなくある程度の反応のあったことを知ることもできた。

本書はそうしたささやかな経験の上に立って、前著と同様、筑摩書房の社員の方々にお集りいただき、一九九三年十月から九四年五月までの四回にわたって行った話に手を加え、まとめたものである。

しかしでき上がってみれば、あちこちで書いたり話したりしてきたことと重複することも多い。その点、内心まことに忸怩たるものがあるが、これまで「常識」とされて、いまも広く世に通用している日本史像、日本社会のイメージの大きな偏り、あるいは明白な誤りの根はまことに深いものがあり、これを正すことはわれわれが現代を誤りなく生きるためには急務であると考え、同じことの繰り返しという謗りをうけることを覚悟の上で、あえて刊行にふみ切った。

もしもこの書を読んで、あらためて日本の社会のあり方について、「常識」に安易に従うのでなく、自分の頭で考え直してみようとする若い人が一人でもふえれば、まことに幸せである。

前著のときと同様、ついにここにいたるまで、辛抱強く、私に仕事をすることを勧めつづけられ、編集上のすべての面で多大なご迷惑をおかけした、編集部の土器屋泰子氏に厚くお礼を申し上げるとともに、勤務時間をさいて私の話を聞いて下さり、励ましていただいた筑摩書房の皆さんに、心から感謝の意を表したいと思う。

一九九五年十二月三日

網野善彦

本書は筑摩書房より一九九一年一月三十日に刊行された『日本の歴史をよみなおす』と、一九九六年一月二十日に刊行された『続・日本の歴史をよみなおす』を併せ、二〇〇五年にちくま学芸文庫の一冊として刊行されたもののワイド版です。

網野善彦　あみの・よしひこ

一九二八-二〇〇四年。山梨県生まれ。東京大学文学部国史学科卒業。名古屋大学助教授。神奈川大学短期大学部教授、同大学特任教授を歴任。歴史家。専攻は、日本中世史、日本海民史。著書：『蒙古襲来』『日本中世の非農業民と天皇』『無縁・公界・楽』『異形の王権』『日本社会の歴史（上・中・下）』『日本の歴史を読みなおす』『網野善彦著作集』（全19巻）他多数。

ワイド版
日本の歴史をよみなおす（全）

二〇一七年一月二五日　初版第一刷発行
二〇二四年四月一〇日　初版第二刷発行

著者　網野善彦
発行者　喜入冬子
発行所　株式会社筑摩書房
東京都台東区蔵前二-五-三　郵便番号一一一-八七五五
電話番号〇三-五六八七-二六〇一（代表）
装幀者　神田昇和
印刷製本　三松堂印刷株式会社

本書をコピー、スキャニング等の方法により無許諾で複製することは、法令に規定された場合を除いて禁止されています。請負業者等の第三者によるデジタル化は一切認められていませんので、ご注意ください。
乱丁・落丁本の場合は、送料小社負担でお取り替えいたします。
©AMINO Machiko 2017　Printed in Japan
ISBN978-4-480-01700-0 C0021